RATIONALITEIT EN RELIGIEUS VERTROUWEN

Rationaliteit en religieus vertrouwen

PAUL CORTOIS
WALTER VAN HERCK (red.)

Tertium Datur

1. C. LANSINK, Vrijheid en Ironie. Kierkegaards ethiek van de zelfwording, 1997, XXIV-309 p.
2. J. BRANSEN, Drie modellen van het menselijk handelen, 1999, X-130 p.
3. W. VAN HERCK, Religie en metafoor. Over het relativisme van het figuurlijke, 1999, XII-222 p.
4. L. ANCKAERT, Een kritiek van het oneindige. Rosenzweig en Levinas, 1999, XII-122 p.
5. P. CORTOIS, W. VAN HERCK (red.), Rationaliteit en religieus vertrouwen, 1999, XIV-246 p.

Distributie voor Nederland: Uitgeverij Damon
Postbus 70
NL-5595 ZH Leende
fax. 040-206 5299

Foto omslag: Francicus AGUILONIUS, Opticorum libri sex Antwerpen: weduwe en zonen Joannes Moretus, 1613 (Antwerpen, Centrale Bibliotheek UFSIA)
De illustraties in dit boek zijn het werk van P.P. Rubens

ISBN 90-429-0794-0
D. 1999/0602/83

INHOUDSOPGAVE

Inleidende bemerkingen VII
P. Cortois & W. Van Herck

DEEL I

Justificatie en religieus geloof. Drie posities 1

1. Geloven als *gegrond* vertrouwen 3
Jan Van der Veken
2. Rationaliteit en religieus geloof 25
Alvin Plantinga
3. Religieuze overtuigingen en taalspelen 61
D.Z. Phillips

DEEL II

Verdere verkenningen 93

4. Religieuze overtuigingen en levensvormen. Over de taak van de godsdienstfilosoof 95
Guido Vanheeswijck
5. De grammatica van het religieuze. S. Kierkegaard en L. Wittgenstein over filosofie en religie 121
Johan Taels
6. Intern en extern gezichtspunt in humanities, religie en religieuze epistemologie 165
Paul Cortois
7. Geloof in God als zekerheid 195
Walter Van Herck
8. Godsbeelden: godsdienstfilosofie tussen 'fides' en 'ratio' 225
Luc Braeckmans

Personalia van de auteurs 245

Inleidende bemerkingen

Paul CORTOIS & Walter VAN HERCK

In de hedendaagse godsdienstfilosofie wordt een belangrijke plaats ingeruimd voor epistemologische debatten. Naast de meer traditionele metafysische en wijsgerig-theologische benaderingen, alsook hun nabije en verre varianten in belangwekkende uit de fenomenologie en hermeneutiek gegroeide stromingen, vindt men, voornamelijk maar niet uitsluitend in de angelsaksische literatuur, een concentratie van discussies die gerekend kunnen worden tot de 'religieuze epistemologie'. 'Religieuze epistemologie' is geen kentheorie die beoefend wordt onder religieuze inspiratie, maar is kentheorie van het denken en spreken in en over religie. Het denken en spreken over het religieuze heeft zijn specifieke trekken, en een vraag die onmiddellijk opgeroepen wordt, in deze eerste omschrijving van de religieuze epistemologie, is die naar het statuut van claims die gemaakt worden in de religieuze context. Hierbij slechts enkele voorbeelden uit een reeks van vragen die de algemene probleemstelling overeenkomstig deze eerste omschrijving vertalen. Bevat het religieuze discours aanspraken die in één of andere zin vergelijkbaar zijn met de aanspraken gemaakt in een strict-cognitieve context? Is van het spreken over religieuze fenomenen, en van het religieuze spreken, in enige zin een rechtvaardiging mogelijk die men kan vergelijken met de manier waarop wetenschappelijke of alledaagse overtuigingen zich lenen tot vormen van rechtvaardiging? Hoe zou zo'n rechtvaardiging er moeten uitzien? Verlaat men reeds het terrein van het religieuze spreken wanneer men zich zou wagen aan een rechtvaardiging – of een kritische toetsing – van het religieuze spreken?

Religieuze epistemologie zou men nog ruimer kunnen zien als de poging om een filosofische analyse te geven van de verhouding tussen een eventueel cognitief (of met het cognitieve verwant) element in het religieuze discours, en de andere elementen van wat men, in een losse zin, de religieuze levensvorm zou kunnen noemen. Is het element van overtuiging (*belief*) of geloofsinhoud, dat aanwezig lijkt in vele of de meeste vormen van religiositeit, de 'grond' of de basis voor andere aspecten zoals de religieuze praktijk en houdingen? Of is, andersom, eerder de praktijk voorwaarde en basis waarop en vanwaaruit religieuze overtuigingen pas zinvol gesitueerd kunnen worden? Samen met de vragen die genoemd werden in de eerdere omschrijving van het terrein, zullen wij deze verruimde vraagstelling als afbakening van de religieuze epistemologie voor ogen houden. De vragen uit de eerste reeks verkrijgen hun meest pertinente interpretatie, zou men kunnen stellen, tegen de achtergrond van de vragen uit de tweede reeks. Meer in het bijzonder kan men als kernthema uit de religieuze epistemologie dan de vraag naar voor halen naar de verhouding, in wat religieus geloof wordt genoemd, tussen rationele overtuiging en religieus vertrouwen. Is vertrouwen pas 'te vertrouwen' als gegrond vertrouwen, wanneer het m.a.w. op een kennisgrond, zoiets als een inzicht over de aard van de werkelijkheid, kan steunen? Of verdient integendeel elke uitspraak over de werkelijkheid, of elke inhoudelijke uitspraak, pas de kwalificatie 'religieus' naarmate het overtuigingselement van het geloof dat erin tot uitdrukking komt, teruggaat tot de meer primaire houding van vertrouwen? En is vertrouwen altijd vertrouwen in de aard van een reeds gegeven werkelijkheid? Kortom, is het meer basale concept in het clusterconcept '(religieus) geloof' (*faith*) dat van vertrouwen (*trust*), en is het overtuigingsgehalte (*belief*) van een religieuze geloofsovertuiging daarvan een afgeleide; of is religieus vertrouwen slechts een psychologische afgeleide van het cognitieve (en refererende) element, de overtuiging zelf? Of is misschien elke soortgelijke analyse van het geloofsgegeven in strijd met zijn eigenheid, die vraagt om een 'holistische' beschrijving?

In de analytische discussie binnen de godsdienstfilosofie zijn, ruw geschetst, drie reeds min of meer klassieke posities omtrent deze kwestie uitgewerkt. Deze posities kunnen kort gesitueerd worden, omdat zij zowat het uitgangspunt of de oriënterende map voor onze verzameling van teksten zullen vormen. Er is enerzijds de meest klassieke van de posities, die men als funderingsdenken (*foundationalism*) kan aanduiden. De moderne variant van deze reeds in de klassieke (en eventueel middeleeuwse) metafysica vertegenwoordigde denkstijl, houdt het erop dat ook binnen een analytische filosofie van de religie een streven naar rationele rechtvaardiging centraal moet staan. Dat betekent dan dat de klassieke vraag naar argumenten en rationele rechtvaardiging van religieuze overtuigingen alle aandacht verdient. Over welke argumenten beschikt de gelovige wanneer hij, abstractie makend van zijn mentale attitude, de inhoud van zijn geloof wikt en weegt, en bijvoorbeeld afweegt tegen andere, niet-religieuze verklaringen van de aard en het bestaan van de wereld? Er moet een soort van neutraal standpunt ingenomen kunnen worden vanwaaruit het mogelijk moet zijn de aanspraken van religie en bijvoorbeeld wetenschap cognitief te vergelijken, en men moet kunnen uitmaken of die aanspraken verenigbaar zijn en welke vorm van werkelijkheidsverklaring nu het beste bewijsmateriaal aan haar zijde heeft. Dit bewijsmateriaal, zal men dan tegenwoordig ook hier zeggen, kan uiteraard nooit aprioristisch en sluitend zijn; er kan hoogstens een probabilistisch argument, of een cumulatie van dergelijke argumenten, opgebouwd worden in verband met de ultieme verklaring van de werkelijkheid. Maar men meent toch iets van die empirisch-rationele ondersteuning voor een verantwoorde keuze in deze aangelegenheden te kunnen bereiken. Eventueel kunnen niet-empirische, filosofisch-speculatieve redeneringen of beschouwingen daarbij aansluiten, of zelfs de doorslag geven of de balans in één richting laten overhellen.

De meest bekende en radicale vertegenwoordiger van deze houding is wellicht Richard Swinburne.[1] Er zijn diverse concurrerende kosmologische hypothesen die van het bestaan van de wereld rekenschap trachten af te leggen, en het komt erop aan de meest plausibele en waarschijnlijke daaronder aan te duiden. Voor

[1] Zie *The Coherence of Theism*, Oxford: Clarendon, 1977; *The Existence of God*, Oxford: Clarendon, 1979; *Is There a God?*, Oxford: Oxford U.P., 1996.

Swinburne is de theïstische hypothese de best geplaatste, overeenkomstig criteria die als een extensie van de criteria voor wetenschappelijke hypothesevorming en -toetsing beschouwd kunnen worden. Swinburnes werk is dan ook een poging om die criteria en hun toepassing in quasi-empirische argumentatiecontexten gedetailleerd voor te stellen en uit te werken. In zijn visie die eigenlijk neerkomt op een soort van veralgemeende inductieve logica of confirmatietheorie voor toepassing op het geheel van fysische en metafysische talen en contexten (ontdaan van hun onderscheid), moet een soort van uitspraken geïsoleerd worden die, minstens in pragmatische zin, dienen als confirmatiebasis voor de overige, te rechtvaardigen uitspraken. Die basisuitspraken zijn in deze veralgemeende context dan niet zomaar observatiezinnen, maar zinnen die empirisch, rationeel en/of intuïtief voor waar zouden worden gehouden door wie bereid is over zo'n breed domein te redeneren: zulke uitspraken zoals de bevestiging van het bestaan van het universum, van het voorkomen van orde in het universum, en van het bestaan van bewuste wezens. Voor Swinburne dan dienen de traditionele Godsbewijzen geherïnterpreteerd en gereconstrueerd te worden als wat ze zijn, nl. codificaties van de vage intuïties (uitgedrukt in voornoemde uitspraken) die gewone gelovigen als redenen beschouwen om in God te geloven. En zo beschouwd zijn het dan voor hem (in een naderbepaalde zin) correcte inductieve argumenten, die 'bij elkaar opgeteld', tot een accumulatie van positieve evidentie voor de hypothese van het Godsbestaan leiden.

Het is eigenlijk een vertegenwoordiger van de tweede stroming, Alvin Plantinga, die in extenso de epistemologie van de funderingsdenkers onder de aandacht heeft gebracht door ze aan kritiek bloot te stellen. Plantinga is de grondlegger van de zgn. *Reformed Epistemology*, een stroming die inderdaad poogt het protestantse gedachtengoed eindelijk weer positief van een epistemologie te voorzien die als alternatief kan optreden voor de traditionele kentheorie van de rationele Godsbevestiging. Plantinga heeft er niet alleen op gewezen dat het moderne funderingsdenken een tweedeling van uitspraken in funderende en te funderen uitspraken onderstelt en nodig heeft, maar ook dat de funderingsdenker typisch de uitspraak die het Godsbestaan uitdrukt onder de te funderen uitspraken rangschikt. (De hele pointe daarvan was en is uiteraard dat men er evidentie voor wilde geven.) Zo heeft de funderingsdenker evenwel meteen al een cruciale stelling van de klassieke anti-theïst mee overgenomen: de overtuiging dat het Godsbestaan niet als basisuitspraak gekozen mag worden, en dus ook geen object van een basale attitude kan zijn. Daarmee heeft diezelfde funderingsdenker de gedachte dat religieus geloof een eigen vorm van zekerheid is, opzijgezet: de verhouding tussen *fides* en *ratio* is al in een keurslijf gedwongen waar men niet meer uit raakt, en waar een nood aan Godsbewijzen altijd als een gemis gevoeld zal worden.

Technisch werkt Plantinga zijn kritiek op dit denkpatroon in detail uit in het artikel dat hier in vertaling verschijnt. Toch dient een dubbele waarschuwing toegevoegd om misverstanden te voorkomen: Plantinga's tekst lijkt erg geëlaboreerd maar is in feite — en dat blijkt bij nadere beschouwing van een aantal tussenstappen in de argumentatie — nog te beschouwen als een beknopte versie van een veel uitvoeriger studie, verschenen onder de titel "Reason and Belief in God".[2] Wie op de subtiliteiten van het betoog wil ingaan, zij dan ook naar deze laatste studie verwezen; wie in het bijzonder de indruk krijgt dat de gesofisticeerde argumenten uit "Rationaliteit en religieus geloof" niet kunnen verhelen dat Plantinga zelf in aanzienlijke mate de fundamentalistische (en toch wel achterhaalde) terminologie van zijn tegenstander deelt, zou in de uitgewerkte versie kunnen nagaan dat Plantinga ze toch wel in een vrij destructieve zin hanteert. Wel is en blijft het zo, dat Plantinga, net zoals hij zelf van de funderingsdenker beweert, van deze laatste de dichotomie tussen basale uitspraken en niet-basale uitspraken overneemt, en dus onrechtstreeks ook van de klassieke anti-theïst. Maar basale uitspraken zijn niet langer uitspraken die beantwoorden aan de klassieke (of gemoderniseerde) criteria van zelf-evidentie en/of oncorrigeerbaarheid: deze criteria worden door Plantinga verworpen. Wat zijn die uitspraken dan wel?

[2] In A. Plantinga & N. Wolterstorff (eds.), *Reason and Belief in God*, University of Notre Dame Press, Notre Dame & London, 1983, p. 16-93.

Hier is het, dat een tweede misverstand op de loer ligt, in de hand gewerkt, weliswaar, door onduidelijkheden hierover in Plantinga's tekst(en). Zijn *properly basic* uitspraken fundamenteel onderscheiden van andere, en waardoor dan? Zijn er geen criteria voor aan te geven, indien het klopt dat de criteria van de funderingsdenker falen? Plantinga spreekt zich niet rechtstreeks uit over het voorhanden zijn van criteria, maar de meer uitvoerige studie laat zien dat hij terdege rekent met de mogelijkheid om een complex criterium op te stellen, ook al is het vinden van een verzameling basale uitspraken een 'inductieve' aangelegenheid (en geen deductieve toepassing van een aprioristisch criterium). Maar vooral is de vraag: wat maakt zo'n criterium uit wanneer er geen echt epistemologisch privilege aan onkreukbaar geachte uitspraken meer gegeven kan worden? Welnu, het lijkt erop dat Plantinga met zijn korte opmerkingen (infra, h. 2, par.3) over de rol van *causale condities en gronden* voor een overtuiging op een overgang wil wijzen van een epistemologie waar positieve redenen vereist zijn om (wat dan ook) te geloven, naar een epistemologie waar er zonder tegenindicatie geen reden is om te twijfelen[3] zolang een epistemisch systeem functioneert (ook causaal functioneert) 'zoals het hoort'. Geloven in God -of liever de concrete uitspraken die aanleiding zijn om tot die meer abstracte uitspraak te komen- zouden beantwoorden aan de 'normale' werking van een noëtisch subject, wanneer zij in de gepaste causale condities (onder de indruk zijn van orde en schoonheid bv.) worden geuit. En een concrete uitspraak -zo'n concrete uitspraak-, gedaan in de gepaste omstandigheden, is dan een basisuitspraak, (1) wanneer er geen meer elementaire uitspraken nodig en/of mogelijk lijken om hem te ondersteunen, en (2) wanneer er geen redenen zijn om hem te betwijfelen. (Net zo heeft iemand die niet lijdt aan geheugenverlies geen enkele reden heeft om te twijfelen aan zijn/haar herinnering diezelfde ochtend te hebben ontbeten (wat dan voor die persoon een

[3] Op dit punt valt enige gelijkenis te constateren met Bas van Fraassens 'new epistemology' in *Laws and Symmetry*, Oxford: Clarendon, 1989; daar vindt men een geestige verdediging van deze 'Britse' opvatting van rationaliteit (waar alles toegelaten is wat niet is verboden) tegen de 'Pruisische' (waar alles is verboden wat niet is toegelaten).

basisuitspraak is in het licht van de condities (1) en (2)). Een dergelijke stelling roept uiteraard op haar beurt vele nieuwe vragen op. De opvolging van de discussie hieromtrent zou ons evenwel te ver hebben geleid, en opnieuw mogen we de geïnteresseerde lezer verwijzen naar de recentere geschriften van Plantinga en de zijnen omtrent *Warrant and Proper Function.*[4]

De derde positie in het debat beroept zich op Wittgenstein, en laat zich evenzo als een kritiek op het funderingsdenken begrijpen. In de explicitatie van die kritiek bij 'neowittgensteiniaanse' filosofen als D.Z. Phillips, Norman Malcolm, Peter Winch en Stephen Mulhall worden diverse invullingen en uitwerkingen gegeven aan de fundamentele idee die men aldus zou kunnen omschrijven: religie is eerst en vooral een levensvorm, en alle reconstructies, rationele en andere, die daarvan abstractie maken kunnen het niet over de kern van de zaak hebben. In het bijzonder dreigt in het debat omtrent de rationaliteit van religieuze overtuigingen vergeten te worden dat die overtuigingen hun zin ontlenen aan de manier waarop ze mee gestalte geven aan datgene waarvan ze de uitdrukking zijn: de religieuze praktijk en attitude. In D.Z. Phillips' hier vertaalde artikel zal een duidelijke inkleuring van die fundamentele idee terug te vinden zijn, naast een discussie van misvattingen die erdoor opgeroepen kunnen worden. In de eerste plaats zal daar echter de oppositie met de klassiekere positie tot uiting komen.

Dit mag niet doen vergeten dat deze stroming zich ook duidelijk distantieert van de gereformeerde epistemologie van de religie. Ook al is er een natuurlijk bondgenootschap tegenover de klassieke positie in de nadruk op de voorrang van de attitude (*faith, trust*) op de cognitieve overtuiging en de ratio, en ook al kan Plantinga zich beroepen op Wittgensteins uitspraken in *On Certainty* omtrent het karakter van grotere zekerheid van de stavende bewering tegenover de gestaafde bewering (infra, h. 7, p. 153), er blijven grote verschillen. De opdeling in basale uitspraken en andere, de rol gespeeld

[4] Plantinga, *Warrant and Proper Function*, Oxford U.P., 1993. Zie ook de uitvoerige discusies en reacties opgeroepen door het programma van de *reformed epistemology*. Zie bv. L. Zagzebski (ed.), *Rational Faith: Catholic Responses to Reformed Epistemology*. University of Notre Dame Press, 1993.

door de notie van een normaal of *properly* functionerend noëtisch systeem, en vooral: de opvatting van een aflijnbare set van basale uitspraken als niet te begronden grond van religieus geloof, dat alles roept van wittgensteiniaanse zijde op zijn zachtst gezegd bedenkingen op. (Voor enkele van deze bedenkingen, zie h. 7, *in fine*).

Wij hebben ervoor geopteerd een drietal voor de drie genoemde en ruw geschetste posities representatief te achten teksten in vertaling samen te brengen, en een aantal godsdienstfilosofen uit ons taalgebied met de 'basisposities' in discussie te laten treden. Aangezien de positie van Swinburne, vanop het continent gezien, en zelfs binnen het veld van de godsdienstfilosofen, zo extreem leek, dat ze niet langer als representatief voor de klassiekere stroming kan gelden, hebben wij er wel voor geopteerd een tekst op te nemen die de cognitieve opvatting binnen de religieuze epistemologie beter vertegenwoordigt. Wij danken Jan Van der Veken dan ook voor zijn bereidheid een ouder artikel uit 1974 speciaal met het oog op deze bundel te bewerken. Wij zijn ervan overtuigd dat hierdoor een meer genuanceerd en binnen de globale discussiecontext verankerd beeld is geschetst, dat ook toelaat verfijningen aan te brengen aan het hierboven gezegde. Wij danken in het bijzonder ook D.Z. Phillips en A. Plantinga voor de toestemming om hun artikelen in vertaling op te nemen. Dank ook aan Livia Verbrugge voor haar bijdrage tot het vertaalwerk en deskundige logistieke ondersteuning. De bijdragen van de auteurs van de overige hoofdstukken zullen ongetwijfeld voor zich spreken, en doorheen hun confrontaties met zo diverse auteurs als onder anderen Hume, Thomas, Kierkegaard en Moore, vooral iets van de sfeer van datgene oproepen waaruit dit alles is gegroeid: een levendige discussiegroep godsdienstfilosofie aan de Universiteit Antwerpen (UFSIA).[5]

[5] Naar aanleiding van dezelfde discussies werd op 29 mei 1999 een internationaal Symposium over *Rationality and Religious Trust* gehouden aan de UFSIA. De handelingen hiervan verschijnen in *Bijdragen. Tijdschrift voor Filosofie en Theologie* 60 (1999), nr. 4. De artikelen zijn van de hand van D.Z. Phillips, S. Mulhall, F. Ricken en V. Brümmer.

DEEL I

JUSTIFICATIE EN RELIGIEUS GELOOF
DRIE POSITIES

HOOFDSTUK 1

Geloven als *gegrond* vertrouwen[1]

Jan VAN DER VEKEN

Is de uitspraak "God bestaat" in staat waar of vals te zijn (en dus een stellingname in verband met de diepste aard van de werkelijkheid) of is ze enkel de weergave van een subjectief zicht op de wereld?[2] Deze vraag raakt de kern van de metafysische en theologische problematiek. Ze bekleedt ook een centrale plaats in de analytische godsdienstfilosofie. Ze luidt dan als volgt: is de religieuze taal cognitief, of is het enkel "convictional language"? Is geloven in God enkel een "blik" (in de zin van R. Hare), een uitdrukking van vertrouwen, die mij wel iets leert over mezelf maar niet echt over de werkelijkheid?

In deze bijdrage wil ik aantonen dat de religieuze taal ophoudt zichzelf te zijn wanneer zij haar waarheidsaanspraak, haar "truth-claim" verzaakt, d.w.z. wanneer zij niet meer beweert waarheid uit te zeggen over mens en wereld. Geloof wordt als een modus van vertrouwen wel eens tegenover kennis gesteld. Geloven zou dan niet zijn "geloven dat" (bepaalde proposities waar zijn), maar "geloven in" (een Persoon, of in de zin van het leven). Indien geloven

[1] Dit is een herwerking van het artikel "Geloof in God: kennis of overtuiging?", verschenen in de bundel *Miscellanea Albert Dondeyne. Godsdienstfilosofie. Philosophie de la religion*, Leuven-Gembloux, Leuven University Press-J.Duculot, 1974, p. 193-218.

[2] Uitvoerige verwijzingen naar de literatuur vindt men in voornoemd artikel. De voornaamste verwijzingen worden hier hernomen. Als achtergrond voor de hele problematiek zijn van belang: het artikel van John Wisdom, "Gods", in *P.A.S.*, 1944-5, herdrukt in *Logic and Language* (First Series) en in John Wisdom, *Philosophy and Psychoanalysis*, Oxford, Blackwell, 1953, en ook *New Essays in Philosophical Theology*, ed. by Antony Flew & Alasdair MacIntyre, Londen, SCM, 1955 (dikwijls herdrukt). Een klassieker over de zin- en waarheidsvraag in verband met de religieuze taal is L. Gilkey, *Naming the Whirlwind: The Renewal of God-Language*, Indianapolis-New York, Bobbs-Merrill, 1969.

echter niets anders dan een modus van vertrouwen zou zijn, wordt het van binnen uit uitgehold. Geloven is altijd minstens impliciet aannemen dat dit geloof verantwoord is en dat bepaalde beweringen in verband met de grond van dit vertrouwen waar zijn. De logica van de kennis en de logica van het geloof zijn dus onmogelijk van elkaar te scheiden, en dus zeker niet tegenover elkaar uit te spelen. Dat neemt niet weg dat het geloof inderdaad zijn wortels heeft in de beleefde existentie, en in die zin teruggaat op een bepaalde overtuiging: de overtuiging namelijk van in de waarheid te staan. De eigen aard van de religieuze taal bestaat er dan ook in de vertolking te zijn van een bepaald zicht op de werkelijkheid, dat er aanspraak op maakt waar te zijn, en dat bereid is van die overtuiging rekenschap af te leggen.

1. Godstaal als "seeing as"

Wittgenstein heeft terecht gezegd dat een van de taken van de filosofie is ons te bevrijden van de beheksing door de taal. De diep ingewortelde gewoonte om, ook en vooral in het kader van de anaytische filosofie, de centrale vraag van de godsdienst te formuleren als "bestaat God?" ("is there a God?") is m.i. zo'n slavernij, waarvan wij moeten bevrijd worden. Tegen deze al te vertouwde manier om de Godsvraag te stellen moeten volgende beslissende bezwaren worden ingebracht. Vooreerst: de vraag "bestaat God?" suggereert dat wij reeds weten wat wij onder "God" verstaan, en dat wij ons slechts vragen stellen in verband met zijn mogelijk bestaan. Dit is een descriptieve wijze van refereren naar een mogelijk object.

De hoofdobjectie tegen deze manier van vragen stellen is tweevoudig: niet alleen beschikken wij geenszins over een descriptie van God (de Godsvraag komt juist hierop neer: wàt moeten wij onder 'God' verstaan?), maar bovendien schijnt de vraag "is er een x, zo dat 'God' van x?" te suggereren dat God zou kunnen niet bestaan. Welnu, een wezen of een werkelijkheid die mogelijkerwijze zou kunnen niet bestaan is in geen geval God. Het is bij voorbaat verkeerd argumenten aan te brengen voor het "bestaan" van *een* contingente God, d.i. een "wezen" dat mogelijkerwijze zou kunnen niet bestaan. Wanneer de bewijsvoering vertrekt van "mogelijkerwijze bestaat God niet" (wat lijkt geïmpliceerd in de vraag zelf: "bestaat God?"), om uit te komen bij de bevestiging "God bestaat", dan heeft men reeds een elementaire fout gemaakt tegen het *modaal* karakter van de Godstaal. De vraag "bestaat God?" gelijkt grammaticaal op de vraag "zijn er eenhoorns?" Volgens de modale logica zijn beide vragen echter grondig verschillend. In het geval van eenhoorns gaat het over het contingent bestaan van wezens, waarvan de enen aannemen dat ze er zijn, terwijl de anderen dit juist loochenen. In de Godsvraag gaat het niet over het "er zijn" van een of ander Wezen, maar over de uiteindelijke aard van de *gehele* Werkelijkheid, die er in ieder geval is, d.i. die niet kan niet zijn. Het noodzakelijk bestaan van de Werkelijkheid als geheel is een bij uitstek metafysische uitspraak. Ze gaat terug op Parmenides ("Het Zijn is en het niet-zijn is niet"), en men vindt ze terug bij alle grote metafysici: bij Anselmus, bij Thomas, en natuurlijk ook bij Spinoza en Hegel.

M.i. moet de Godsvraag dus zo gesteld worden: vertoont de Werkelijkheid-als-geheel – die in ieder geval bestaat – zo'n karakteristieken, dat het verantwoord is er in religieuze zin over te spreken eerder dan in onpersoonlijke categorieën? Of nog: is de religieuze taal, gegeven de diepe aard van de Werkelijkheid zelf, alles bij elkaar zinvolle taal?

Door de Godsvraag op die wijze te stellen hebben wij minstens ten dele een antwoord gegeven op de kritiek van Kant, die stelde dat existentie niet kan gebruikt worden als een predikaat. Dit bezwaar komt hierop neer: wanneer wij van x zeggen dat het deze en gene eigenschappen heeft, en bovendien zeggen dat x bestaat, voegen wij aan de betekenis van x niets toe. Bekend is dat volgens Kant "Hundert wirkliche Thaler nicht das Mindeste mehr enthalten als hundert mögliche".[3] Carnap heeft deze opwerping van Kant

[3] Imm. Kant, *Kritik der reinen Vernunft*. Zweite Auflage 1787, tweede deel Die transcendentale Dialektik. Tweede boek, derde hoofdstuk, par. 4.

hernomen, en besloten dat ook de Godsbevestiging mank loopt. Carnap argumenteert als volgt: "God bestaat" moet logisch vertaald worden als: "er is (minstens) één x met de eigenschap God". "Er is een God" impliceert de elementaire zin: "x is een God". En, meent Carnap, dat moet de theoloog verwerpen. Inderdaad, een x waarvoor dit toevallig het geval blijkt te zijn, – een zijnde onder de zijnden – kan nooit God zijn.

Charles Hartshorne ziet een uitweg voor de moeilijkheden van Kant en Carnap. Als een mogelijke waarde voor x het universum is, en wij het onbepaald lidwoord "een" laten vallen in de uitdrukking "een wezen, genoemd God", dan kan de vraag als volgt gesteld worden: is het universum in een of andere zin goddelijk te noemen?

Deze suggestie van Hartshorne biedt ook een begin van antwoord op de kritiek van Heidegger op het "onto-theologisch karakter van de Westerse metafysiek". De Westerse metafysica heeft volgens Heidegger "God" gedacht als het hoogste Zijnde (een x, genoemd God), zij het dan het hoogste. Op die wijze heeft de traditionele manier om de Godsvraag te stellen de toegang geblokkeerd tot het denken van het Zijn. Van Heidegger kunnen we leren dat God in ieder geval geen zijnde is onder de zijnden, ook niet het hoogste.

Wat tot nog toe gesteld werd, kan als volgt samengevat: het gaat in de Godsvraag niet om het hypothetisch bestaan van een zijnde, genoemd God. Het gaat over de Werkelijkheid als geheel (daarom een hoofdletter), waarvan wij niet kunnen zeggen dat ze niet bestaat, maar waarvan wij ons wèl kunnen afvragen of zij van die aard is dat wij er in een aanvaardbare zin kunnen over spreken in religieuze taal.

Het gaat dus in de Godsvraag om een bepaalde manier van spreken over de Werkelijkheid als geheel: is de Werkelijkheid als geheel van die aard dat religieuze taal verantwoord is? Of zijn andere manieren van spreken en andere zienswijzen meer geëigend? Kunnen wij de Werkelijkheid als geheel bij voorbeeld even goed (of beter) "Stof" heten, of "Evoluerend heelal"? Wanneer wij alleen maar spreken over de Werkelijkheid als geheel (of over het

Absolute, d.i. datgene waarvan niet zinvol gezegd kan worden dat het niet is), dan komt "God" nog niet uitdrukkelijk te sprake. Daarom ben ik steeds gevoeliger geworden voor het noodzakelijke onderscheid tussen het metafysische Absolute (de alomvattende Werkelijkheid, het Zijn, de "Creative advance into novelty") en het religieus-Ultieme.[4] Mijn standpunt is steeds duidelijker deze richting uitgegaan: God en het Zijn mogen niet met elkaar gelijk gesteld worden.

Godstaal is geëigende taal om te beschrijven hoe gelovigen de Werkelijkheid zien. Zij zien de Werkelijkheid niet alleen, maar *zien* ze *als* gedragen door een goddelijke aanwezigheid, als doorzinderd van goddelijke Liefde. Geloven heeft dus inderdaad iets te maken met vertrouwen, maar met vertrouwen waarvan men aanneemt dat het gegrond is in de diepe aard van de werkelijkheid zelf. Zeggen dat het geloof niets anders is dan de uitdrukking van existentieel vertrouwen, en dat dit niets impliceert over het gegrond zijn van dit vertrouwen in de Werkelijkheid zelf, is m.i. incoherent.

Om de logica te begrijpen van het "zien als" ("seeing as") kan een bekende passage uit de *Philosophical Investigations* ons een eind op weg helpen: Wittgenstein is getroffen door het feit dat wij niet alleen "zien", maar "zien als", en hij geeft als voorbeeld de beroemde "duck-rabbit"-figuur van Jastrow. Of wij kunnen terug denken aan de vertrouwde zoekplaatjes van onze kinderjaren: het leek of er alleen maar bladeren zijn aan de takken van de bomen, en plots "zien" wij een vrouwenhoofd. Wat is veranderd? Mijn wijze van zien? Wie kan het zeggen?

Wat zien wij? Men zou kunnen geneigd zijn te zeggen dat wij "hetzelfde" zien, en dat alleen onze houding veranderd is: dezelfde lijnen, maar nu een kwart slag gedraaid, zodat de bek van de eend de oren worden van het konijn. Het ligt m.i. meer voor de hand te zeggen dat wij op grond van hetzelfde dubbelzinnige lijnenspel *iets anders* hebben gezien. "Zien" en "zien als" zijn geen

[4] Zie hierover onder meer: "God and Ultimate reality: the Same?" *The Philosophy of Charles Hartshorne*, ed. by Lewis Edwin Hahn, The Library of Living Philosophers, vol. XX, La Salle, Illinois, Open Court, 1991, p. 203-214.

twee afzonderlijke verrichtingen: wij "zien" slechts iets, als wij het zien als dit eerder dan als dàt. Zien is altijd structureren, interpreteren, een "Gestalt" vatten, die de bonte veelheid van het zintuiglijke aangedaan worden tot eenheid brengt, zodat de veelheid begrijpelijk wordt, en wij *iets* kunnen zien.

Het wordt pas echt fascinerend wanneer wij deze zienswijze toepassen op de Werkelijkheid als geheel. Wij kunnen gerust stellen dat een geloof, een bepaalde manier van zien, inderdaad een "wereld-beschouwing" is. Elke filosofie, elke werkelijkheidsvisie is uiteindelijk een poging om het *geheel* van alle voorhanden zijnde gegevens zo te ordenen, te structureren, dat er perspectief in komt, dat wij inderdaad iets zien. Wereld heeft hier de omvangende betekenis die het woord practisch synoniem maakt van "werkelijkheid".

De metafysicus zoekt naar een patroon van de wereld, een schema dat hem toelaat rekenschap af te leggen van de wereld *zoals hij die ziet.* Een filosofisch systeem is van dit "zicht" op de werkelijkheid de linguïstische uitdrukking. Hierin zit voorzeker een rationeel element: rekenschap afleggen onderstelt dat het voorgestelde patroon inderdaad inzicht biedt in de samenhang, in de onderlinge verbanden die alles bijeenhouden, in wat anders oninzichtelijk en onverklaard zou blijven. En toch is een wijsgerig systeem geen sluitende, voor allen dwingende bewijsvoering: het gaat om de wereld *zoals de metafysicus die ziet.* Van hem wordt verwacht dat hij *goede redenen* heeft om de werkelijkheid zo te zien, en dat hij er *rekenschap* van kan afleggen.

Uit wat voorafgaat onthouden wij dit: religieuze en wijsgerige taal is geëigende taal om de wijze te vertolken waarop iemand de werkelijkheid als geheel ziet, inzichtelijk maakt en waardeert. De religieuze taal zal eerdere functioneren bij het vertolken van de *uiteindelijke zin* die wij ontdekken in de werkelijkheid als geheel (Ian T. Ramsey spreekt van een "cosmic disclosure"). Het *rekenschap afleggen* van de wijze waarop dit bepaald zicht op de werkelijkheid de totaliteit van al wat is verheldert, zal eerder gebeuren in de taal van de metafysica. Daarom spreekt A.N. Whitehead van "religion seeking a metaphysics": ons religieus zicht op de werkelijkheid kan er niet buiten zich op een coherente en systematische wijze te willen uitdrukken in een visie op de werkelijkheid als geheel.

2. Een *verantwoord* zicht op de Werkelijkheid

Laat ons nu onze aandacht richten op de wijze van justificatie die aan ons "zicht" op de wereld (ons wereldbeeld) kan worden gegeven.

Het logisch positivisme heeft van één bepaalde vorm van justificatie het criterium gemaakt van cognitieve zinvolheid, nl. verificatie door zintuiglijke waarneming. Een groot deel van het debat in verband met de aard van de religieuze taal heeft zich rond de mogelijkheid van verificatie ontwikkeld. Men spreekt dan ook in de literatuur van de "verification debate", of van de "University discussion", verwijzend naar een beroemd debat tussen Anthony Flew, Richard Hare, Basil Mitchell en nog verschillende anderen.[5] De discussie vertrok van John Wisdoms parabel van twee ontdekkingsreizigers.[6] Twee ontdekkingsreizigers komen uit bij een open plek in de jungle. De ene is overweldigd door de zorg aan de bloemen besteed en zegt: "Hier moet een tuinman aan het werk geweest zijn". De andere wijst op het onkruid dat er blijkbaar *ook* is en oppert volgende bedenking: "Neen, een liefhebbende tuinman zou niet zo nalatig geweest zijn". Alle pogingen om op experimentele wijze met de vermeende tuinman in contact te treden mislukken: hij blijft onzichtbaar, onhoorbaar, niet waarneembaar voor bloedhonden, ongevoelig voor electrische schokken. Op zeker ogenblik kan geen verdere informatie meer worden ingewonnen. Beide ontdekkingsreizigers weten wat er gebeurt met tuinen die aan hun lot worden overgelaten. En toch blijft de "gelovige" ontdekkingsreiziger volhouden: "hier is een tuinman geweest". De "ongelovige tuinman" kan dat helemaal niet zien, en blijft bij zijn "zicht" op de open plek in het

[5] *New Essays in Philosophical Theology.*

[6] J. Wisdom, "Gats" zie noot 2.

bos: “hier is helemaal geen tuinman aan het werk geweest. Anders zou die wel zorg gedragen hebben voor het onkruid”. De pointe van de parabel van Wisdom is dat hij, een Wittgensteiniaan, precies op dit punt met het logisch positivisme wil breken: de vraag naar de interpretatie van de open plek in het bos houdt op zeker ogenblik op langs experimentele weg beslisbaar te zijn, maar toch blijft de vraag voor hem van doorslaggevend belang. Wisdom wil aantonen dat de belangrijkste vragen dikwijls van niet-experimentele aard zijn. De ene ontdekkingsreiziger leert over de tuin al wat de andere leert, en over wat er gebeurt met tuinen die onverzorgd worden achtergelaten. Het verschil tussen de “gelovige” en de “niet-gelovige” ontdekkingsreiziger is dus niet langer een verschil in verband met “de feiten” of in verband met hun verwachtigen in verband met de open plek in het bos. Toch spreken zij over wat zij zien op een fundamenteel verschillende wijze. Achter het gebruik van een verschillende taal gaat een andere houding schuil. Voor Wisdom is de Godsvraag geen experimentele aangelegenheid, en toch geen zinloze tijdverspilling. Dat wil hij vooral duidelijk maken: er zijn vragen die reëel en betekenisvol zijn voor de wijze waarop mensen leven en met elkaar omgaan, en die toch niet door verdere ervaring kunnen worden beslecht. Wat bij een rechtsgeding gebeurt is hiervan een goede illustratie. Wanneer de rechter zich afvraagt of een bepaald document een testament is, of een betichte schuldig is aan moord, ofwel dat het eerder gaat om een ongeluk of een zelfmoord, dan doet hij méér dan feiten verzamelen: hij ordent ze, waardeert ze, zoekt naar redelijke verantwoording. Het uiteindelijke oordeel – “schuldig” of “onschuldig” – heeft belangrijke consequenties. Natuurlijk is zulke taal “performatief” (in de zin van J. Austin: de rechter doet iets wanneer hij de betichte schuldig verklaart of vrijspreekt). Toch is het totaal naast de zaak zulke uitspraak irrationeel te noemen, of er alleen maar de uitdrukking in te zien van het gevoelen van de rechter. Wisdom heeft met zijn voorbeelden willen aaantonen dat kwesties die niet kunnen opgelost worden door verder empirisch onderzoek toch zeer betekenisvol kunnen zijn, en bovendien relevant voor het practische leven.

Antony Flew, die zichzelf dikwijls heeft opgeworpen als vertegenwoordiger van het atheïsme, opent de "University discussion" met een her-lezing van de parabel van Wisdom. Hij verandert echter uitdrukkelijk de pointe van de parabel. Op het einde van het onderzoek is de ongelovige de wanhoop nabij: "Maar zeg mij nu eens, roept hij uit: wat is het verschil tussen uw onhoorbare en onzichtbare tuinman, en helemaal geen tuinman?" De pointe van Flews versie van de parabel is dat de gelovige niets heeft gezegd: zijn initiële uitspraak – er is een liefhebbende tuinman aan het werk geweest – is doodgegaan aan een duizendtal beperkingen ("death by a thousand qualifications"). Voor Flew is de godsbevestiging evenmin als de godsontkenning een echte uitspraak: hij is noch waar noch vals, maar zinloos ("meaningless", in de technische zin van het woord).

Als antwoord op wat men is gaan noemen "Flew's challenge" heeft zich een hele discussie ontwikkeld. Het meest bekend is het antwoord van Richard Hare. Hij begint met Flew gelijk te geven vanuit het standpunt waarop Flew zich stelt: ware de religie een te controleren hypothese, dan heeft Flew gelijk. Daarom werpt Hare een ander licht op het wezen van de godsdienst, door het vertellen van een andere parabel. Een geesteszieke student is ervan overtuigd dat zijn tutors ("Dons") hem wensen te vermoorden. Zijn vrienden brengen hem in contact met de meest milde en vriendelijke tutors die ze kunnen vinden, en dan zeggen ze: "je ziet, zij willen je niet doden; zij zijn zeer vriendelijk voor jou. Nu ben je toch wel overtuigd, zeker?" Maar de geesteszieke student antwoordt: "Ja, maar daarin zit juist hun duivelse geslepenheid: zij willen mij in het ongeluk storten, zoals alle anderen. Ik weet wat ik zeg". Hoeveel vriendelijke tutors ook met hem in contact treden, zijn reactie blijkt dezelfde. Als wij "Flew's test" toepassen, dan zal hij nooit voldoende evidentie hebben om van oordeel te veranderen. Maar daaruit volgt niet dat er geen verschil is tussen de wijze waarop hij tegen tutors aankijkt, en de wijze waarop de meesten onder ons dat doen, anders zouden we hem niet geestesziek noemen.

Nu stelt Hare voor datgene waarin wij verschillen van de geesteszieke student een "blik" te noemen. Hij heeft een onrealistische of verziekte "blik" in verband met tutors, en wijzelf een normale of een gezonde "blik". Het is belangrijk in te zien dat wij ook een blik hebben. Want indien één van beide partijen een verkeerde blik heeft, dan moet de andere partij de juiste "blik" hebben. Wat is nu zo'n "blik"? Het is misschien onmogelijk een normale blik in verband met de wereld te vertalen in proposities: over de meestal niet moorddadige neigingen van tutors, over de betrouwbaarheid van het stuurwiel van mijn wagen, over de voortdurende mogelijkheid van de weg om mijn wagen te dragen. Een "blik" is geen verklaring, maar zoals Hume al stelde, zonder een blik kan er geen verklaring zijn. Hoe dan ook, het woord drukt perfect uit waarover het gaat: een bepaalde manier van zien, die ons de werkelijkheid op een grondig verschillende wijze doet inschatten, en die ook practische gevolgen heeft voor ons gedrag. Hare's parabel heeft aanleiding gegeven tot wat men is gaan noemen "a blik conception of faith".[7] Het is de meest heldere weergave van een niet-cognitieve interpretatie van het geloof die ik ken. Iemand als Paul van Buren neemt die opvatting uitdrukkelijk over. Wanneer men het geloof interpreteert als een blik, zonder enige aanspraak op waarheid, dan komt men onvermijdelijk in een "blik conception" terecht.

3. Is zo'n "blik-theory of faith" aanvaardbaar?

Mij lijkt dat het herleiden van het geloof in God tot een bepaalde houding tegenover de werkelijkheid, zonder waarheidsclaim, het geloof van binnen uit uitholt. Niet alleen is zo'n interpretatie niet orthodox, maar zij is ook niet logisch consistent.

Juist Anthony Flew merkt in een reactie op het voorstel van Hare op dat indien Hare gelijk heeft met zijn interpetatie van het geloof als een "blik", het in ieder geval iets anders is dan wat het tradioneel beweert te zijn, namelijk een ware interpretatie van hoe de werkelijkheid in elkaar zit:

[7] Van W. de Pater vernam ik dat Richard Hare geen bijzondere bedoeling had bij het kiezen van het (Nederlandstalige) woord "blik". Misschien heeft hij zich laten leiden door het Duitse woord; of kende hij het Zuid-Afrikaanse of Nederlandse woord.

> "Elke poging om de uitspraken van het christelijk geloof te analyseren als uitingen van of bevestigingen van een blik, eerder dan als – tenminste – "would be assertions" over de cosmos, zit er fundamenteel naast. Ten eerste, omdat zo'n interpretatie totaal onorthodox zou zijn. Indien Hares religie een blik is, die geen uitspraken in verband met de cosmos impliceert over de natuur en de activiteit van een onderstelde persoonlijke Schepper, dan is hij toch helemaal geen christen, zeker? Ten tweede, omdat als wij de uitspraken van de religie zo interpreteren, zij nauwelijks in staat zullen zijn te doen wat zij doen".[8]

Wisdom is even streng voor zo'n niet-cognitieve interpretatie van de religieuze taal:

> "Want zo'n interpretatie neemt uit de leerstellingen van de religie niet alleen datgene weg zonder hetwelk ze in de stricte zin van het woord niet langer religieus zouden zijn, maar datgene zonder hetwelk ze niet langer zichzelf zouden zijn".[9]

Dat zouden wij duidelijk moeten inzien: een geloof dat zijn waarheidsclaim opgeeft, wordt iets heel anders dan het geloof traditioneel beweert te zijn. Indien "God bemint mij" niets anders betekent dan "ik 'weet' mij door God bemind", dan is de uitspraak "God bemint mij" consistent met het meest volslagen atheïsme. "God bemint mij" wordt dan een metaforische, traditioneel klinkende vertolking van een basisvertrouwen in de werkelijkheid, dat er van afziet dat vertrouwen hoe dan ook te gronden. Soms zal men zeggen dat elke poging om zo'n vertrouwen in de werkelijkheid zelf

[8] "Any attempt to analyse Christian utterances as expressions or affirmations of a *blik* rather than as (at least wouldbe) assertions about the cosmos is fundamentally misguided. *First,* because thus interpreted they would be entirely unorthodox. If Hare's religion really is a *blik,* involving no cosmological assertions about the nature and activities of a supposed personal creator, then surely he is not a Christian at all? *Second,* because thus interpreted, they could scarcely do the job they do. If they were not even intended as assertions then many religious activities would become fraudulent, or merely silly", *New Essays in Philosophical Theology*, p. 107-108.

[9] "For it tries to take from the doctrines of religion, not merely something without which they would not strictly speaking be religious, but something without which they would no longer be themselves", "Religious Belief", in *Paradox and Discovery*, Oxford, Blackwell 1965, p. 55.

te gronden, dat vertrouwen van binnen uit aantast. Precies het omgekeerde is het geval. Godsgeloof dat in geen enkel opzicht ook cognitieve aanspraken maakt in verband met de ultieme aard van de werkelijkheid is theoretisch van atheïsme niet te onderscheiden. Religieus basisvertrouwen zonder enige claim in verband met de uiteindelijke aard van de werkelijkheid is niet verschillend van een illusie of van "wishful thinking."

In de tweede plaats is zo'n "blik theory of faith" logisch inconsistent. D.H. Hamlyn zegt in zijn boek *The Theory of Knowledge*: "De band tussen geloof en waarheid is belangrijk, en A.P. Griffiths heeft aannemelijk gemaakt dat geloof de geesteshouding is die aangepast is aan waarheid. Ons verstaan van wat geloof is kan alleen het resultaat zijn van het verstaan van wat waarheid is. Dat wil niet zeggen dat onze geloofsovertuigingen niet vals kunnen zijn; het is duidelijk dat zij dat al te dikwijls zijn. Maar geloof is de aangepaste houding ten opzichte van wat waar is, en in die zin is er een conceptuele band tussen geloof en waarheid; zonder een juist inschatten van die band moeten we de hoop opgeven te verstaan wat geloof is".[10] Zeggen dat geloof met waarheid niets te maken heeft is niet tot in zijn uiterste consequenties vol te houden. Kijken we naar van Burens voorbeeld van iemand die op een schip zijn kajuit buitengelopen komt, en die roept "Vuur!" Die persoon probeert niet zich te begrijpen als iemand die zich bevindt op een brandend schip (wat zou kunnen uitgedrukt worden in proposities en in cognitieve taal). Neen! Zo iemand wil maar één ding: zo vlug mogelijk van het schip afkomen, en zijn medepassagiers oproepen hetzelfde te doen. Tot hier Van Buren.

10 "The connection (of belief) with truth is important, and it has been suggested plausibly enough by A.P. Griffiths that belief is that state of mind which is appropriate to truth. Our understanding of the concept of belief can come only through an understanding of the concept of truth. It is not that beliefs cannot be false; it is manifestly clear that they are so all too often. But belief is the appropriate state of mind to have toward what is true, and in this sense there is a conceptual link between belief and truth; without an appreciation of this link there is no hope of understanding belief itself." D.W. Hamlyn, *The Theory of Knowledge*, New York, Doubleday, Anchor Books, 1970, p. 86-87.

Het is duidelijk dat de performatieve kreet "Vuur!" méér is dan een descriptieve propositie in verband met de toestand van het schip. Maar zo'n performatieve uitspraak onderstelt *als mogelijkheidsvoorwaarde van haar correct functioneren,* dat het schip *inderdaad* in brand staat. Denk aan de clown die zich klaarmaakt voor het volgende optreden, en die plots vaststelt dat het circus in brand staat. Hij schreeuwt "Vuur!", maar de omstanders denken dat hij hen enkel naar het circus wil lokken – en zij applaudiseren. (Het voorbeeld is van Kierkegaard). Kortom, het al of niet het geval zijn van de cognitieve vooronderstellingen die in elk performatief taalgebruik meespelen, beslist over de eigenlijke werking van de performatieve taal. Austin heeft in de uiteindelijk versie van zijn theorie ingezien dat geen strikte opdeling tussen performatieve en niet-performatieve taal mogelijk is. Een waterdichte scheiding tussen cognitief en niet-cognitief taalgebruik in verband met de religie is o.i. evenmin vol te houden.

Wanneer men aandachtig de tekst van Hare leest, dan blijkt dat Hare zelf belangrijke kwalificaties aanbrengt t.o.v. een "blik conception of faith". In de eerste plaats: het is niet zo dat de zieke student een blik heeft, en de anderen geen blik hebben. Integendeel. Allen hebben ze een blik, en een onderscheid tussen een gezonde en een ziekelijke blik is onvermijdelijk. Als we dat nu toepassen op het onderscheid tussen gelovigen en ongelovigen, zouden we dan mogen zeggen dat de enen een gezonde blik hebben, en de anderen niet? Hare aarzelt wat dit te suggeren. Toch is hij van oordeel dat er wel degelijk een onderscheid is tussen degenen die werkelijk in God geloven en degenen die niet werkelijk in God geloven. "Het woord 'echt' is belangrijk, en kan argwaan wekken. Toch breng ik het te pas, omdat bij mensen die een goede christelijke opvoeding gehad hebben, – zoals voor de meesten die nu beweren niet in een of andere vorm van religie te geloven het geval is, – het heel moeilijk uit te maken is wat zij dan wel geloven. De reden waarom het zo gemakkelijk is voor hen te denken dat zij niet godsdienstig zijn, is dat zij nooit zijn binnen getreden in de geesteshouding van iemand die lijdt

[11] R. Hare, *New Essays*, p. 102: "The word 'really' is important, and may excite suspicion. I put it in, because when people have a good Christian upbringing,

onder de twijfel waarop godsdienst het antwoord is." Aldus Hare.[11]

Het lijkt alleen maar dat het Godsgeloof een kwestie van optie is, zonder dat men kan zeggen dat de ene optie meer verantwoord is dan de andere. De Godsbevestiging is niet compatibel met om het even welke stand van zaken. Zo is het m.i. inconsistent op wetenschappelijk gebied zonder enige restrictie de "hypothese toeval" (in de zin van Jaques Monod) te aanvaarden en anderzijds toch te zeggen: "Ik geloof in God". Godsgeloof wil inhoudelijk minstens hetvolgende zeggen: ik ben in het bestaan gewild; ik ben niet zonder meer het resultaat van een dom toeval; ik weet mij in het bestaan bemind.

4. Het onderscheid tussen de zinvraag en de waarheidsvraag[12]

Tekenend voor onze tijd is dat er – in tegenstelling met de vanzelfsprekendheden van nog niet eens zo lang geleden – verschillende antwoorden op de uiteindelijkheidsvragen mogelijk zijn. Tot in de achttiende eeuw betekende geloven in een geordend universum als vanzelf geloven in God. Het Uiteindelijke – de onmiskenbare transcendente horizon van ons eindig bestaan – kan op verschillende wijzen worden opgevat: het kan zich aan ons openbaren als Leegte of als genadige God. Wèlke van die mogelijkheden moet worden gekozen wordt op het niveau waarop de vraag rijst naar de zinvolheid van de uiteindelijkheidstaal niet beslist. Spreken over de dimensie van uiteindelijkheid is nog niet spreken over God. Ongetwijfeld zijn theïstische en niet-theïstische werkelijkheidsinterpretaties mogelijk. Dat wil niet zeggen dat ze daarom even wààr zijn. De waarheidsvraag rijst wanneer de uiteindelijkheidsvragen

as have most of those who now profess not to believe in any sort of religion, it is very hard to discover what they really believe. The reason why they find it so easy to think that they are not religious, is that they have never got into the frame of mind of one who suffers from the doubts to which religion is the answer".

[12] Langdon Gilkey, *o.c.*, heeft een belangrijke plaats gegeven aan het onderscheid tussen de vraag naar de zinvolheid en de vraag naar de waarheid van de religieuze taal.

– de universeel-menselijke vragen in verband met de zin van het menselijk bestaan, van leven, dood, waarden die het leven de moeite waard maken – in een bijzondere culturele context een bepaald antwoord krijgen. Zulk antwoord op algemeen-menselijke vragen is steeds een particuliere, historische aangelegenheid: het moet door iemand ontvangen worden, als antwoord op zijn existentiële nood. Bovendien moet het uitgedrukt worden in symbolische vormen en in taal, wil het méér zijn dan een zeer individuele ervaring. Die taal moet aangepast zijn aan een bepaalde culturele situatie. Er bestaan geen standaard-antwoorden die geldig zijn voor alle tijden. Zij zouden de taal van geen enkele cultuur spreken, en nergens echt worden verstaan.

De waarheid van een existentieel-ervaren antwoord is voor een gemeenschap of voor een individu dat dit antwoord ontving, tot op zekere hoogte evident. Vanuit de diepte van de Werkelijkheid of het Zijn zelf wordt een antwoord toegereikt, en dat antwoord heeft een verlichtende en helende kracht. Het is alsof de Werkelijkheid zich toont, zich garant stelt voor de zin, de waarden, de goedheid die eerst slechts als vraag, als vage en bedreigde mogelijkheden, werden vermoed. In alle culturen waar het antwoord op de diepste menselijke vragen van leven en dood, van de zin van liefde en leven, werd ervaren – en men kan zich de vraag stellen of een cultuur wel kan bestaan zonder enig vermoeden van zin – werd dit antwoord uitgedrukt in symbolische vormen, beelden en mythen, die voor die bepaalde cultuurgemeenschap een vertolking zijn van het ervaren antwoord. Het is evident dat een vertolking op haar beurt binnen de cultuurgemeenschap de ervaring van het ontvangen antwoord voor de volgende generaties bemiddelt. Ik spreek hier wel degelijk van een antwoord: de mens heeft geenszins de indruk dat hij zelf orde in de wanorde brengt; zijn ervaring is integendeel dat de uiteindelijke samenhang van alles nu eerst zichtbaar wordt. Dit ervaren antwoord heeft dus als gevolg dat de chaos omgevormd wordt tot een coherente wereld, waarin de mens kan denken en handelen. Deze openbaring is volgens Langdon Gilkey religieus, omdat de uiteindelijke structuur van de werkelijkheid zich hier toont op een wijze dat de mens zich er zinvol kan toe verhouden. De particuliere openbaring in het Judeo-christianisme (openbaring in de theologische zin van het woord) is volgens Gilkey slechts mogelijk als een verbijzondering van die algemene openbaring, werkzaam in alle culturen.

De ervaring van een ontvangen antwoord op de zinvragen is volgens Gilkey de vooronderstelling van elk denken, van elk zinvol handelen. Zo'n antwoord kan zelf niet aan een bewijsvoering worden onderworpen: het is zelf de grond waarop alle verdere bewijsvoering, denken en handelen, kan worden gegrond. Inderdaad, de mens kan niet handelen als mens, zonder te bevestigen dat iets waardevol is, dat het goede moet worden gedaan, dat niet alles om het even is. Hetzelfde geldt voor het denken: zonder het aanvaarden van een openbaar worden van zin is het denken zelf onmogelijk. Dit ervaren van een antwoord op onze uiteindelijkheidsvragen heeft als gevolg dat de chaos omgevormd wordt tot een coherente wereld, waarin de mens kan denken en handelen.

Een godsdienstige werkelijkheidsinterpretatie sticht het geloof in zin niet. Zij gaat uit van een pre-reflexief ervaren antwoord, ontvangen in een bepaalde gemeenschap. De aard van het antwoord bepaalt de "geest" van een bepaalde cultuur, en wordt veelal beïnvloed door markante, uitzonderlijk begaafde persoonlijkheden, zoals de Buddha, Mozes of Mohamed. Een bewijs voor de geldigheid van een filosofisch en theologisch systeem is hoogstens secundair: de reden waarom een bepaalde filosofie geldt, is geenszins een rationele bewijsvoering, maar de kracht van het ervaren antwoord. Metafysische en theologische systemen onthullen en ontwikkelen fundamentele overtuigingen in verband met de werkelijkheid, maar stichten ze niet. Het uiteindelijk Openbare is de ultieme coherentie van het Universum, van de gehele zich ontplooiende werkelijkheid zelf. Omdat die coherentie, zin en waarde op een of andere wijze worden ervaren, wordt over God gesproken, en niet andersom. God wordt dan ook door de gelovige gezien als de uiteindelijke grond van die ervaren zin en intelligibiliteit van de werkelijkheid als geheel. Daarom impliceert het religieuze basisvertrouwen ten langen laatste ook een scheppingstheologie.

5. Besluit

Op dit punt van de uiteenzetting moeten wij onze oorspronkelijke vraag hernemen: *welke taal wordt hier gesproken?* Wordt hier gezegd "hoe de dingen zijn" of wordt hier eenvoudig een overtuiging uitgedrukt? Cognitieve taal en "convictional language" zijn hier op een intieme wijze in elkaar vervlochten: hier wordt een overtuiging uitgedrukt in verband met de diepste aard van de Werkelijkheid zelf. Het feit dat men cognitieve taal te gemakkelijk tegenover overtuigingstaal gesteld heeft, en de discussie in verband met het statuut van de religieuze taal heeft laten verlopen in de of-of sfeer, heeft enorm veel kwaad gedaan. De eigen logica van de religieuze taal lijkt mij deze te zijn: binnen de algemene sfeer van de uiteindelijkheidsvragen (het domein waarop en waarop alléén religieuze taal zinvol kan zijn) wordt in een bepaalde cultuur een existentieel doorleefd antwoord ervaren: dat antwoord drukt zich uit in particuliere symbolische vormen, in een bijzondere religieuze taal. Dit nieuwe, ontvangen zicht op de Werkelijkheid maakt er aanspraak op waar te zijn, heeft een "truth claim". Deze "truth claim" is essentieel wil men de religieuze taal in haar diepste bedoeling geen onrecht aandoen, zoals Flew scherpzinnig tegen Hare betoogd heeft. Als men de religieuze taal herleidt tot een subjectief zicht op de werkelijkheid, zonder waarheidsaanspraak, mist men waar het de godsdienst uiteindelijk om te doen is. Wanneer men anderzijds de religieuze taal herleidt tot een abstract-theoretisch systeem in verband met de uiteindelijke aard van alle dingen, dan laat men geen recht wedervaren aan de existentiële component die elke religie kenmerkt: de religieuze mens beleeft zijn zicht op de werkelijkheid als een antwoord dat hem werd geopenbaard, of overgeleverd, maar dat hij zeker niet door eigen scherpzinnigheid heeft ontdekt.

Hier rijst echter een moeilijkheid: niet alle zingevingssysteem zijn theïstisch, zelfs niet als men aan deze term een brede betekenis geeft. Op het niveau van de zinvraag blijven verschillende mogelijkheden open. Het uiteindelijke kàn ervaren worden als de Leegte of als God. Welk criterium heeft men dan om de geldigheid van een antwoord dat circuleert in een bepaalde cultuur te toetsen? Gilkey wijst hier op het leven van de gemeenschap: "aan de vruchten zult gij ze kennen". Wanneer in een particuliere gemeenscahp het ervaren antwoord zich inderdaad vruchtbaar toont om een zinvol leven mogelijk te maken en toelaat de dreiging van de onzin en van de absurditeit te overwinnen, dan heeft dit antwoord zijn proeven geleverd.

Is dit voldoende om de cognitiviteit van de religieuze taal te redden? Ik geloof dat hiermee toch net iets te weinig gezegd is. Wordt de godsdienst hiermee uiteindelijk toch niet op zijn nuttigheid voor het leven ("human flourishing") beoordeeld? Om op een meer bevredigende wijze rekenschap te geven van de cognitiviteit van de religieuze taal is het m.i. nodig aan te tonen dat geloven in de Leegte en geloven in God toch niet even verantwoord zijn. En meteen komt de laatste beslissinde karakteristiek van de Godstaal in het zicht. Er wordt precies over God gesproken, omdat in de wijze waarop de meeste mensen hun bestaan ervaren – behoudens in crisissituaties, die juist daarom als crisissituaties kunnen worden gekarakteriseerd – de Zin, de Coherentie, de Liefde zich als méér ultiem aandienen dan de dreiging van de onzin, van de absurditeit. Met uitdrukkingen als "de meeste mensen" en "behoudens in crisissituaties" zijn dezelfde logische problemen verbonden als met wat Hare een "gezonde" of een "normale" blik noemt.

Een aanknopingspunt om dit probleem verder door te denken vinden we bij Gilkey zelf:

> "religieuze symbolen, en in de eerste plaats het woord 'God', zijn betekenisvol als thematiseringen van en antwoorden op onze ultieme vragen: in symbolische vorm drukken zij het onvoorwaardelijke antwoord uit – indien zij in het geheel iets uitdrukken – dat essentieel is, indien wij te leven hebben met sereniteit, intelligibiliteit, zin, moed en liefde, geconfronteerd met onze contingentie, betrekkelijkheid, tijdelijkheid, en de dubbelzinnigheden van onze vrijheid".[13]

[13] L. Gilkey, *o.c.*, p. 442: "if we are to live with serenity, intelligibility, meaning, courage, and love in the face of our contingency, relativity,temporality, and the ambiguities of our freedom".

Dubbelzinnig is voorzeker de situatie waarin wij te leven hebben in deze wereld. Maar is het antwoord dat wij geven aan de uitdaging van het leven vrijblijvend? Gilkey zegt dat een antwoord dat gaat in de richting van het religieuze geloof essentieel is indien wij willen leven met liefde en zin. Deze gerdachtengang moet zijn volle gewicht krijgen. Het is niet helemaal waar dat elk positief antwoord op de ultieme vragen altijd geneutraliseerd wordt door een corresponderend "Neen", als een ander, even mogelijk antwoord. In feite is het geloof in de Liefde nog niet uitgedoofd, aanvaarden wetenschapsmensen dat het universum zich tot rationele exploratie leent, dat de droom voor méér menselijkheid en gerechtigheid niet helemaal illusorisch is. Indien de God waarin de christenen geloven op grond van de historische openbaring van God in Jezus werkelijk is wat zij van Hem zeggen, en indien de mens werkelijk "imago Dei" is, dan moet een op menselijkheid bedachte God herkenbaar zijn, daar waar dit "imago dei" niet helemaal vertroebeld is, overal waar de mens authentisch mens is. Dit brengt mee dat indien wij het christelijk geloof in zijn universaliteits- en waarheidsaanspraken willen bevestigen, wij meteen moeten zeggen dat God als de altijd aanwezige Grond impliciet mee wordt bevestigd, overal waar het geloof in de zin, in de rationaliteit, in de liefde niet helemaal zijn uitgestorven, en dat die grond ook expliciet moet worden erkend indien men tenvolle rekenschap wil afleggen van ons onuitroeibaar geloof in de liefde en in de waarde van het menselijk leven. Schubert Ogden stelt in zijn belangwekkend artikel[14] *The Reality of God* dat in de bevestiging van de waarde van ons leven, in de ervaring van de intelligibiliteit van de cosmos, in de eis van het morele appel, in de strijd voor de gerechtigheid een impliciete Godsbevestiging reeds verondersteld is. Religieus geloof sticht het antwoord op onze zinvragen en op het basis-vertrouwen dat ondanks alles het in-de-wereld zijn van de meeste mensen karakteriseert, niet; het godsgeloof is er eerder de explicitatie van. Godsdienstige uitspraken verwijzen volgens Ogden naar de objectieve grond van ons vertrouwen

[14] Schubert M. Ogden, *The Reality of God and Other Essays*, New York, Harper & Row, 1966.

in het leven. In het vertrouwen zelf wordt die grond reeds impliciet mede bevestigd. Anders zou dit vertrouwen illusorisch en ten langen laatste niet verantwoord zijn. Het is een impliciete contradictie te stellen: ik geloof in de zin van het leven, maar uiteindelijk ben ik van oordeel dat dit geloof niets met de diepe aard van de werkelijkheid zelf te maken heeft en op geen enkele wijze verantwoord is. De bevestiging van het originele vertrouwen in de betekenis en de waarde van ons leven gaat dus logisch aan elke bijzondere religieuze bevestiging vooraf. Menselijk handelen is existentieel alleen maar mogelijk omdat het wortelt in het diepe vertrouwen in de waarde van ons menselijk bestaan. Voor ons bestaat er dus een diep verband tussen ons existentiële vertrouwen in de waarde van ons leven en de diepe aard van de Werkelijkheid zelf die wordt aangeduid met het woord God, als grond van dit vertrouwen. Godsgeloof zegt in de taal van de explicitatie, die doorstoot naar de grond van wat impliciet bevestigd werd, dat dit basisvertrouwen in het leven, in de liefde, in de gerechtigheid verantwoord is.

Dat God de grond is van het vertrouwen in de zin, in de liefde, impliceert dat er een reële relatie bestaat tussen God en ons leven in de wereld; dat onze strijd, onze inzet voor de gerechtigheid ook voor God van belang is, en in die zin iets toevoegt aan de goddelijke ervaring. Kortom, God en zijn Rijk zijn niet meer los van elkaar te denken. Zulke godsopvatting ligt inderdaad in al wat voorafgaat geïmpliceerd.

Toch blijft in het concrete leven de mogelijkheid van de Godstaal bedreigd: het is inderdaad mogelijk dat de zin en de gerechtigheid zich niet openbaren in het leven van een individu of van de gemeenschap. Bepaalde gebeurtenissen in de geschiedenis kunnen terecht perioden van Godsverduistering heten. Men kan dan weliswaar volhouden dat dit op zeer existentiële wijze ervaren wordt als een tekort: minstens kan de mens in crisissituaties bevestigen dat het leven, ja, ook zijn leven, zinvol *zou moeten* zijn. Het is echter mogelijk dat de zin zozeer bedreigd wordt, ja, afwezig is, dat hij geen andere woorden dan woorden van Godverlatenheid over de lippen krijgt. Spreken over God kan dan alleen in de taal van de hoop, die gelooft dat de Liefde toch het laatste woord heeft.

Het geloof in God is dus nooit onmiddellijk of onbedreigd: het is de overwinning op de bedreiging van de onzin, het lijden, de wanhoop. Het spreekt de taal van het "en toch", van het "ondanks", van de moed om te zijn. Het geloof in God is in de letterlijke zin van het woord boven de twijfel verheven. Religieuze taal is dus een buitengewoon ingewikkeld mengsel van overtuigingstaal en cognitieve taal, waarin de mens uitspreekt hoe hij de Werkelijkheid als geheel uiteindelijk wil opvatten, gezien de wijze waarop hij nu reeds zin en liefde in zijn eigen menszijn en dat van zijn medemensen ervaart, en op nog zoveel méér zin en gerechtigheid hoopt. Voor de christen is wat God in Jezus gedaan heeft de absolute garantie voor de uiteindelijkheid ("the lastness") van het Rijk Gods, waarvan gezegd wordt dat het reeds midden onder ons is, en toch nog altijd aan het komen is.

HOOFDSTUK 2

Rationaliteit en religieus geloof *

Alvin PLANTINGA

De vraag die ik in deze bijdrage aan de orde wil stellen is de volgende: "Is het rationeel, of redelijk, of rationeel aanvaardbaar, om in God te geloven?" Mijn bedoeling is hier niet een antwoord op die vraag te geven, maar de vraag te *bespreken*. Mijn eerste doelstelling bestaat er niet in te beargumenteren dat religieus geloof rationeel is (hoewel het dat volgens mij wel is), maar bestaat erin te pogen de genoemde vraag te begrijpen.

Vooreerst dient opgemerkt dat ik de vraag enigszins misleidend heb geformuleerd. De vraag die ik werkelijk wens te bespreken, is of het rationeel is te geloven dat God bestaat – dat zulk een persoon als God bestaat. Er is uiteraard een verschil tussen geloven dat God bestaat en geloven *in* God. Geloven dat God bestaat, houdt niet méér in dan dat men een bepaalde propositie voor waar houdt – de propositie met name dat er iemand is, een persoon, die God is. Volgens Jacobus 2, 19 geloven de duivels dat die propositie waar is, en ze sidderen. Geloven *in* God, echter, betekent dat men Hem vertrouwt, dat men zijn leven aan Hem toewijdt, dat men Zijn bedoelingen tot de zijne maakt. Dat doen de duivels niet. Er is dus een verschil tussen geloven in God en geloven dat Hij bestaat; kortheidshalve zal ik evenwel de uitdrukking 'geloven in God' synoniem gebruiken met 'geloven dat God bestaat'.

* "Rationality and Religious Belief" by Alvin Plantinga, from CONTEMPORARY PHILOSOPHY OF RELIGION, edited by in Steven Cahn & David Shatz. De noten aan het einde van deze bijdrage (aangegeven met: a, b, c,...) zijn van de vertalers. De voetnoten (1, 2, 3,..) zijn van de auteur. Vertaling: L. Verbrugge, P. Cortois en W. Van Herck.

1. De evidentialistische objectie

Onze vraag is dan of het rationeel is te geloven in God. Deze vraag is al vaak gesteld, en al vaak van een antwoord voorzien. Vele filosofen – vooral filosofen in de grote traditie van de natuurlijke theologie – hebben de stelling verdedigd dat geloof in God rationeel is; zij hebben dat bij uitstek gedaan door *dwingende argumenten* of *bewijzen* aan te dragen (of wat zij daarvoor aanzagen) voor het bestaan van God. Vele anderen hebben beweerd dat geloof in God *ir*rationeel is. Noemen we de filosofen in de eerste groep "natuurlijke theologen", dan moeten we de tweede groep misschien "natuurlijke atheologen" noemen. (Dat zou in elk geval vriendelijker zijn dan ze "onnatuurlijke theologen" te noemen.) J.L. Mackie, bijvoorbeeld, begint zijn formulering van het probleem van het kwaad als volgt: "Naar mijn mening kan een doorslaggevende kritiek geleverd worden door uit te gaan van het traditionele probleem van het kwaad. Hier kan aangetoond worden dat religieuze overtuigingen niet louter rationele ondersteuning ontberen, maar dat ze effectief irrationeel zijn."[1] Voor een grote groep filosofen is de vraag of religieuze overtuigingen in het algemeen, en geloof in God in het bijzonder, rationeel aanvaardbaar zijn, een centrale vraag – misschien de centrale vraag – van de godsdienstfilosofie.[2]

Een op het eerste gezicht duidelijke en veelbelovende manier om de vraag aan te pakken zou erin bestaan te vertrekken van een definitie van rationaliteit, en vervolgens na te gaan of geloof in God er in overeenstemming mee te brengen is. Het grootste probleem met deze aanlokkelijke denkpiste is echter dat zulk een definitie niet beschikbaar schijnt te zijn. Gesteld dat zo'n definitie zou bestaan, dan zou die een aantal voorwaarden bevatten waaraan

[1] "Evil and omnipotence", *Mind* 64 (1955), pp. 203-4.

[2] Zie bijvoorbeeld: T. McPherson, *The Philosophy of Religion* (London: D. Van Nostrand, 1965); T. Penelhum, *Religion and Rationality* (New York: Random House, 1971); J. Ross, *Philosophical Theology* (Indianapolis, Bobbs Merrill, 1969); A. Plantinga, *God and Other Minds* (Ithaca, N.Y.: Cornell University Press, 1967), en vele anderen.

een overtuiging moet beantwoorden om rationeel aanvaardbaar te zijn – voorwaarden die elk afzonderlijk noodzakelijk zouden zijn, en samen genomen voldoende. Dat wil zeggen: een overtuiging die rationeel aanvaardbaar is, zou aan elk van die voorwaarden moeten voldoen; en als een overtuiging aan alle voorwaarden voldeed, zou daaruit volgen dat zij rationeel aanvaardbaar is. Het is echter onvoorstelbaar moeilijk om ook maar enige niet-triviale noodzakelijke voorwaarde te vinden. We kunnen, bijvoorbeeld, toch moeilijk volhouden dat de overtuiging p van persoon S alleen dan rationeel is als p waar is. Neem bijvoorbeeld Newtons overtuiging dat als x, y en z collineair bewegen, dan de verplaatsing van z met betrekking tot x gelijk is aan de som van de verplaatsingen van y met betrekking tot x en van z met betrekking tot y. Ongetwijfeld was het voor Newton rationeel deze overtuiging toegedaan te zijn; en toch is ze vals, tenminste indien men zich op de hedendaagse fysici mag verlaten. En als dat niet mag – dat wil zeggen, stel dat ze ongelijk hebben Newton tegen te spreken – dan zijn *zij* een voorbeeld van wat ik bedoel; in hun geval is het dan rationeel om geloof te hechten aan een propositie die dan zou blijken onwaar te zijn.

Evenmin kunnen we stellen dat een overtuiging alleen dan rationeel aanvaardbaar is als ze mogelijk waar is, of niet noodzakelijk onwaar, in de brede logische zin van het woord.[3] Zo kan ik bijvoorbeeld de som 735 + 421 + 9216 verschillende malen uitvoeren en steeds hetzelfde resultaat bekomen: 10362. Het is dan voor mij rationeel te geloven dat 735 + 421 + 9216 = 10362, ofschoon ik telkens dezelfde fout gemaakt heb – namelijk vergeten een "1" over te dragen uit de laatste kolom – en dus iets geloof dat op noodzakelijke wijze onwaar is. Of ik kan een wiskundige beginneling zijn die van zijn leraar hoort dat elke continue functie differentieerbaar is. Wanneer ik dat geloof, ben ik niet meteen irrationeel, alhoewel het noodzakelijk onwaar is. En de voorbeelden van dit type laten zich vermenigvuldigen.

[3] Zie mijn boek *The Nature of Necessity* (Oxford: Clarendon Press, 1974), hoofdstuk 1.

De vraag stelt ons dus van meet af aan voor een raadsel: het is helemaal niet eenvoudig te zeggen wat een overtuiging rationeel maakt. Feit is, dat de filosofen die deze vraag stellen met betrekking tot geloof in God, ze typisch niet pogen te beantwoorden door noodzakelijke en voldoende voorwaarden voor rationaliteit naar voor te brengen. In plaats daarvan stellen ze typisch de vraag of de gelovige *bewijsgronden* heeft, of *toereikende bewijsgronden* heeft voor zijn overtuiging; of ze pogen aan te tonen dat er integendeel voldoende bewijs is voor de propositie dat er *geen* God is; in elk geval pogen ze de vraag te beantwoorden door bewijsgronden voor of tegen het theïstisch geloof te vinden. Filosofen die menen dat er goede argumenten zijn voor het bestaan van God – de natuurlijke theologen – beweren dat er goede bewijsgronden zijn *voor* deze propositie; filosofen die van mening zijn dat er goede argumenten zijn voor het niet-bestaan van God beweren dat er bewijsgronden zijn *tegen* deze propositie. Beiden stemmen echter overeen in de overtuiging dat geloof in God slechts dan rationeel is indien er, na afweging, een overwicht is van het bewijsmateriaal dat er vóór spreekt – of, minder radicaal, indien er, na afweging, geen overwicht van bewijsmateriaal is dat ertegen spreekt.

De negentiende-eeuwse filosoof W.K. Clifford levert een prachtig, ofschoon ietwat bijtend, voorbeeld van de overtuiging dat de gelovige bewijsmateriaal moet hebben indien hij niet voor irrationeel wil doorgaan. In het volgende citaat heeft Clifford niet specifiek het religieuze geloof voor ogen; hij is kennelijk van mening dat welke overtuiging dan ook slechts dan rationeel aanvaardbaar is indien er voldoende bewijzen voor zijn. Hij insisteert zelfs dat het kwaadaardig is, immoreel, monstrueus, misschien zelfs onbeleefd, een overtuiging te aanvaarden zonder er voldoende bewijzen voor te hebben:

> Wie in deze de lof van zijn medemensen wil verdienen, die zal de zuiverheid van zijn overtuigingen bewaken met een fanatieke en jaloerse zorg opdat ze zich op geen enkel ogenbik op een onwaardig voorwerp zouden richten en bezoedeld worden met een smet die nooit ongedaan kan worden gemaakt.

Hij voegt er nog aan toe dat indien

> een overtuiging verworven werd op grond van onvoldoende bewijs, het plezier een gestolen plezier is. Niet alleen geeft zulk een overtuiging ons een gevoel van macht die we niet werkelijk bezitten, maar ze is bovendien zondig, omdat ze door diefstal bekomen is, in weerwil van onze plicht ten opzichte van de mensheid. Die plicht bestaat erin ons te wachten voor zulke overtuigingen als voor een pest die ons spoedig zou kunnen overmeesteren, en zich dan verspreiden over de hele stad.

En tenslotte:

> Om kort te gaan: het is altijd en overal voor iedereen verkeerd iets te geloven op grond van ontoereikende bewijzen.[4]

(Het valt niet moeilijk in deze passages de toon van 'robuust pathos' terug te vinden die William James hem toeschrijft.) Clifford vindt het verder volstrekt vanzelfsprekend dat diegenen die in God geloven, inderdaad geloven op grond van ontoereikend bewijsmateriaal, en dus de bovenstaande blamage verdienen. Wie in God gelooft is, in zijn visie, in het beste geval een onschadelijke bacil, en in het slechtste geval een gevaar voor de maatschappij; in ieder geval moet hij ontmoedigd worden.

Wat Clifford hier met klem naar voor brengt, is *de evidentialistische objectie tegen theïstisch geloof* – de stelling dat geloof in God irrationeel is, of onredelijk, of verstandelijk ondermaats omdat er, zo zegt de stelling, geen voldoende bewijsvoering voor is. Laten we deze positie eens nader bekijken. Essentieel eraan is de stelling dat we de rationaliteit van geloof in God moeten evalueren door de relatie van dat geloof met *andere* proposities te onderzoeken. We worden aangespoord de rationaliteit ervan te beoordelen door vast te stellen of we er *bewijsmateriaal* voor hebben – of we enige andere proposities kennen, of tenminste rationeel geloven, die in de gepaste relatie staan tot de propositie in kwestie. Volgens deze zienswijze is geloof in God enkel redelijk, of rationeel, of rationeel

[4] W.K. Clifford, "The Ethics of Belief", in Lectures and Essays (London: Macmillan, 1979)

aanvaardbaar inzoverre er andere proposities zijn ten opzichte van dewelke dat geloof in die zin evident is.

Er is volgens de Cliffordiaanse positie met andere woorden een reeks proposities *E*, zodanig dat mijn geloof in God rationeel is dan en slechts dan als het evident is met betrekking tot *E* – anders gezegd: dan en slechts dan als *E*, alles in aanmerking genomen, als bewijsmateriaal voor dat geloof aangemerkt mag worden. Maar uit welke proposities bestaat *E* dan? Weten we, of geloof in God zelf niet tot *E* behoort? Is dat *wel* zo, dan is het uiteraard zonder meer evident met betrekking tot *E*. En hoe geraakt een propositie hoe dan ook in *E*? Hoe beslissen we welke de proposities zijn die zodanig zijn dat mijn geloof in God rationeel is als en alleen als het evident is met betrekking tot juist deze proposities? Moeten we aannemen dat *E* de proposities bevat die ik *ken*? Maar – wil onze vraag interessant blijven – dan zouden we eerst moeten argumenteren, of het erover eens worden, dat ik niet wéét dat God bestaat – dat ik dat, al dan niet rationeel, alleen maar *geloof*. Dit is ook de positie die in ruime kring als vanzelfsprekend wordt aangenomen, door theïsten zowel als door anderen. Maar waarom zouden theïsten toegeven dat zij niet weten dat God bestaat, dat zij dat in het beste geval alleen maar rationeel geloven? De Bijbel heeft het in dit verband geregeld over *kennis* – niet alleen maar over rationeel of goed onderbouwd geloof. Het is natuurlijk waar dat de gelovige *vertrouwen* heeft – vertrouwen in God, vertrouwen in wat Hij openbaart – maar daarmee is de kwestie niet van de baan. De vraag is of hij daarenboven niet ook *weet* dat God bestaat. Volgens de Heidelbergse Catechismus is kennis inderdaad een essentieel element van waarachtig geloof: iemand gelooft *p* enkel waarachtig als hij weet dat *p*:

> Waarachtig geloof is niet louter een bepaalde zekere kennis waarbij ik alles voor waar houd wat God in Zijn Woord heeft geopenbaard, maar ook een diepgewortelde kracht, een zekerheid – mij door de Heilige Geest langsheen het Evangelie ingebracht – dat niet alleen aan anderen, maar ook aan mijzelf vergeving is geschonken van zonden, dat God het ook met mij voor altijd goed heeft gemaakt en dat ik zeker mag zijn van verlossing. (Q 21)

Vanuit dit gezichtspunt heeft een mens het ware geloof in *p* dus enkel als hij weet dat *p*, en bovendien aan een bijkomende voorwaarde voldoet. Die luidt ongeveer zo, dat je (waar *p* een universele propositie is) de universele concretisering van *p* met betrekking tot jezelf aanvaardt. Nu zal de theïst allicht niet graag toegeven dat hij het ware geloof niet heeft. Maar als hij echt gelooft, dan kent hij – althans volgens de Cathechismus – "met zekerheid" geopenbaarde waarheden zoals bijvoorbeeld: "God hield zoveel van de wereld dat hij Zijn enige zoon gaf, dat wie in Hem gelooft niet ten onder zal gaan, maar het eeuwige leven zal hebben" (Joh. 3, 16) – waarheden waaruit vanzelfsprekend volgt dat God bestaat. En de theïst zal in dat licht dan ook ongaarne toegeven dat hij niet weet, maar enkel gelooft dat God bestaat.

2. Klassiek funderingsdenken

Nu is de evidentialist natuurlijk niet geneigd ermee in te stemmen dat geloof in God behoort tot *E*. Maar waarom eigenlijk niet? Om daarop te antwoorden, moeten we zijn positie eens nader bekijken. De evidentialistische objectie is bijna altijd geworteld in een klassiek funderingsdenken, een omvattende visie op – en een uitzonderlijk populaire voorstelling van – geloof, kennis, verantwoord geloof, rationaliteit en aanverwante onderwerpen. Deze voorstelling kan bogen op een lange en eerbiedwaardige carrière in de geschiedenis van de filosofie. Onder haar aanhangers noem ik Plato, Aristoteles, Thomas van Aquino, Descartes, Leibniz, Locke en, in onze tijd, professor Roderick Chisholm.[a] Misschien blijven de dominante zienswijzen over deze onderwerpen nog altijd nauw verwant aan die voorstelling. De klassieke funderingsdenker kunnen we ons ongeveer zo voorstellen: hij begint met de observatie dat sommige van onze overtuigingen kunnen *gebaseerd* zijn *op* andere; het is mogelijk dat er een paar proposities *A* en *B* bestaan van die aard dat ik overtuigd ben van *A op grond van B*. Hoewel het niet gemakkelijk is deze relatie te karakteriseren op een verhelderende en niet-triviale manier, zijn we er niettemin mee vertrouwd.

Ik geloof dat het woord “schaduwrijk” als volgt gespeld wordt: s c h a d u w r i j k. Deze overtuiging is gebaseerd op een andere overtuiging die ik heb, namelijk dat dit de manier is waarop het woordenboek zegt dat het woord gespeld wordt. Ik geloof dat 72 x 71 = 5112. Dit geloof is gebaseerd op verschillende andere overtuigingen die ik heb: dat 1 x 72 = 72; 7 x 2 = 14; 7 x 7 = 49; 49 + 1 = 50; en zo verder. Er zijn echter ook overtuigingen die ik heb zonder dat ik ze op grond van andere overtuigingen heb. Laten we ze *basis*overtuigingen noemen. Ik geloof bijvoorbeeld dat 2 + 1 = 3, en dat geloof ik niet op basis van andere proposities. Ik geloof ook dat ik aan mijn bureau zit, en dat zich een lichte pijn verspreidt ter hoogte van mijn rechterknie. Ook dit zijn voor mij basisovertuigingen, ik geloof ze niet op grond van enige andere propositie. Volgens de klassieke funderingsdenker zijn sommige proposities *in eigenlijke zin en terecht basisproposities* of fundamentele proposities voor een persoon; andere zijn dat niet. De proposities die dat niet zijn, zijn enkel op grond van bewijsmateriaal rationeel aanvaardbaar, waarbij de bewijsvoering uiteindelijk moet terugleiden tot wat strikt genomen fundamenteel is.

Laat ons zeggen dat het geheel van overtuigingen die een persoon erop nahoudt, samen met de verschillende logische en epistemische relaties die daartussen bestaan, de noëtische structuur van die persoon *S* uitmaken; en laten we zeggen dat de fundamenten (noem ze “*F*”) van de noëtische structuur van *S* de reeks proposities is die voor *S* basaal zijn, en wel *terecht en waarachtig* basaal.[b]

Vanuit het standpunt van de funderingsdenker moet onze vraag nu aldus geherformuleerd worden: Is geloof in God evident met betrekking tot de fundamenten van mijn noëtische structuur? Voor Clifford, dat was al duidelijk, is het antwoord vanzelfsprekend: het is negatief. Maar is dit zo vanzelfsprekend? Om mijn eerdere vraag opnieuw op te nemen in de gewijzigde formulering: Is het niet mogelijk dat mijn geloof in God zelf behoort tot de fundamenten van mijn noëtische structuur? Misschien is die overtuiging element van *F*, en in dit geval is ze natuurlijk automatisch evident met betrekking tot *F*.

Op dit punt gaat de klassieke funderingsdenker verder. Niet om het even welke overtuiging kan waarachtig tot de basis van de noëtische structuur van een persoon behoren; om tot *F* te behoren moet een overtuiging aan enkele wel zeer specifieke voorwaarden voldoen. Ze moet geschikt zijn om op funderende wijze te functioneren; ze moet in staat zijn om haar deel van het gewicht van de gehele noëtische structuur te dragen. De proposities in *F* zijn natuurlijk niet afgeleid van andere proposities en worden niet aanvaard op basis van andere proposities. Ik *ken* de proposities in de fundamenten van mijn noëtische structuur, maar niet krachtens mijn kennis van andere proposities; want het zijn juist de proposities waarmee ik van start ga. De vraag dus die de funderingsdenker stelt omtrent geloof in God – namelijk, wat zijn de bewijzen ervoor? – kan niet echt gesteld worden omtrent de elementen van *F*; deze hoeven niet evident te zijn met betrekking tot andere proposities om rationeel aanvaard te kunnen worden. Het is dan ook, zegt de funderingsdenker, niet aan om het even welke propositie gegeven op een basale wijze te functioneren; om daartoe (voor een persoon *S*) in staat te zijn moet een propositie zo zijn, dat ze de ondersteuning van andere proposities kan missen; ze moet zo zijn, dat het mogelijk is dat *S p* kent, zonder dat *S* enige bewijsgrond heeft voor *p*.

Welnu, gesteld dat dit alles klopt, welke soort van proposities kan dan op basale wijze functioneren? Op dit punt krijgen we van verschillende funderingsdenkers verschillende antwoorden. Aristoteles en Thomas van Aquino bijvoorbeeld stelden dat zelfevidente proposities – genre *alle zwarte honden zijn zwart* – tot de basisproposities behoren. Zeker Thomas lijkt daarnaast ook te stellen dat proposities "die evident zijn voor de zintuigen", zoals hij dat uitdrukt – proposities zoals *sommige dingen veranderen* – daar eveneens toe behoren. Want hij geloofde natuurlijk dat het bestaan van God aantoonbaar is; en hiermee bedoelde hij – denk ik – dat het bestaan van God kan worden afgeleid uit fundamentele proposities. Hij stelt verder dat Gods bestaan kan worden aangetoond "vanuit zijn effecten" – vanuit zintuiglijk waarneembare objecten; en in elk van de vijf wegen is er een premisse die, volgens Thomas, "evident is voor de zintuigen". Daarom meen ik dat Thomas dergelijke proposities bij de basisproposities wilde onderbrengen. Misschien vindt u het, tussen haakjes gezegd, vreemd om Thomas bij de Cliffordianen te rekenen. Op dit punt hoort hij echter waarschijnlijk wel bij hen; hij stelde dat geloof in God slechts rationeel is indien het gesteund wordt door funderende proposities. Natuurlijk verschilt hij van Clifford door te stellen dat het bestaan van God *inderdaad* door deze funderende proposities wordt gesteund; hij denkt dat het bestaan van God volgt uit elementen van *F* via argumentvormen die zelf tot *F* behoren. En dat is inderdaad de bewijslast die op zijn 'vijf wegen' rust.

Volgens Thomas behoren zelf-evidente proposities en proposities die evident zijn voor de zintuigen derhalve tot de basis. En wanneer hij spreekt over proposities van laatstgenoemde soort, zou hij daarmee proposities bedoeld hebben zoals

(1) Daar staat een boom,
(2) Er staat een asbak op mijn bureau,
(3) De bladeren van die boom zijn geel geworden,

en

(4) Deze bumper is doorgeroest.

Moderne funderingsdenkers – zoals Descartes – argumenteren dat de proposities die naast de zelf-evidente proposities toegelaten worden tot de basis, geen proposities zijn die, zoals (1) tot (4), het bestaan van materiële objecten (asbakken, bomen, bladeren en bumpers) impliceren, maar voorzichtiger aanspraken, zoals

(5) Het schijnt mij toe dat ik een rood boek zie,
(6) Het schijnt mij toe dat ik een boek zie met een rode kaft,
(7) Het schijnt mij toe dat ik iets roods zie,

of zelfs, in de formulering van professor Chisholm,

(8) Er doet zich iets roodachtigs aan mij voor.

De moderne funderingsdenker die opteert voor proposities als (5) tot (8) in plaats van (1) tot (4), heeft daar een op het eerste gezicht plausibele reden voor: geloof in een propositie van het type (5) – (8) lijkt een soort van immuniteit tegen vergissingen te bezitten, waarop geloof in proposities van eerstgenoemd type geen aanspraak kan maken. Ik zou kunnen geloven dat er een rode asbak op mijn bureau staat, of dat ik een rode asbak op mijn bureau zie, terwijl er in feite helemaal geen rode asbak is: ik ben kleurenblind, of ik hallucineer, of ik ben slachtoffer van één of andere illusie. Het is (op zijn zachtst uitgedrukt) veel moeilijker in te zien dat ik mij zou kunnen vergissen in mijn overtuiging dat het mij *toeschijnt* dat ik een rode asbak op mijn bureau zie – dat, in de taal van Chisholm, er zich iets roodachtigs (of rode-asbak-achtigs) aan mij voordoet. Er zijn vele mogelijke werelden waarin ik verkeerdelijk geloof dat er een rood boek op mijn bureau ligt; terwijl het minstens plausibel is te stellen dat er géén mogelijke werelden zijn waarin ik verkeerdelijk geloof dat het mij toeschijnt daar een rood boek te zien. En het is plausibel te stellen dat deze immuniteit tegen vergissingen een reden verschaft om onderscheid te maken tussen proposities als (5) tot (8) enerzijds en (1) tot (4) anderzijds, waarbij we eerstgenoemde opnemen in de categorie van de basisproposities, maar laatstgenoemde niet.

Hier duikt echter een klein probleempje op: elke noodzakelijk ware propositie – iedere propositie die waar is in alle mogelijke werelden – is van die aard dat er geen mogelijke wereld is waarin ik ze ten onrechte zou geloven. Maar de funderingsdenker zal normaal gezien niet geneigd zijn te stellen dat iedere noodzakelijke propositie waarin ik geloof, tot de basis van mijn noëtische structuur behoort. Neem bijvoorbeeld Goldbachs Conjectuur dat ieder even getal groter dan 2 de som is van twee priemgetallen. Deze propositie is ofwel noodzakelijk waar ofwel noodzakelijk onwaar, hoewel we tot nu toe niet weten welk van beide het geval is. Veronderstel nu dat ze in feite waar is, en dat ik dat geloof, maar niet omdat ik er een bewijs voor gevonden heb; ik geloof het gewoon. De funderingsdenker zal waarschijnlijk stellen dat, in dit geval, mijn geloof in Goldbachs Conjectuur noodzakelijk waar is, maar geen goede kandidaat om tot de basis te behoren. De propositie in kwestie geloof ik in dit geval in waarheid maar zonder ze te kennen; zodat ze niet tot de basis behoort, en dit ondanks het feit dat er geen enkele mogelijke wereld is waarin ik er ten onrechte in geloof.

De moderne funderingsdenker zal dan wellicht ook niet stellen dat om het even welke noodzakelijk ware overtuiging automatisch tot de basis behoort. Hij kan daarentegen naar voor brengen dat proposities als (5) tot (8) gekarakteriseerd worden door het feit, niet enkel dat men er onmogelijk ten onrechte in kan geloven, maar dat het onmogelijk is zich omtrent deze proposities te vergissen. Dat wil zeggen: een propositie van deze soort is gelijk aan een noodzakelijke propositie in zoverre het voor mij niet mogelijk is er verkeerdelijk in te geloven; maar ze verschilt van een noodzakelijke propositie in zoverre het voor mij ook niet mogelijk is ten onrechte in haar *ontkenning* te geloven. Als ik geloof dat er zich iets roodachtigs aan mij voordoet, dan volgt daaruit *dat* zich iets roodachtigs aan mij voordoet; maar als ik geloof dat zich niets roodachtigs aan mij voordoet, dan volgt daar net zo uit dat er zich niets roodachtigs aan mij voordoet. We zouden kunnen zeggen dat proposities die aan deze voorwaarde voldoen *oncorrigeerbaar* zijn voor mij. Misschien kunnen we deze notie als volgt uitleggen:

> (9) *p* is oncorrigeerbaar voor *S* op tijdstip *t* als en alleen als er geen mogelijke wereld is waarin *S* op *t* verkeerdelijk gelooft dat *p*, en geen mogelijke wereld waarin *S* op *t* verkeerdelijk gelooft dat niet-*p*.[5]

Dan behoort voor onze paradigmatische Cliffordiaan een overtuiging slechts tot de waarachtige basis van mijn noëtische structuur als ze ofwel zelf-evident is ofwel oncorrigeerbaar voor mij. Laten we dan eens kijken naar 'zelf-evidentie'. Wat is zelf-evidentie? Onder

[5] Philip Quinn heeft er (in een brief) op gewezen dat er nu, volgens (9), onware proposities zullen zijn die voor mij oncorrigeerbaar zijn: Hoewel ik nu niet iets groens lijk te zien, is de propositie *Ik lijk iets groens te zien* nu oncorrigeerbaar voor mij. Ik ben er niet zeker van dat dit kenmerk van de definitie een gebrek is; en als het dat is, dan kan dat verholpen worden door aan het definiens de clausule "p is waar" toe te voegen, of nog, zoals Quinn suggereert, door toe te voegen "*S* gelooft *p* op *t*".

welke voorwaarden is een propositie zelf-evident? Welke soorten van proposities zijn zelf-evident? Onder de voorbeelden zouden zich heel eenvoudige rekenkundige waarheden bevinden, zoals

(10) $2 + 1 = 3$,

eenvoudige logische waarheden, zoals

(11) geen enkel mens is zowel gehuwd als ongehuwd,

misschien ook veralgemeningen van eenvoudige logische waarheden, zoals

(12) voor elke propositie *p* is de conjunctie van *p* en haar ontkenning onwaar,

evenals bepaalde proposities die identiteit en verschil uitdrukken, zoals bijvoorbeeld

(13) roodheid is onderscheiden van groenheid,
(14) de eigenschap een priemgetal te zijn is onderscheiden van de eigenschap een samengesteld getal te zijn

en

(15) de propositie *alle mensen zijn sterfelijk* is verschillend van de propositie *alle sterfelijken zijn mensen.*[6]

Er zijn er nog andere. Thomas geeft als voorbeelden:

(16) het geheel is groter dan het deel,

waarbij hij met 'deel' waarschijnlijk bedoelt wat wij bedoelen met 'echt(e) deel(verzameling)'; een iets twijfelachtiger voorbeeld:

(17) de mens is een dier.[7]

Nog andere kandidaten – wellicht niet geheel oncontroversieel – komen uit vele andere domeinen, bijvoorbeeld:

(18) als *p* noodzakelijk waar is en uit *p* volgt *q*, dan is *q* noodzakelijk waar,

[6] Dergelijke voorbeelden worden gegeven door Locke, *Essay Concerning Human Understanding*, Boek IV, hfst. 7.
[7] *Summa Theologica* I, Q1 a2; *Summa Contra Gentiles* I, hfst. 10.

(19) als e^1 gebeurt vóór e^2 en e^2 gebeurt vóór e^3, dan gebeurt e^1 vóór e^3,

en

(20) het is verkeerd om – alleen maar voor de lol – onnodig (en ongewenst) pijn te veroorzaken.

Wat karakteriseert deze proposities? Volgens de traditie is de meest eminente eigenschap van een zelf-evidente propositie dat men door ze te vatten en te begrijpen, gewoon ziet dat ze waar is. Een zelf-evidente propositie begrijpen is voldoende om haar waarheid in te zien. Natuurlijk moet deze notie gerelateerd worden aan *personen*; wat zelf-evident is voor jou is het misschien niet voor mij. Heel eenvoudige rekenkundige waarheden zijn zelf-evident voor bijna iedereen van ons; maar een waarheid als 17 + 18 = 35 is misschien al maar voor een aantal onder ons zelf-evident. En vanzelfsprekend is een propositie voor iemand alleen dan zelf-evident als die persoon ze ook echt vat; een propositie zal dus niet zelf-evident zijn voor wie de concepten die erin vervat zijn niet begrijpt. Zoals Thomas zegt, sommige proposities zijn alleen zelf-evident voor wie geschoold is; het voorbeeld dat hij geeft, is de waarheid dat immateriële substanties geen ruimte innemen. Onder die proposities waarvan de concepten niet door iedereen bevat worden, zijn sommige van die aard dat iedereen die ze *zou* bevatten, hun waarheid zou inzien; bijvoorbeeld:

(21) een model van een eerste-orde theorie *T* kent de axioma's van *T* de waarheidswaarde *waar* toe.

Andere – bijvoorbeeld 17 + 13 = 30 – kunnen van die aard zijn dat van diegenen die ze begrijpen niet allen ook hun waarheid inzien.[c]

Maar hoe moeten we dit "inzien van hun waarheid" begrijpen? Diegenen die spreken van zelf-evidentie wenden zich uitdrukkelijk tot deze visuele metafoor en leggen zelf-evidentie met zoveel woorden uit door te refereren naar het visuele. Er zijn twee belangrijke aspecten van de metafoor, en in overeenstemming daarmee zijn twee componenten te onderscheiden aan de idee van zelf-evidentie. Vooreerst is er de epistemische component: een propositie *p* is slechts zelf-evident voor een persoon *S* indien *S* onmiddellijke kennis heeft van *p* – d.w.z. dat hij *p* kent, en *p* niet kent op basis van zijn kennis van andere proposities. Nemen we een eenvoudige rekenkundige waarheid als 2 + 1 = 3, en vergelijken we die met eentje als 24 x 24 = 576. Elk van deze beide proposities ken ik; en, in tegenstelling tot de eerste, ken ik de tweede op basis van berekening, die een soort van afleiding is. Van de eerste heb ik dus onmiddellijke kennis, van de tweede niet. De epistemische component van zelf-evidentie is dus onmiddellijke kennis; daaruit volgt natuurlijk dat elke propositie die voor iemand zelf-evident is, ook waar is.

Maar er is ook een fenomenologische component. Nemen we opnieuw onze twee proposities; rond de eerste hangt zoiets als een lumineuze aura of glans als je ze voor de geest haalt of in beschouwing neemt, rond de tweede niet. Locke spreekt in dit verband van een "glans der evidentie" (*evident luster*); een zelf-evidente propositie, zegt hij, vertoont een soort van "helderheid en klaarheid aan de aandachtige geest". Descartes spreekt op zijn beurt van "helderheid en onderscheidenheid", en ik denk dat beiden refereren naar hetzelfde fenomenologische kenmerk. En dit kenmerk is verbonden met een tweede: bij het begrijpen van een dergelijke propositie voelt men een sterke neiging ze te aanvaarden; deze lumineuze vanzelfsprekendheid lijkt te dwingen of minstens aan te zetten tot instemming. Zowel Thomas als Locke stellen inderdaad dat het voor iemand, alleszins voor een normaal geconstitueerde mens onmogelijk lijkt te weerstaan aan instemming wanneer hij geconfronteerd wordt met een zelf-evidente propositie. De fenomenologische component van het idee van zelf-evidentie lijkt dan ook een dubbel aspect te hebben: Er is de lumineuze aura die 2 + 1 = 3 omgeeft, en tevens ervaart men een sterke neiging de propositie te aanvaarden of te geloven. Misschien *is* de lumineuze aura inderdaad niets anders dan de impuls die men voelt tot aanvaarding; misschien zijn deze twee eigenlijk hetzelfde. In dat geval zou de fenomenologische component niet het dubbele aspect hebben dat ik suggereerde; zowel in het ene als in het andere geval echter moeten we het fenomenologische aspect van zelf-evidentie erkennen.

Laten we nu teruggaan naar de belangrijke vraag: Waarom zou geloof in God niet behoren tot de basis van mijn noëtische structuur? Kan geloof in God voor iemand waarlijk en terecht basaal zijn? En – als het antwoord negatief zou zijn – waarom dan niet? Het antwoord van de moderne funderingsdenker was dat zelfs indien dit geloof *waar* is, het toch niet de kenmerken heeft die een propositie moet hebben om een plaats te verdienen bij de basis. Er is bij de basis geen plaats voor een propositie die enkel gekend kan worden op grond van andere proposities. Een propositie is slechts waarachtig basaal voor iemand als hij ze onmiddellijk ként – d.w.z. dat hij ze kent, en dat niet op grond van andere proposities. De propositie echter dat God bestaat, wordt hoogstens in waarheid geloofd, niet gekend, en zelfs al was ze gekend, dan zou ze niet onmiddellijk gekend zijn. De enige proposities die voldoen aan deze voorwaarde van onmiddellijke kennis zijn proposities die zelf-evident zijn of oncorrigeerbaar. Gezien deze propositie geen van beide is, is ze voor niemand basaal; d.w.z. geen welgevormde, rationele noëtische structuur bevat deze propositie in haar basis.

Maar waarom zou de theïst dat alles toegeven? Veronderstel dat hij het ermee eens is dat er een basis is in zijn noëtische structuur: een reeks *F* van proposities zodanig dat (1) hij elk element van *F* *onmiddellijk* kent en (2) al zijn andere kennis evident is met betrekking tot de elementen van *F*. Stel dat hij verder nog toegeeft dat hij inderdaad ook andere dingen kent, en deze kent op grond van zijn kennis van deze basisproposities. Stel dat hij – in een bijzondere vlaag van vredelievendheid en verzoening – ook verder toegeeft dat hij veel van wat hij gelooft, niet echt weet (of kent); en dat de rationaliteit van deze overtuigingen getoetst of gemeten moet worden aan de hand van hun connecties met die proposities die basaal zijn voor hem. Waarom zou hij deze toegevingen niet kunnen combineren met de thesis dat zijn geloof in God voor hem waarlijk en echt basaal is?

Omdat, zegt de moderne funderingsdenker, geloof in God noch zelf-evident noch oncorrigeerbaar is. Maar nu moeten we dit principe, dat fundamenteel is in de positie van de funderingsdenker, eens van dichterbij bekijken:

(22) een propositie *p* is waarachtig basaal voor een persoon *S* als en alleen als *p* ofwel zelf-evident ofwel oncorrigeerbaar is voor *S*;

d.w.z., de basis van een welgevormde, rationele noëtische structuur zal proposities bevatten die zelf-evident of oncorrigeerbaar zijn, en zal geen proposities bevatten die aan deze voorwaarde niet voldoen.

Hier moeten we een vraag stellen die al een hele tijd om aandacht schreeuwt. Hoe weet de funderingsdenker – hoe weet om het even wie – dat een gegeven propositie inderdaad zelf-evident *is*? Hoe kunnen we dat weten? Is het niet mogelijk dat een propositie mij zelf-evident lijkt terwijl ze dat in feite niet is? Neem nu deze analogie. Veronderstel dat de theïst zegt dat een propositie *p* echt basaal is voor een persoon *S* als *S p onmiddellijk* kent; en veronderstel dat hij daaraan toevoegt dat één van de dingen die hij onmiddellijk weet, is dat God bestaat. De funderingsdenker zal wellicht als volgt willen antwoorden: je *zegt* wel dat je onmiddellijke kennis hebt van deze propositie, maar misschien vergis je je; misschien *geloof* je alleen, maar *weet* je niet dat God bestaat; ja, misschien bestaat God zelfs *niet*. Hoe wéét je dat je onmiddellijke kennis hebt van deze propositie? Wat brengt je ertoe zoiets te denken?

Het zal de theïst niet meevallen hierop een antwoord te geven; maar de funderingsdenker zou wel eens evenveel moeite kunnen hebben met een gelijkaardige vraag. Hoe weet hij dat een gegeven propositie – bijvoorbeeld 7 + 5 = 12 – zelf-evident *is*? Kunnen we ons niet vergissen in het toeschrijven van zelf-evidentie? Het lijkt zonder meer mogelijk dat er een speciës van personen zou bestaan – laten we zeggen op een andere planeet – die menen *andere* proposities zelf-evident te vinden, waar sommige van die andere proposities ontkenningen zouden zijn van proposities die *wij* zelf-evident vinden. Misschien vergissen personen van deze speciës zich voortdurend omtrent wat zelf-evident is. Maar zou hetzelfde niet kunnen gelden voor ons? Een propositie is tenslotte pas zelf-evident indien ze *waar* is; en het lijkt zeker mogelijk dat wij een propositie voor zelf-evident houden, terwijl ze dat in feite niet is.

En bovendien blijft het niet bij de loutere mogelijkheid dat we een propositie verkeerdelijk zelf-evident vinden. Op dit punt kunnen de Russell-paradoxen[d] ons veel leren. Het lijkt voor vele mensen zelf-evident dat een aantal eigenschappen – bijvoorbeeld de eigenschap een paard te zijn – zichzelf niet exemplificeren, terwijl andere – bijvoorbeeld de eigenschap een eigenschap te zijn – dat wel doen. Verder lijkt het zelf-evident dat als sommige eigenschappen zichzelf exemplificeren en andere niet, dat er dan een eigenschap als zelf-exemplificatie is: een eigenschap namelijk van de eigenschappen in de eerste groep maar niet van die in de tweede. Maar het lijkt ook zelf-evident dat, als er een eigenschap als zelf-exemplificatie bestaat, er ook een eigenschap als niet-zelf-exemplificatie bestaat: de eigenschap die een eigenschap heeft als en alleen als ze zichzelf niet exemplificeert. En uiteraard lijkt het zelf-evident dat als er zo'n eigenschap als niet-zelf-exemplificatie bestaat, deze laatste ofwel zichzelf exemplificeert, ofwel niet. Stel dat ze zichzelf exemplificeert: dan betekent dat dat ze de eigenschap van niet-zelf-exemplificatie bezit, en in dit geval exemplificeert ze zichzelf niet. Dus als ze zichzelf exemplificeert, exemplificeert ze zichzelf niet. Maar het is natuurlijk ook waar dat als ze zichzelf exemplificeert, dat ze dat dan wél doet; dus, als ze zichzelf exemplificeert, is ze zowel wél als niet een exemplificatie van zichzelf. Dus moeten we zeggen: ze exemplificeert zichzelf niet.

Anderzijds, als niet-zelf-exemplificatie zichzelf *niet* exemplificeert, dan heeft ze de eigenschap van niet-zelf-exemplificatie niet; in welk geval ze de eigenschap van zelf-exemplificatie moet hebben, d.w.z. dat ze zichzelf exemplificeert. Als ze zichzelf dus niet exemplificeert, exemplificeert ze zichzelf. Maar het is natuurlijk ook waar dat als ze zichzelf niet exemplificeert, ze zichzelf niet exemplificeert; dus, als ze zichzelf niet exemplificeert, is ze zowel wél als niet een exemplificatie van zichzelf. Bijgevolg moeten we zeggen: het is dus onwaar dat ze zichzelf niet exemplificeert, en waar dat ze dat wel doet.

Maar we hebben nu van proposities die zelf-evident lijken, via argumenten die op zelf-evidente wijze correct lijken, afgeleid dat niet-zelf-exemplificatie zowel zichzelf exemplificeert, als zichzelf niet exemplificeert; en zoiets lijkt op zelf-evidente wijze onwaar.

De conclusie moet zijn dat er tenminste één propositie is die zelf-evident *lijkt*, maar in feite niet zelf-evident is.

We zijn derhalve gedwongen een onderscheid te maken tussen wat zelf-evident *lijkt* te zijn en wat het echt *is*. Veronderstel dat we zeggen dat een propositie voor iemand zelf-evident *lijkt* als die persoon ze begrijpt, en als ze bovendien het eerder vermelde fenomenologische kenmerk bezit – de "glans der evidentie" waar Locke het over heeft – wanneer die persoon ze aandachtig in overweging neemt. Hoe legt de funderingsdenker dan vast welke proposities echt zelf-evident voor hem *zijn*? Uiteraard door vast te stellen welke hem zelf-evident toelijken; er is niets anders waarop hij kan voortgaan. Natuurlijk kan hij niet redelijkerwijs volhouden dat *om het even wat* hem zelf-evident lijkt, dat ook echt is; dat is de les van de Russell-paradoxen. Misschien kan hij dit evenwel afzwakken tot een minder sterk principe, misschien kan hij stellen dat alles wat hem zelf-evident lijkt, het voordeel geniet – zoals men zou kunnen noemen – van het redelijke vermoeden van zelf-evidentie. Wat zelf-evident lijkt, moet voor zelf-evident worden gehouden, zolang er geen redenen zijn om het tegendeel te denken, – wat zich bijvoorbeeld wel voordoet wanneer het zelf-evident lijkt dat de propositie in kwestie strijdig is met *andere* proposities die ook zelf-evident lijken. En misschien zal hij deze stelregel verdedigen door een beroep te doen op principes als

(24) Om het even wat zelf-evident lijkt is zeer waarschijnlijk waar

of

(25) de meeste proposities die zelf-evident *lijken*, *zijn* ook zelf-evident (en bijgevolg waar).

Maar waarom zouden wij (24) en (25) moeten aanvaarden? Waarom aanvaardt de funderingsdenker ze? Eerst en vooral moeten we opmerken dat geen van deze proposities zelf-evident lijkt. Iemand die ze begrijpt, kan zich niettemin afvragen of ze waar zijn, en misschien verwerpt hij ze wel ook. Zij hebben niet die glans der evidentie; en er lijken zeker wel alternatieven te bedenken. Als we onder de indruk zijn van de evolutietheorie bijvoorbeeld zouden we kunnen veronderstellen dat de neiging om deze proposities zelf-evident te vinden, een kenmerk is, dat oprijst in de loop van een lange evolutionaire ontwikkeling – een kenmerk met een zekere overlevingswaarde, maar dat in het beste geval occasioneel samengaat met waarheid, zodat vele of de meeste proposities die ons zelf-evident lijken in feite onwaar zijn. Of we zouden, Descartes indachtig, kunnen speculeren dat we geschapen zijn door een wezen dat er plezier in schept ons om de tuin te leiden, en ons een sterke aanleg heeft ingeplant om bepaalde onware proposities voor zelf-evident te aanzien. Of we zouden kunnen speculeren, in de geest van Kierkegaard, dat ons noëtisch apparaat, ooit ongerept en volledig betrouwbaar, gecorrumpeerd werd door een soort van oercataclysme dat over de mensheid is gekomen. Derhalve zijn (24) en (25) zelf niet klaarblijkelijk zelf-evident.

Het cruciale punt ligt echter elders. Veronderstel dat deze principes – (24) en (25) – toch de schijn van zelf-evidentie *hadden*. Dat wil zeggen, veronderstel dat de propositie

(26) de meeste proposities die het fenomenologische kenmerk vertonen, zijn waar

zelf dit kenmerk zou vertonen. Zou dat een relevant antwoord zijn op de vraag om welke reden – als er al één is – men zou geloven dat de meeste proposities die dit kenmerk vertonen waar zijn? Men ziet moeilijk in hoe dat kan. De vraag is of het feit dat een propositie dit kenmerk vertoont een reden is om te denken dat ze waar is; antwoorden dat (26) zelf dit kenmerk vertoont, is dezelfde vraag opnieuw uitlokken. In dit geval lijkt het beroep op zelf-evidentie geheel en al onbevredigend. Het is alsof de theïst de vraag "Waarom in God geloven?" zou beantwoorden door erop te wijzen dat God van ons vraagt dat wij in Hem zouden geloven, – en Hij vraagt ons toch alleen te geloven wat waar is? Laat dat dan nog waar zijn, het verschaft degene die niet op voorhand al gelovig is geen reden om te geloven. Evenzo met de stelling dat (24) en (25) klaarblijkelijk zelf-evident zijn: of ze nu waar is of onwaar, als reden om die proposities te aanvaarden kan ze enkel dienen voor diegene die deze laatste op voorhand reeds aanvaardde. En dus kan ze de funderingsdenker geen reden verschaffen om ze te aanvaarden.

De kern van de zaak is, denk ik, dat de funderingsdenker helemaal geen reden heeft om (24) en (25) te aanvaarden. Ze lijken niet zelf-evident; en oncorrigeerbaar zijn ze uiteraard niet. Maar als de funderingsdenker er *wel* een reden voor heeft, dan moet die reden uiteindelijk terugleiden naar de basisproposities; dat wil zeggen, de funderingsdenker heeft, in zijn eigen optiek, slechts een reden om (24) en (25) te aanvaarden indien ze evident zijn met betrekking tot proposities die echte basisproposities voor hem zijn – proposities die zelf-evident zijn of oncorrigeerbaar. Men ziet moeilijk in hoe (24) en (25) evident zouden kunnen zijn met betrekking tot zulke proposities.

Bijgevolg aanvaardt de funderingsdenker (24) en (25) zonder daar een reden voor te hebben. Hij is niet *verplicht* ze te aanvaarden; er zijn andere mogelijkheden. Eigenlijk is het zo dat hij in hen zijn vertrouwen stelt. We zouden kunnen zeggen dat hij zijn vertrouwen stelt in de betrouwbaarheid van zijn verstandelijke vermogens. Een beetje mooier gezegd: hij verlaat zich op de betrouwbaarheid van zijn epistemische constitutie. Als wij, overeenkomstig een oudere traditie, de ratio zien als een orgaan, of een kracht, of een faculteit – de faculteit waarmee wij uitmaken wat zelf-evident is – dan verlaat de funderingsdenker zich op de primaire betrouwbaarheid van de ratio. Dat hij dat doet, is natuurlijk niet de uitkomst van (in de brede zin) wetenschappelijk of rationeel onderzoek; hij doet dat voorafgaand aan een dergelijk onderzoek. Want redenen om (24) en (25) te aanvaarden heeft hij niet; maar hij aanvaardt ze, en hij gebruikt ze om de aanvaardbaarheid van *andere* proposities te bepalen. Met andere woorden, (24) en (25) fungeren als behorend tot de basis van zijn noëtische structuur.

De funderingsdenker verlaat zich dus op de primaire betrouwbaarheid van de ratio. Ik bedoel dit niet als een kritiek; dit vertrouwen is ook het mijne. De theïst is helemaal niet verplicht dit vertrouwen te verwerpen. Augustinus argumenteerde inderdaad dat de ratio uiterst betrouwbaar is juist omdat God ons geschapen heeft en omdat Hij geen bedrieger is. Hij heeft ons zodanig geschapen dat bepaalde proposities ons zelf-evident lijken; en omdat hij een God is van goedheid en waarheid, zou Hij ons niet op zo'n manier scheppen dat onware proposities ons zelf-evident leken. Was Augustinus op de hoogte geweest van de Russell-paradoxen dan had hij zich wellicht iets voorzichtiger uitgedrukt; maar het centrale punt van zijn stelling blijft overeind. Iemand die in God gelooft kan (24) en (25) zeker aanvaarden; en hij kan – in tegenstelling tot de funderingsdenker – een reden opgeven waarom hij dat doet.

Gezien de theïst het met de funderingsdenker helemaal eens is over (24) en (25), kunnen zij het er ook over eens zijn dat schijnbaar zelf-evidente en oncorrigeerbare proposities echte basisproposities zijn voor *S*. Maar het *credo* van de funderingsdenker bevat, zoals wij hebben gezien, *twee* elementen, het ene positief, het andere negatief. De funderingsdenker stelt, positief, dat

(27) zelf-evidente en oncorrigeerbare proposities echte basisproposities zijn voor *S*,

en hij voegt daar, negatief, aan toe

(28) *enkel* dergelijke proposities zijn echte basisproposities voor *S*.

Maar waarom zouden wij het negatieve punt aanvaarden? Is er iets te vinden dat in het voordeel ervan spreekt? Hebben wij voor (28) iets méér dan het woord van de funderingsdenker?

Feit is dat wij *minder* hebben dan het woord van de funderingsdenker. Want bekijk (28) nauwkeurig. Propositie (28) is noch zelf-evident noch oncorrigeerbaar; evenmin blijkt ze te volgen uit proposities die dat wel zijn. Ze moet derhalve een basispropositie zijn voor de funderingsdenker. Dus, hij stelt dat zelf-evidente en oncorrigeerbare proposities de enige valabele kandidaten zijn voor de fundamenten van zijn noëtische structuur, maar zelf aanvaardt hij als basispropositie (28), dat zelf-evident noch oncorrigeerbaar is. Bijgevolg valt de funderingsdenker in de put die hij voor een ander gegraven heeft; de stelling die karakteristiek is voor zijn positie is zelfreferentieel incoherent.[8] Is er dan ook maar één reden om (28) te geloven? Zo ja, dan is toch moeilijk in te zien welke reden dat zou zijn. Propositie (28) lijkt zeker niet zelf-evident; en zeker is die propositie niet oncorrigeerbaar. Bovendien is zeer moeilijk in te zien dat ze zou volgen uit, of evident zou zijn met betrekking tot, proposities die wel zelf-evident of oncorrigeerbaar zijn. Men kan dan ook moeilijk begrijpen dat er enige reden zou zijn om (28) te aanvaarden, zelfs vanuit een (in grote lijnen geschetst) funderingsstandpunt. Waarom zouden wij die propositie dan aanvaarden? Waarom zou de theïst zich ook maar in het minst verplicht voelen ze te geloven?

Het antwoord is, geloof ik, dat er helemaal geen reden is om (28) te aanvaarden. Het is niet meer dan een vorm van intellectueel imperialisme van de kant van de funderingsdenker. Hij wenst zich te verbinden ten opzichte van de ratio, zijn vertrouwen te stellen in de rede en in niets meer; daarom verklaart hij elke noëtische structuur die in haar basis méér bevat – geloof in God bijvoorbeeld – irrationeel. Maar op dit punt is er voor de theïst geen reden om zijn voorbeeld te volgen.

3. Is geloof in God echt en waarachtig basaal?

Vele Hervormde theologen[9] en denkers hebben nu de natuurlijke theologie (gezien als de poging om bewijzen en argumenten te leveren voor het bestaan van God) verworpen. Zij hebben daarbij niet louter gesteld dat de geleverde argumenten falen, maar dat de hele onderneming in een zekere zin een radicale misvatting is. Ik heb elders[10] geargumenteerd dat de Hervormde verwerping van de

[8] (28) werd hier vanzelfsprekend geformuleerd met het oog op het moderne funderingsdenken, maar zeer vergelijkbare opmerkingen zijn toepasselijk op het klassieke en middeleeuwse funderingsdenken van Aristoteles en Thomas.

[9] Een Hervormd theoloog is iemand die intellectueel sympathiseert met de Protestantse traditie die teruggaat op J. Calvijn (niet iemand die vroeger een theoloog was en die nu het licht gezien heeft).

[10] "The Reformed Objection to Natural Theology", in *Proceedings of the American Catholic Philosophical Association*, 1980.

natuurlijke theologie het best vertaald kan worden als een inchoatieve en onscherp geformuleerde verwerping van het klassieke funderingsdenken. Wat deze Hervormde denkers eigenlijk bedoelen te verdedigen is, denk ik, dat geloof in God in het geheel niet gebaseerd moet worden op argumenten of bewijzen die teruggaan op andere proposities. Zij bedoelen te verdedigen dat de gelovige intellectueel volledig in zijn recht is wanneer hij gelooft op de manier waarop hij gelooft, óók indien hij geen weet heeft van enig goed (deductief of niet-deductief) theïstisch argument, óók indien hij niet gelooft dat zo'n argument bestaat, en óók indien zo'n argument inderdaad niet bestaat. Zij vinden het perfect rationeel om geloof in God voor waar aan te nemen zonder het op basis van enige andere overtuiging of propositie aan te nemen. In één woord: ze vinden dat geloof in God in de echte zin van het woord basaal is. En voorzover het hun bedoeling is het klassieke funderingsdenken te verwerpen, is hun houding toe te juichen. Het klassieke funderingsdenken dient zeker te worden verworpen. Natuurlijk volgt daar niet uit dat geloof in God in de echte zin van het woord basaal is. Misschien is de klasse van de echt basale proposities breder dan de funderingsdenkers aannemen, maar nog niet breed genoeg om het geloof in God erbij op te nemen. Maar waarom dan zo denken? Welke objecties zou men kunnen opperen tegen de Hervormde gedachte dat geloof in God in de echte zin van het woord basaal is? Twee van die objecties wil ik hier behandelen.

Men beweert soms dat, wanneer ik geen argumenten heb voor het bestaan van God, mijn geloof in die propositie – voorzover ik die aanvaard – ongegrond of grondeloos zal zijn, of gratuït of willekeurig. Volgens mij is dit een vergissing, en ik zal uitleggen waarom. Bekijken we het voorbeeld van perceptuele overtuigingen, overtuigingen betreffende de herinnering, en overtuigingen waarin men mentale toestanden toeschrijft aan andere personen, zoals respectievelijk:

(29) Ik zie een boom

(30) Vanmorgen nam ik een ontbijt,

en

(31) Die man is boos.

Ofschoon deze overtuigingen typisch en in de echte zin van het woord basaal gevonden worden, zou het toch een vergissing zijn hen als *ongegrond* te beschrijven. Wanneer ik een ervaring van een bepaald type heb, dan ben ik ervan overtuigd dat ik een boom zie. In het typische geval is het niet zo dat ik deze overtuiging heb op basis van andere overtuigingen; toch is zij niet zonder grond. Het feit dat ik die welbepaalde soort van ervaring heb – of om het in de taal van Chisholm te zeggen: dat er mij iets boomachtigs verschijnt – speelt een cruciale rol in de vorming en rechtvaardiging van die overtuiging. We zouden kunnen zeggen dat deze ervaring, eventueel samen met andere omstandigheden, datgene is wat *rechtvaardigt* dat ik ze bezit. Het is de *grond* van mijn rechtvaardiging, en bij uitbreiding, de grond van de overtuiging zelf.

Stel dat ik iemand zie die typisch pijngedrag vertoont, dan neem ik aan dat hij of zij pijn heeft. Opnieuw beschouw ik het vertoonde gedrag niet als *bewijsmateriaal* voor die overtuiging; ik leid deze overtuiging niet af uit andere overtuigingen die ik heb; ik neem die overtuiging niet aan op basis van andere overtuigingen. Toch speelt mijn waarneming van het pijngedrag een onvervangbare rol in de vorming en rechtvaardiging van die overtuiging; net als in het voorgaande geval vormt het de grond van mijn rechtvaardiging voor de overtuiging in kwestie. Hetzelfde geldt voor overtuigingen op grond van de herinnering. Ik lijk me te herinneren vanmorgen te hebben ontbeten; dat wil zeggen, ik heb een sterke neiging de propositie te geloven dat ik vanmorgen ontbeten heb, en daarmee hangt een welbepaalde 'door het verleden gemerkte' ervaring samen die ons allen vertrouwd, maar moeilijk te beschrijven is. Misschien moeten we zeggen dat er mij iets verleden-achtigs verschijnt; maar misschien is dat niet voldoende om de ervaring in kwestie te onderscheiden van de ervaring die overtuigingen over het verleden begeleidt welke niet gegrond zijn in mijn eigen herinnering. De fenomenologie van het geheugen is een rijk en onontgonnen gebied, dat ik binnen dit bestek niet kan exploreren. Maar net als in de andere gevallen is ook in dit geval een rechtvaardigende omstandigheid aanwezig, een voorwaarde die de grond vormt voor mijn rechtvaardiging wanneer ik de herinneringsovertuiging in kwestie aanvaard.

In al deze gevallen wordt een overtuiging als basaal aangenomen en in al deze gevallen wordt ze terecht als basaal aangenomen. In al deze gevallen is er een of andere omstandigheid of voorwaarde die een rechtvaardiging biedt; er is een omstandigheid die fungeert als *grondslag* voor de rechtvaardiging. In al deze gevallen zal er derhalve een ware propositie bestaan van het volgende type

(32) Onder de voorwaarde *C*, is *S* gerechtvaardigd *p* als basaal op te vatten.

Uiteraard zal *C* variëren met *p*. Voor een waarnemingsoordeel zoals

(33) Ik zie voor mij een roze muur,

zal *C* inhouden dat iets mij op een welbepaalde manier verschijnt. Ongetwijfeld zal *C* meer inhouden dan dat alleen. Stel dat iets mij op de vertrouwde manier verschijnt, maar ik weet dat ik een bril met roze glazen draag of dat ik een ziekte heb die veroorzaakt dat iets mij op die manier verschijnt, ongeacht de kleur van de objecten in mijn nabijheid, dan ben ik niet gerechtvaardigd om (33) als basaal op te vatten. Hetzelfde geldt voor het geheugen. Stel dat ik weet dat mijn geheugen onbetrouwbaar is – dat het me wel vaker misleidt. Wanneer ik, meer bepaald, meen mij te herinneren ontbeten te hebben, dan blijkt dat ik vaker *niet* ontbeten heb dan wel. Onder deze voorwaarden ben ik niet gerechtvaardigd de uitspraak dat ik ontbeten heb als basaal op te vatten, ook al lijk ik mij te herinneren dat het zo was.

Dat zich het gepaste verschijnsel voordoet, is in het geval van de waarneming dus onvoldoende voor rechtvaardiging; kennelijk is er een bijkomende noodzakelijke voorwaarde – een conditie die moeilijk in detail te specifiëren valt. Het centrale punt is hier echter dat een overtuiging enkel onder welbepaalde voorwaarden terecht en waarachtig als basaal opgevat kan worden. Deze voorwaarden, zo zouden we kunnen zeggen, vormen de grond voor haar rechtvaardiging en, bij uitbreiding, voor de overtuiging zelf.

In deze zin zijn basale overtuigingen niet (of niet noodzakelijk) overtuigingen zonder grond.

Gelijkaardige opmerkingen kunnen nu gemaakt worden omtrent geloof in God. Wanneer de Hervormers beweren dat dit geloof waarachtig en terecht basaal is, dan bedoelen zij daarmee uiteraard niet dat er geen rechtvaardigende omstandigheden voor zouden zijn of dat het in die zin grondeloos of gratuït zou zijn. Wel integendeel: Calvijn stelt dat God 'zichzelf dagelijks openbaart en ontvouwt in de vakkundige afwerking van het universum', en de goddelijke kunst 'openbaart zich in de oneindige en toch welonderscheiden en welgeordende weelde van de hemelse gastheer'. God heeft ons zo geschapen, dat we een neiging of dispositie in ons hebben om in de wereld rondom ons zijn hand te zien. Nauwkeuriger gezegd, er is in ons een dispositie om proposities te geloven van het type *Deze bloem werd door God geschapen* of *Dit wijdse en gecompliceerde universum werd door God geschapen* (bij het beschouwen van die bloem of van die sterrenhemel of bij het bedenken van de wijdsheid van het universum).

Calvijn erkent minstens impliciet dat ook andere types van voorwaarden deze dispositie kunnen opwekken. Bij het lezen van de Bijbel kan iemand diep onder de indruk zijn van het gevoel dat God tot hem spreekt. Wanneer ik iets heb gedaan waarvan ik goed weet dat het ordinair of fout of gewiekst is, kan ik me schuldig voelen in de ogen van God en tot de overtuiging komen dat God afkeurt wat ik gedaan heb. Bij bekentenis en berouw, kan ik vergeving voelen, en tot de overtuiging komen dat God mij vergeeft wat ik gedaan heb. Iemand in diepe nood kan zich tot God wenden, zijn bescherming en zijn hulp vragen; en allicht vormt hij of zij dan de overtuiging dat God inderdaad in staat is te horen en te helpen waar hij dat goed vindt. In die ogenblikken waar het leven zich van zijn beste kant laat zien, kan een spontaan gevoel van dankbaarheid zich van ons meester maken; het kan voorkomen dat iemand er in zo'n toestand toe overgaat God te danken en te loven voor zijn goedheid, en op vanzelfsprekende wijze zal hij dan tot de daarbijhorende overtuiging komen dat het passend is de Heer te danken en te loven.

Er zijn derhalve vele voorwaarden en omstandigheden die geloof in God kunnen teweegbrengen: schuld, dankbaarheid, gevaar, een aanvoelen van Gods aanwezigheid, een gevoel dat God spreekt, de waarneming van een verscheidenheid van aspecten van het universum. Wie het werk wil afronden, zou de fenomenologie van al deze voorwaarden (en van méér dan die voorwaarden alleen) moeten verkennen. We staan hier voor een breed en belangwekkend terrein; in dit bestek kan ik echter niet meer doen dan op het bestaan van dergelijke voorwaarden wijzen.

Uiteraard is het zo dat van al die zonet vermelde overtuigingen geen enkele samenvalt met de loutere overtuiging dat God bestaat. Eerder hebben we te maken met zulke overtuigingen als

(34) God spreekt hier tot mij
(35) Dat alles is door God geschapen
(36) Wat ik gedaan heb wordt door God niet goedgekeurd
(37) God geeft me vergeving,

en

(38) Het is passend God te danken en te loven.

Deze proposities zijn in de echte zin basaal, gesteld dat de juiste omstandigheden optreden. Maar geheel en al consistent met dit laatste is de gedachte dat de propositie *Er bestaat zo iemand als God* noch in de echte zin basaal is noch als basaal opgevat wordt door diegenen die in God geloven. Misschien vatten zij proposities als (34) – (38) wel als basaal op, terwijl hun geloof in het bestaan van God in dat geval gebaseerd is op proposities als deze. Vanuit dit oogpunt is het niet helemaal correct te stellen dat geloven in God datgene is wat in de echte zin van het woord basaal is; meer precies gezegd, wat in de echte zin basaal is, zijn dan proposities als (34) – (38), die elk dan wel met zelf-evidentie impliceren dat God bestaat. Niet de relatief hogere-orde en algemene propositie *God bestaat* is in de echte zin basaal, maar veeleer proposities die op bijzondere wijze bepaalde van zijn attibuten of handelingen in het licht stellen.

Laat ons terugkeren tot de analogie tussen geloven in God en geloven in het bestaan van waarnemingsobjecten, van andere personen en van het verleden. Ook daar geldt dat wat in de echte zin basaal is, eerder betrekkelijk specifieke en concrete proposities zijn dan hun meer algemene en abstracte tegenhangers. Wellicht zijn

(39) Er zijn bomen
(40) Er zijn andere mensen,

en

(41) De wereld bestaat al langer dan vijf minuten

niet precies voorbeelden van in de echte zin van het woord basale proposities; veeleer is die kwalificatie voorbehouden voor kandidaten als de volgende:

(42) Ik zie een boom
(43) Die man is wel tevreden,

en

(44) Meer dan een uur geleden heb ik ontbeten.

Natuurlijk is het zo dat proposities van het laatste type onmiddellijk en op zelf-evidente wijze proposities van het eerste type impliceren; en misschien kan het dan ook geen kwaad de eerste in de echte zin (maar een beetje los uitgedrukt) basaal te noemen.

Hetzelfde geldt nu voor geloven in God. In de lossere manier van spreken kan men zeggen dat geloof in God echt basaal is; strict genomen echter is het wellicht niet die propositie maar proposities zoals (34) – (38) die dat statuut kunnen opeisen. Het punt waar het echt op aankomt, is echter dit: óf geloven in God is basaal, óf (34) – (38), zijn basaal; maar zeggen dat ze basaal zijn, is niet hetzelfde als zeggen dat er geen rechtvaardigende voorwaarden zijn voor die overtuigingen, of voorwaarden die diegene rechtvaardigen die die uitspraken als basaal opvat. Die uitspraken zijn derhalve niet grondeloos of gratuït.

En nu de tweede objectie[e] die men vaak hoort: als we aannemen dat geloven in God in de echte zin van het woord basaal is, wat houdt ons dan tegen om gelijk welke overtuiging basaal te noemen? Zouden we niet dezelfde claim kunnen maken voor elke aberratie die we maar kunnen bedenken? Wat te denken van voodoo, of astrologie? En van het geloof dat de Grote Pompoen bij elke viering van Halloween terugkomt? Zou ik dat in de echte zin basaal kunnen noemen? En als ik het in dàt geval niet kan, waarom dan wel voor geloven in God? Stel eens dat ik geloof dat ik, door maar krachtig genoeg met de armen te flapperen, zal opstijgen en gaan rondvliegen in mijn kamer: zou ik me kunnen teweer stellen tegen de aantijging van irrationaliteit door erop te hameren dat het hier om een basale overtuiging gaat? Indien we stellen dat geloven in God echt basaal is, zullen we er dan niet toe gehouden zijn aan te nemen dat alles, of zo goed als alles, in de echte zin basaal genoemd kan worden, en zo de deur openzetten voor irrationalisme en bijgeloof?

Het antwoord is zeker negatief. Vanwaar de gedachte dat de Hervormde epistemoloog in dit lastig parket zou zitten? Is het omdat hij de criteria voor basaal-zijn verwerpt zoals ze hem voorgeschoteld worden door de klassieke funderingsdenker? Maar waarom zou men nu menen dat juist *dit* hem ertoe zou verplichten een zodanige irrationaliteit te tolereren? Laat ons teruggrijpen op een analogie. In de bloeiperiode van het positivisme bleven de positivisten, zelfzeker als ze waren, maar zwaaien met hun verificatiecriterium, om zo een heleboel dingen die zeker betekenisvol waren uit te roepen tot zinledig. Stel nu dat iemand een bepaalde formulering van het criterium in kwestie verwierp; bijvoorbeeld de formulering die men vindt in de tweede editie van Ayers *Language, Truth and Logic*. Zou daaruit volgen dat zij zich verplicht had tot de stelling dat

(45) "'Twas brillig; and the slithy toves did gyre and bymble in the wabe"

ondanks de schijn van het tegendeel, een perfect zinnige uitspraak was? Dat zou al te gek zijn. Maar dan geniet de Hervormde epistemoloog hetzelfde voordeel; het feit dat hij het criterium voor basaal-zijn verwerpt zoals de klassieke funderingsdenker het voorstelt, betekent niet dat hij er zich toe verplicht te aanvaarden dat zowat alles in de echte zin basaal genoemd kan worden.

Maar waarin bestaat dan het probleem? Ligt het hierin, dat de Hervormde epistemoloog niet alleen die bepaalde criteria voor echt basaal-zijn verwerpt, maar er bovendien geen werk van maakt om met een beter, alternatief criterium voor de dag te komen? En als hij zelf zo geen criterium te bieden heeft, hoe kan hij dan in alle ernst het echt-basaal karakter van het geloof in de Grote Pompoen bestrijden?

Zulk een objectie verraadt een belangrijke misvatting. Hoe komen wij echt tot criteria voor betekenisvolheid, voor gerechtvaardigd overtuigd-zijn, voor echt basaal-zijn; hoe ontwerpen of ontwikkelen wij dergelijke criteria? Waar komen ze vandaan? Heeft men dergelijke criteria nodig vooraleer men ook maar enig zinnig oordeel kan vellen – in positieve of in negatieve zin – over het echt-basaal karakter van proposities? Dat is zeker niet het geval. Stel bijvoorbeeld dat ik niet beschik over een bevredigend alternatief voor de criteria van de klassieke funderingsdenker; dan ben ik toch wel zeker in mijn recht wanneer ik blijf stellen dat bepaalde uitspraken, in gegeven omstandigheden, niet in de echte zin basaal zijn. Sommige proposities lijken zelf-evident terwijl ze het in feite niet zijn; dat is de les die we kunnen trekken uit de Russell-paradoxen. Niettemin zou het irrationeel zijn de ontkenning van een propositie die je zelf-evident leek als basaal te kiezen. Stel nu even dat je de indruk hebt dat je een boom waarneemt; dan zou je irrationeel zijn wanneer je de uitspraak dat je géén boom ziet, of dat er geen bomen bestaan, een basale propositie zou noemen. In dezelfde zin kan ik, zelfs zonder over enig verhelderend betekeniscriterium te beschikken, met recht en reden verklaren dat (45) zinledig is.

Hierdoor wordt een belangrijke vraag opgeworpen – een vraag die Roderick Chisholm ons heeft leren stellen. Wat is het statuut van criteria voor kennis, of voor écht basaal-zijn, of voor gerechtvaardigde overtuigingen? Het gaat typisch om universele uitspraken. Het criterium voor basaal-zijn van de moderne funderingsdenker bijvoorbeeld is in een dubbele zin universeel:

(46) Voor elke propositie *A* en voor elke persoon *S*, is *A* in de echte zin basaal voor *S* dan en alleen dan als *A* oncorrigeerbaar is voor *S* of zelf-evident is voor *S*.

Maar hoe kan men zoiets weten? Op welke geloofsbrieven kan men zich beroepen? Het is duidelijk dat (46) niet zelf-evident is of op voor de hand liggende wijze waar. Maar als propositie (46) dat niet is, hoe komt men er dan bij? Welke soorten argumenten zouden gepast kunnen zijn? Natuurlijk kan een funderingsdenker (46) gewoon zo aantrekkelijk vinden dat hij (46) zonder meer voor waar aanneemt, zonder er enig argument voor te geven en zonder het te aanvaarden op grond van andere dingen die hij gelooft. Maar als hij dat doet, dan zal zijn noëtische structuur – zoals we al gezien hebben in verband met (28) – op zelfreferentiële gronden incoherent worden. (46) is zelf noch zelf-evident, noch oncorrigeerbaar; wanneer hij dus (46) als basaal opvat, dan overtreedt de moderne funderingsdenker de voorwaarden voor het echt basaal-zijn die hij zelf heeft opgesteld op het ogenblik zelf dat hij ze aanvaardt. Anderzijds zal de funderingsdenker misschien trachten één of ander argument voor (46) te geven op basis van premissen die inderdaad zelf oncorrigeerbaar zijn of zelf-evident; het is evenwel extreem moeilijk in te zien wat voor argument dit zou kunnen zijn. En zolang hij zulke argumenten niet gegeven heeft, is de vraag wat wij, de anderen, zullen doen – wij die (46) in het geheel niet voor de hand liggend of dwingend vinden. Hoe zou hij (46) kunnen inroepen om ons te tonen dat bijvoorbeeld geloof in God niet in de echte zin van het woord basaal is? Waarom zouden wij (46) moeten geloven of er ook maar enige aandacht aan schenken?

Feit is, volgens mij, dat noch (46) noch enige ander verhelderende noodzakelijke en voldoende voorwaarde voor echt basaalzijn afgeleid kan worden uit onmiskenbaar zelf-evidente premissen door middel van onmiskenbaar aanvaardbare argumenten. Derhalve is de juiste weg om bij een dergelijk criterium te geraken in de brede zin van het woord *inductief*. We moeten voorbeelden van overtuigingen en voorwaarden samenbrengen waarbij de eerste kennelijk in de echte zin basaal zijn gegeven de laatste; en ook voorbeelden van overtuigingen en voorwaarden waarbij de eerste kennelijk *niet* in de echte zin basaal zijn, gegeven de laatste. In een volgende stap moeten we hypothesen opstellen betreffende de noodzakelijke en voldoende voorwaarden voor het echt basaal karakter, en dan deze hypothesen toetsen door verwijzing naar die voorbeelden. Onder de juiste voorwaarden is het, bijvoorbeeld, onmiskenbaar rationeel te geloven dat je een menselijk persoon voor je hebt: een wezen dat gedachten heeft en gevoelens, dat bepaalde dingen weet en gelooft, dat beslissingen neemt en handelt. Het is bovendien duidelijk dat je onder geen enkele verplichting staat tot deze overtuiging te komen op basis van een redenering uit andere overtuigingen die je hebt; onder deze voorwaarden is die overtuiging in de echte zin van het woord basaal voor jou. Maar in dat geval kan (46) niet correct zijn; de overtuiging in kwestie is in die omstandigheden in de echte zin van het woord basaal ook al is ze voor jou noch zelf-evident noch oncorrigeerbaar. Evenzo kan je de indruk hebben je te herinneren vanmorgen ontbeten te hebben en wellicht heb je geen weet van enige reden die laat onderstellen dat je geheugen je beet neemt. In dat geval ben je geheel en al gerechtvaardigd wanneer je die overtuiging basaal noemt. Uiteraard is ze niet in de echte zin basaal in het licht van de criteria van de klassieke funderingsdenkers; maar dat feit spreekt niet tegen jou, maar tegen die criteria.

Zo moeten criteria voor echt basaal-zijn van onderuit gevonden worden en niet van bovenaf; ze moeten niet *ex cathedra* naar voren gebracht worden, maar beargumenteerd en getoetst worden door middel van een verzameling relevante voorbeelden. Maar er is geen enkele reden om er op voorhand van uit te gaan dat iedereen het over de voorbeelden eens zou zijn. De christen of de jood zullen er natuurlijk vanuit gaan dat geloof in God geheel en al gepast en redelijk is. Indien hij deze overtuiging niet aanvaardt op grond van andere proposities, dan zal hij concluderen dat ze voor hem basaal is en wel terecht. Volgelingen van Bertrand Russell en Madelyn Murray O'Hare mogen het daarmee oneens zijn, maar in welke zin is dat terzake? Moeten mijn criteria, of die van de gelovige gemeenschap, in overeenstemming zijn met hun voorbeelden? In het geheel niet. De theïstische gemeenschap is verantwoordelijk voor haar *eigen* verzameling van voorbeelden, en niet voor de hunne.

Zo kan de Hervormde epistemoloog ook werkelijk stellen dat geloof in de Grote Pompoen niet echt basaal is, en er toch aan vasthouden dat geloof in God *wel* in de echte zin basaal is, en dit zelfs bij ontstentenis van een uitgewerkt criterium voor echt basaal-zijn.

Uiteraard verplicht hij er zich toe aan te nemen dat er een relevant *verschil* is tussen geloven in God en geloven in de Grote Pompoen, wanneer hij stelt dat het eerste wel en het laatste niet echt basaal is. Dit brengt hem niet in verlegenheid; er zijn voldoende kandidaten om dit verschil aan te geven. Deze kandidaten zal men vinden in de buurt van de voorwaarden die ik vermeld heb en die geloof in God rechtvaardigen en begronden. Zo kan de Hervormde epistemoloog bijvoorbeeld akkoord gaan met Calvijn over de stelling dat God een natuurlijke neiging in ons heeft aangebracht om in de wereld rondom ons Zijn hand te zien; hetzelfde kan niet gezegd worden van de Grote Pompoen, aangezien er geen Grote Pompoen is, en dus ook geen natuurlijke neiging om overtuigingen betreffende de Grote Pompoen te geloven.

Om te besluiten: het evidentialistische tegenargument is, voorzover het gebaseerd is op het klassieke funderingsdenken, bankroet; zelf-evidentie of oncorrigeerbaarheid of zintuigelijke evidentie zijn geen noodzakelijke voorwaarden om echt basaal te zijn. Daarenboven is iemand die eraan vasthoudt dat geloof in God in de echte zin basaal is, daardoor niet verplicht aan te nemen dat geloof in God grondeloos is, of gratuït, of verstoken van rechtvaardigende omstandigheden. En zelfs al beschikt hij niet over een algemeen criterium van waarachtig basaal-zijn, dan nog is hij niet verplicht aan te nemen dat elke (of omzeggens elke) overtuiging – geloof in de Grote Pompoen, bijvoorbeeld – echt basaal kan zijn. Zoals iedereen moet hij beginnen met voorbeelden; en het geloof in de Grote Pompoen kan hij als paradigma nemen van irrationeel basaal geloof.

Noten van de vertalers

a Bekend epistemoloog, auteur o.m. van *Theory of Knowledge* (1966), *Perceiving: a Philosophical Study* (1957), *The Problem of the Criterion* (1973).

b Plantinga heeft in dit artikel nagelaten de term *properly basic* ("terecht en waarachtig basaal") te introduceren op een manier die duidelijk maakt wat het onderscheid is tussen *basic* en *properly basic*. Het gaat hier in feite alleen om een nuance tussen een louter descriptief en een normatief gebruik van termen. Er zijn weliswaar basic proposities die enkel in een psychologisch-descriptieve zin als basaal blijken te fungeren (voor *S*, gegeven zijn of haar noëtische structuur), maar daaronder moeten er ook "properly basic" proposities zijn (voor *S*, gegeven zijn of haar noëtische structuur) die op consistente en vol te houden manier als zodanig fungeren, en wel voor een normaal geconstitueerd epistemisch subject *S*. Wij vertalen "properly basic" dan ook als "terecht en waarachtig basaal", of soms gewoon als "waarachtig basaal", of als "echt basaal".

c Een allusie op de doctrine volgens dewelke wiskundige kennis, in tegenstelling tot logische kennis, niet analytisch is maar synthetisch.

d Voor wie hiermee minder vertrouwd is, kan een intuïtief voorbeeld helpen dat enige verwantschap vertoont met de strikte versies van de Russell-paradox (waarvan de bekendste, verzamelingstheoretische versie overigens niet in termen van eigenschappen, maar van de relatie '(geen) element-van' is geformuleerd). Het is de zgn. barbiersparadox: denk u een (mannelijke) barbier in die iedere man in het dorp scheert die zichzelf niet scheert; wat doet hijzelf om geschoren te zijn? Scheert hij zichzelf, dan kan hij niet behoren tot de groep die door de barbier (= hemzelf) geschoren wordt; scheert hij zichzelf niet, dan behoort hij tot de groep die door de barbier geschoren wordt. Wil men de analogie doortrekken met wat Plantinga hier voor ogen staat, dan zou men kunnen zeggen: de propositie dat er een barbier kan bestaan die iedere man in het dorp scheert die zichzelf niet scheert, lijkt zelf-evident. Maar ze is het kennelijk niet: zo'n barbier kan niet bestaan.

e Vergelijk: de eerste objectie werd geformuleerd en behandeld vanaf de tweede alinea van sectie 3.

HOOFDSTUK 3

Religieuze overtuigingen en taalspelen*

D.Z. PHILLIPS

Vele godsdienstfilosofen hebben zich verzet tegen de bewering dat religieuze overtuigingen gezien moeten worden als aparte taalspelen. Volgens hen geeft een dergelijke bewering de misleidende indruk dat deze taalspelen afgesneden zijn van de andere. Dit verzet werd aangetekend door Ronald Hepburn, John Hick en Kai Nielsen, om maar drie voorbeelden te noemen. Hepburn zegt: "Binnen de traditionele christelijke theologie ... kunnen vragen over het bestaan van het goddelijke niet worden herleid tot de vraag 'Speelt het woord 'God' een begrijpbare rol in het taalspel?'"[1] Hick denkt dat er iets fout is als men zegt "De logische implicaties van religieuze uitspraken reiken niet verder dan de grens van het *Sprachspiel* en monden dus niet uit in beweringen nopens de aard van het universum (tenzij voor dat fragment van het universum dat precies bestaat uit de religieuze taal van mensen)."[2] Nielsen is gekant tegen het excessieve compartimenteren van sociale leefwijzen dat opgeroepen wordt door de opvatting van religieuze overtuigingen als aparte taalspelen, en hij argumenteert dat "het religieuze discours niet iets is dat geïsoleerd is, iets dat aan zichzelf genoeg heeft."[3] "Alhoewel de term 'werkelijkheid' systematisch ambigu kan zijn, – wat aanvaardbaar is als bewijsmateriaal, wat een test van de waarheid of betrouwbaarheid van specifieke beweringen

* "Religious beliefs and Language-Games" by D.Z. Phillips, from RATIO, VOL. XII, no. 1. Copyright © 1970 by Blackwell Publishers Ltd. Used by permission of Blackwell Publishers Ltd. Vertaling: L. Verbrugge, P. Cortois en W. Van Herck.

[1] R.W. Hepburn, 'From World to God', *Mind*, LXXII (1963), p. 41.

[2] John Hick, 'Sceptics and Believers', in *Faith and the Philosophers*, ed. J. Hick (Macmillan, 1964) p. 239.

[3] Kai Nielsen, 'Wittgensteinian Fideism', in *Philosophy*, July 1967, p. 207.

is, kan niet volledig bepaald worden door de eigenaardigheden van de context of activiteit waarover het gaat. Praktijken zijn niet dermate afgescheiden of op zichzelf staand."[4] Ik wil in deze bijdrage de geschriften van deze filosofen niet bespreken. Elders heb ik reeds getracht enkele van hun bezwaren te behandelen.[5] Veeleer wil ik hun opmerkingen behandelen als symptomen van een algemene twijfel ten opzichte van een manier van spreken over religieuze overtuigingen, met name ten opzichte van die manier die ik heb aangegeven. Die twijfels komen meer en meer voor in filosofische geschriften en in filosofische discussies. Zelf schrijf ik deze bijdrage als iemand die over religieuze overtuigingen als onderscheiden taalspelen heeft gesproken, maar bij wie in sommige opzichten ook zekere twijfels zijn gaan groeien tegenover die manier van spreken.

Waar komen die reserves op neer? Voor een stuk op het aanvoelen dat, indien religieuze overtuigingen geïsoleerde, onafhankelijke taalspelen zijn, het moeilijk wordt om uit te leggen waarom mensen religieuze overtuigingen überhaupt zouden koesteren op de manier waarop zij dat effectief doen. In deze zienswijze lijken religieuze overtuigingen meer op esoterische spelen, waar de ingewijden van genieten maar die van weinig belang zijn buiten de interne formaliteiten van hun activiteiten. Religieuze overtuigingen beginnen te gelijken op hobby's – iets waar mensen zich mee bezighouden tijdens de week-ends. Vanuit een andere hoek komt de verdenking dat de religieuze overtuigingen buiten het bereik van mogelijke kritiek geplaatst worden, en dat het beroep op het interne karakter van religieuze criteria voor zinvolheid kan dienen als een quasi-rechtvaardiging van wat anders zou worden ontmaskerd als onzin.

Het is nogal duidelijk dat het spreken over religieuze overtuigingen als onderscheiden taalspelen de aanleiding is geweest tot deze reserves. Zoals ik later zal trachten te laten zien, zijn er tot op zekere hoogte goede redenen voor deze houding. Het is nochtans ook zo dat we deze reserves met grote omzichtigheid moeten benaderen.

[4] Ibid., p. 208.

[5] Zie 'Religion and Epistemology: Some Contemporary Confusions', in *Faith and Philosophical Enquiry* (Routledge, 1970), hfdst. VII, pp. 123-45.

Sommige pogingen om ze uit de weg te ruimen, leiden tot verwarring over de logische grammatica van bepaalde religieuze overtuigingen. De eerste twee secties van dit artikel zal ik hieraan wijden.

I

Het gevaar van het spreken over religieuze overtuigingen als aparte taalspelen die dan op zichzelf lijken te staan, als waren ze alleen bedoeld voor ingewijden, hebben een aantal godsdienstfilosofen proberen af te weren door te stellen dat een dergelijk spreken gewoon niet legitiem is. Wat dient te worden aangetoond, zo zeggen zij, is dat religieuze overtuigingen belangrijk zijn. Er moeten redenen worden gegeven waarom mensen in God zouden moeten geloven. Op deze manier wordt aan religieuze overtuigingen een basis gegeven; er wordt aangetoond dat ze redelijk zijn. Mijn probleem is dat ik niet begrijp wat zo'n onderneming nu eigenlijk inhoudt.

In zijn *Lecture on Ethics* beklemtoont Wittgenstein het verschil tussen absolute en relatieve waardeoordelen. Woorden als 'goed', 'belangrijk', 'juist' kunnen zowel op een relatieve als op een absolute wijze gebruikt worden. Als ik bijvoorbeeld zeg dat dit een *goede* stoel is, dan verwijs ik wellicht naar zijn geschiktheid om een bepaald doel te realiseren. Als ik zeg dat het *belangrijk* is geen kou te vatten, verwijs ik naar de vervelende gevolgen van een verkoudheid. Als ik zeg dat dit de *juiste* weg is, bedoel ik dat ik, door hem te volgen, mijn bestemming zal bereiken.[6] Nu kan ik, in deze voorbeelden, mijn oordeel als volgt omkeren: 'Dit is voor mij nu geen goede stoel, gezien ik niet langer wil rusten, maar aan het werk wil gaan'. 'Het is niet belangrijk dat ik geen kou vat, gezien ik mij niets aantrek van de gevolgen. Wat ik wil doen is het risico waard.' 'Dit is niet de juiste weg voor mij, gezien ik niet langer wil gaan naar de plaats waar hij heen leidt.' Maar behalve een relatief gebruik hebben woorden als 'goed', 'belangrijk', 'juist' of 'moeten' (*ought*), ook

[6] Zie Ludwig Wittgenstein, 'A Lecture on Ethics', *Philosophical Review*, januari 1965, p. 8.

een absoluut gebruik. Wittgenstein illustreert het verschil met het voorbeeld van 'moeten' als volgt:

> Aangenomen dat ik kon tennissen, en een van u zag me spelen en zei: "Nou, u speelt behoorlijk slecht" en stel dat ik antwoorddde: "Dat weet ik, ik speel behoorlijk slecht, maar ik wil ook in het minst niet beter spelen"; in dat geval zou die ander niets anders kunnen zeggen dan: "O, dan is het goed". Maar stel dat ik een van u een onvoorstelbare leugen verteld had, en hij kwam naar me toe en zei: "U gedraagt zich als een onmens", en ik zei daarop: "Ik weet dat ik me slecht gedraag, maar ik wil me ook in het minst niet beter gedragen", zou hij in dat geval dan ook hebben kunnen zeggen: "O, dan is het goed"? Beslist niet; hij zou zeggen: "Nu, u *behoort* zich beter te willen gedragen". Hier vindt u een absoluut waardeoordeel, terwijl het eerste geval een relatief waardeoordeel vertegenwoordigde.[7]

Vele verdedigers van de religie vinden dat moet aangetoond worden dat religieuze overtuigingen belangrijk zijn, zo men wil vermijden dat ze zouden voorgesteld worden als esoterische spelen. Dit is waar tot op zekere hoogte. Problematisch blijft echter de manier waarop die apologeten denken het belang van religie te kunnen aantonen. Als zij zeggen dat het belangrijk is in God te geloven, hoe gebruiken zij dan het woord 'belangrijk'? Spreken zij een relatief of een absoluut waardeoordeel uit? Soms lijkt het erop dat ze relatieve waardeoordelen uitspreken. Er wordt ons gezegd in God te geloven omdat Hij het allermachtigste wezen is. Er wordt ons gezegd in God te geloven omdat het op het einde enkel met de gelovige goed afloopt. Er wordt ons gezegd in God te geloven omdat Hij de geschiedenis in Zijn hand heeft, en omdat Hij – hoewel het er soms niet naar uitziet – uiteindelijk zal overwinnen. Al deze beweringen zijn gebaseerd op relatieve waardeoordelen. Zoals in de andere voorbeelden zijn die oordelen omkeerbaar. Als de duivel nu eens machtiger zou blijken te zijn dan God, dan zou hij moeten worden aanbeden. Als gelovigen op het einde der tijden

[7] Ibid., p. 5. [L. Wittgenstein, *Colleges*. Vert. Henriët Plantenga. Meppel, Boom, 1979, p. 40. De vertalingen hier en in volgende passages zijn ongewijzigd overgenomen van deze editie, op enkele kleine aanpassingen na].

niet het beste af zouden zijn, wordt geloven zinloos. Geloof in God houdt geen steek als de historische ontwikkeling eerder deze richting uitgaat dan een andere.

Maar dienen religieuze overtuigingen wel op die manier opgevat te worden? Geloof in God wordt voorgesteld als een middel voor een verderliggend doel. Het doel is het allerbelangrijkste, het middel daarentegen relatief onbelangrijk. Geloven in God heeft enkel zin als er bepaalde gevolgen aan vastzitten. Dit lijkt het absolute karakter te vervalsen dat het geloof in God voor vele gelovigen heeft. Zij zouden zeggen dat de goddelijkheid van God niet kan worden gerechtvaardigd door externe beschouwingen. Als we niets *in* het geloof kunnen zien, dan is er ook niets *buiten* dat op een of andere manier zijn zin zou kunnen aantonen. Rush Rhees maakte een gelijkaardige opmerking wanneer hij een absoluut waardeoordeel in de moraal vergeleek met een relatief waardeoordeel:

> 'Je moet je ervan verzekeren dat deze riem goed vastgeklemd is voordat je begint te boren.' 'En als ik dat niet doe, wat dan?' Als ik je vertel wat er zal gebeuren als je dat niet doet, zul je begrijpen wat ik bedoel.
> Vergelijk: 'Je zou je beter moeten willen gedragen.' 'En als ik dat niet doe?' Wat kan ik dan nog zeggen?[8]

We kunnen een mens geen redenen geven waarom hij goed zou moeten zijn. Net zo is het wanneer iemand een ander aanspoort tot God te komen, en die ander vraagt: 'En wat als ik het niet doe?' Wat kan je dan nog meer zeggen? Men kan hem zeker niet tot het geloof brengen door hem te vertellen dat er vreselijke dingen met hem zullen gebeuren als hij niet gelooft. Zelfs als dat waar was, en zelfs als iemand dààrom zou gaan geloven, dan zou hij toch niet gelovig zijn. Hij zou geloven in wat best is voor hemzelf. Hij zou een strategie hebben, geen geloof. Bovendien, als religieuze overtuigingen enkel een relatieve waarde hebben, kan men niet langer het verschil verantwoorden tussen het mundane

[8] Rush Rhees, 'Some Developments in Wittgenstein's View of Ethics', *Philosophical Review*, januari 1965, pp. 18-19.

en het niet-mundane, een onderscheid dat wezenlijk is in de meeste religies. Het onderscheid kan niet verantwoord worden door aan te nemen dat de waarde van religieuze overtuigingen kan worden vastgesteld door een vergelijking ervan met een meer algemene, op beide toepasselijke maatstaf. Bekijk volgende argumenten:

> (1) We zouden in God moeten geloven. Hij is de machtigste van alle wezens. We zullen door Hem beoordeeld worden aan het einde der tijden. Hij zal ons lot bepalen.

In dit argument is er slechts één machtsconcept: dat van wereldse macht. Het is *de facto* zo dat God machtiger is dan wij, maar het gaat om dezelfde soort macht.

> (2) Vele gevechten zijn uitgevochten. Soms lijkt het alsof het goede verslagen is en het kwade triomfeert. Maar er is geen reden om bang te zijn: uiteindelijk zal God overwinnen.

Hier wordt een algemene maatstaf toegepast op God en de machten van het kwaad, alsof Gods overwinning aantoonbaar is, evenzeer herkenbaar voor de goeden als voor de kwaden. Wie zegt dat God niet overwint zou in tegenspraak komen met degene die zegt dat Hij wel overwint.

Deze apologetische manoeuvres doen denken aan Polus in Plato's *Gorgias*. Polus begreep Socrates niet toen die zei dat goedheid in het voordeel van de mens speelt. Polus verwees naar Archelaus de tiran van Macedonië, die zeer zeker een verdorven en slecht man was en die toch in voorspoed leefde. Is het geen kinderspel om aan te tonen dat Socrates zich vergist? Maar de fout in de argumentatie van Polus ligt in zijn veronderstelling dat hij en Socrates één en hetzelfde bedoelen met 'voordeel', namelijk datgene wat Polus ermee bedoelt. Voor Socrates echter is het niet de wereldse betekenis van voordeel die bepaalt wat goed is, maar wat goed is bepaalt wat voordeel is. In welke zin zijn sommige apologeten nu te vergelijken met Polus? In deze zin: als iemand hen toont hoe sterk de machten zijn die tegenover de religie geschaard zijn, antwoorden zij: 'Maar onze God is nog machtiger!' Zij gebruiken echter één en hetzelfde concept van macht. Hun idee van macht is kwalitatief niet anders dan dat van hun tegenstanders. Integendeel, zoals zij het zien hebben de wereld en God dezelfde soort macht, alleen heeft God er méér van. Maar – net zoals Polus – zouden zij moeten inzien dat voor vele gelovigen niet het eindresultaat of het verloop der gebeurtenissen bepaalt of God overwint, maar geloof in God bepaalt wat als overwinning geldt. Als dat niet zo was, zou er geen spanning bestaan tussen de mundane kijk op de dingen en de religieuze respons. Dezelfde spanning bestaat in de ethiek. Sommigen zeggen dat rechtvaardigheid, die naam waardig, aanvaardbaar moet zijn zelfs voor een massa moeilijke karakters. Anderen, – zoals Socrates, die aannam dat in Athene of in om het even welke andere stad een enkeling om het even wat zou kunnen overkomen –, zeggen toch zonder zichzelf tegen te spreken dat alles goed gaat. Vanuit het standpunt van de wereld is alles *niet* goed, zolang de enkeling om het even wat kan overkomen. Alles moet op een welbepaalde manier verlopen. Gezien voor vele gelovigen de liefde voor God bepaalt wat belangrijk is, zullen er situaties zijn waarbij wat de gelovige 'succes' noemt, mislukking is in de ogen van de wereld, wat hij 'vreugde' noemt, zal verdriet lijken, wat hij 'overwinning' noemt, een nederlaag. Zo was het ook, geloven christenen, met Christus aan het kruis.[9] Door de aandacht te vestigen op deze spanning tussen twee standpunten is het niet mijn bedoeling één van beide te verdedigen, maar te tonen dat elke verantwoording van religieuze overtuigingen die lijkt te ontkennen dat zo'n spanning bestaat, de aard van die overtuigingen vervalst.

Anders gezegd: als filosofen niet oppassen, kan de verdenking, die rust op de voorstelling van religieuze overtuigingen als esoterische spelen, leiden tot een poging om het belang aan te tonen van religieuze overtuigingen op een manier die dan weer de aard van de waarden, waar het in die overtuigingen om draait, in een verkeerd daglicht stelt.

[9] Zie D.Z. Phillips, 'Religious Belief and Philosophical Enquiry' in *Faith and Philosophical Enquiry* (Routledge, 1970) p. 75.

II

Twijfels ten opzichte van de filosofische karakterisering van religieuze overtuigingen als aparte taalspelen leidt niet alleen tot pogingen om een externe rechtvaardiging te vinden voor religieuze waarden, maar ook tot pogingen – zowel van de kant van filosofen die sympatiseren als van hen die niet sympatiseren met religie – om aan te tonen dat hun conclusies bereikt werden via criteria van rationaliteit, die ook door hun tegenstanders aanvaard worden (of aanvaard zouden moeten worden). De verdenkingen die rusten op religieuze overtuigingen als esoterische spelen zullen niet weggenomen kunnen worden – zo wordt gezegd –, zolang niet aangetoond is dat gelovigen en niet-gelovigen gebruik maken van gemeenschappelijke criteria van rationaliteit.

Wittgenstein heeft een vraag gesteld met betrekking tot overtuigingen, en religieuze overtuigingen in het bijzonder: spreekt de niet-gelovige de gelovige tegen wanneer hij zegt dat hij niet gelooft wat de gelovige gelooft?[10] Als één persoon een andere tegenspreekt, kan men zeggen dat beiden een vorm van verstaan delen, dat zij eenzelfde spel spelen. Neem nu volgende voorbeelden: iemand die zegt dat de zon negentig miljoen mijl van de aarde verwijderd is, spreekt diegene tegen die zegt dat ze slechts twintig miljoen mijl van de aarde verwijderd is. Degene die zegt dat de winst van een zakelijke transactie 100 000 frank is, spreekt diegene tegen die zegt er slechts 50 000 frank winst is. Degene die zegt dat er eenhoorns bestaan, spreekt diegene tegen die zegt dat ze niet bestaan. In deze voorbeelden delen de deelnemers aan de discussie een gemeenschappelijk begrip. Zij die discussiëren over de afstand van de zon tot de aarde hebben reeds de berekeningsmethoden in de astronomie gemeen. Zij die discussiëren over de winst van een zakelijke

[10] Zie ook mijn 'Belief and Loss of Belief', in D.Z. Phillips, *Wittgenstein and Religion*, New York, St. Martin's Press, 1993, p. 123-130. Zie tevens L. Wittgenstein, *Lectures and Conversations on Aesthetics, Psychology, and Religious Belief*, ed. Cyril Barrett (Basil Blackwell, 1966) pp. 53-72. De 'lectures' zijn selecties van notities van Wittgensteins studenten. Zij pretenderen niet een letterlijke weergave van zijn woorden te zijn.

transactie hebben een gedeeld begrip, namelijk de methoden om winst en verlies te berekenen. Zij die discussiëren over eenhoorns, zijn het eens over de methoden om het bestaan van verschillende diersoorten te verifiëren. De disputanten verschillen van mening over de feiten, maar zijn één in de logica, d.w.z. zij doen een beroep op dezelfde criteria om het geschil te beslechten. Maar wat indien de ene zegt dat de bal aanraken een overtreding is, en de andere zegt van niet? Spreken zij elkaar tegen? Men zal zeker akkoord gaan om te zeggen dat ze elkaar alleen tegenspreken ingeval ze hetzelfde spel spelen, en zich beroepen op dezelfde spelregels.

Wat moeten we – in het licht van deze voorbeelden – zeggen over iemand die in God gelooft en iemand die dat niet doet? Spreken zij elkaar tegen? Zijn twee mensen, waarvan de ene zegt dat er een God is, en de andere zegt dat hij niet in God gelooft, vergelijkbaar met de twee die van mening verschillen over het bestaan van eenhoorns? Wittgenstein laat zien dat dit niet het geval is.[11] En wel om deze reden, dat Gods werkelijkheid niet van eenzelfde soort is; Hij is niet een wezen onder de andere wezens. Het woord 'God' is niet de naam van een ding. Dus kan de werkelijkheid van God niet worden vastgesteld door een maatstaf die ook toepasbaar is op het andere dan God. Dit zijn echter conclusies waarvoor we argumenten moeten aanreiken.

Als ik zeg dat iets bestaat, dan is het redelijk te denken dat dat iets ook zou kunnen ophouden te bestaan. Maar gelovigen willen niet zeggen dat God zou kunnen ophouden te bestaan. Niet omdat zij denken dat God voor altijd zal blijven bestaan, maar omdat het betekenisloos is te spreken over het ophouden van het bestaan van God. En daarbij aansluitend: wij kunnen niet dezelfde soort vragen stellen over God als over dingen die ontstaan en vergaan: 'wat heeft Zijn bestaan veroorzaakt?'; 'wanneer zal Hij ophouden te bestaan?'; 'gisteren bestond Hij. En vandaag?' Een volgend punt van verschil: er zijn gelovigen die niet-geloven in

[11] Ik heb getracht een gelijkaardige conclusie te beargumenteren in *The Concept of Prayer* (Routledge & Kegan Paul, 1965). Zie aldaar hoofdstukken 1 en 2. Zie bovendien mijn 'Philosophy, Theology and the Reality of God' in *Wittgenstein and Religion*, p. 1-9.

God een verschrikkelijke zaak vinden. Maar als geloven in God gelijk staat met geloven in het bestaan van een ding, een object, dan kan men zich afvragen wat er toch zo vreselijk is aan het beweren dat het ding in kwestie niet bestaat. Of nog, men zou er zich over kunnen verbazen dat er zoveel herrie is over dit soort zaken, gezien gelovigen hoe dan ook alleen maar *geloven* dat deze dingen waar zijn. We zouden kunnen zeggen, zoals we gewoonlijk doen in zo'n geval, 'Je gelooft het alleen maar – en dan?... '[12] Maar is dit de manier waarop het woord 'geloof' gebruikt wordt in religieuze contexten? Is het niet vreemd om van religieuze mensen te zeggen dat zij 'alleen maar geloven' dat er een God is?

Wat is de reactie van filosofen nu op de vermelding van deze verschilpunten? Zij zijn zich van deze verschillen terdege bewust. Sterker, we worden er periodiek door de kwartaaltijdschriften aan herinnerd hoeveel het er zijn. Maar de meeste filosofen die over dit onderwerp schrijven zien deze verschillen als een aanwijzing dat om één of andere reden ernstige vergissingen zijn begaan namens de religie. Heeft men de verschillen eenmaal geclasseerd als blunders, dan wordt aangenomen dat, wat soms 'logische eigenaardigheden' van het religieuze discours worden genoemd, afwijkingen zijn of verdraaiingen van de vertrouwde niet-religieuze manieren van spreken. Aldus wordt de werkelijkheid van God onderworpen aan bredere criteria van intelligibiliteit. Zoals de vernoemde hypothesen over de afstand van de zon tot de aarde, winstmarges, of het bestaan van eenhoorns, worden geloofsovertuigingen geacht een relatieve werkelijkheid te hebben, – d.w.z. de werkelijkheid van een hypothese die gebonden is aan de criteria waarlangs ze wordt getoetst. In het geval van religieuze overtuigingen zegt men dan dat, eens ze in verband worden gebracht met relevante beoordelingscriteria, duidelijk wordt aangetoond dat ze vergissingen zijn, verkeerde voorstellingen, illusies of dwalingen. Als ik Wittgenstein goed begrijp, zegt hij dat deze conclusie althans gedeeltelijk voortkomt uit een diep filosofisch vooroordeel. Eén aspect van dit vooroordeel is een

[12] De voorbeelden zijn van Wittgenstein. Zie *Lectures and Conversations*, pp. 59-60.

hunker naar algemeenheid, een vasthouden aan de stelling dat een zet die als inzichtelijk wordt ervaren in één context, ook een inzichtelijke zet moet zijn in alle contexten. Men blijft erop insisteren – om terug te grijpen op onze voorbeelden – dat het gebruik van woorden als 'bestaan' en 'geloof' gelijk blijft in alle contexten; men blijft blind voor het feit dat hierdoor één enkele gebruiksmogelijkheid van deze woorden onrechtmatig verheven wordt tot paradigma voor *elk* gebruik ervan. Wittgenstein toont in zijn opmerkingen over religieuze overtuigingen waarom er goede redenen zijn om met de verschillen in gebruik van woorden als 'geloof' en 'bestaan' rekening te houden, en te weerstaan aan de drang naar generalisatie.

Eén van de manieren van veralgemenen die ernstige implicaties heeft en tot een hoop misverstanden in filosofische discussies over religie leidt, is de opvatting dat niets geloofwaardig is tenzij er bewijzen of gronden zijn voor dat geloof. Uiteraard zijn in het geval van bepaalde religieuze overtuigingen argumenten en bewijsmateriaal relevant, bijvoorbeeld wanneer het gaat om het geloof in de authenticiteit van een heilig relikwie. Maar men kan niet concluderen dat het zinvol is te vragen naar het bewijs of de grond van elke religieuze overtuiging. Zo heeft Wittgenstein het bijvoorbeeld over het geloof in het Laatste Oordeel. Eén mogelijke houding bestaat erin, te vragen naar bewijzen of ondersteunende gronden voor het geloof in het Laatste Oordeel. Men kan zich gradaties van geloof hieromtrent voorstellen: sommigen zeggen dat ze er zeker van zijn, anderen zeggen dat er mogelijk een Laatste Oordeel zal zijn, nog anderen geloven er niet in. Maar ondanks deze verdeeldheid kunnen we toch zeggen, net als in onze eerdere voorbeelden, dat de disputanten dezelfde logica delen. Men blijkt een idee te hebben van het Laatste Oordeel als een toekomstige gebeurtenis die wel of niet zal plaatsvinden. Diegenen die er zeker van zijn dat die gebeurtenis zal plaatsvinden, diegenen die denken dat ze misschien zal plaatsvinden, en diegenen die denken dat ze niet zal plaatsvinden, bevinden zich, in logisch opzicht, allen op hetzelfde niveau. Zij spelen allen hetzelfde spel: zij uiten hun geloof, halfgeloof of ongeloof in een hypothese. Deze religieuze overtuiging wordt dus gezien als een hypothese.

Maar zijn religieuze overtuigingen altijd hypothesen? Duidelijk niet. Wittgenstein wijst erop dat het woord 'God' één van de eerste woorden is die men leert. We leren het door beelden, verhalen, de catechismus enz. Maar Wittgenstein wijst er verder ook op dat zoiets niet "dezelfde consequenties heeft als in het geval van bijvoorbeeld foto's van tantes. Mij werd niet getoond (wat de afbeelding afbeeldt)"[13]. Later illustreert Wittgenstein dit punt als volgt:

> Neem nu "God schiep de mens". Schilderingen van Michelangelo waarop de schepping van de wereld te zien is. Over het algemeen is er niets dat woordbetekenissen beter verklaart dan een afbeelding, en ik mag wel aannemen dat Michelangelo voor niemand onderdeed, en zijn uiterste best deed, met als resultaat de afbeelding van God bij de schepping van Adam. Als we het werk ooit onder ogen kregen zouden we dit zeker niet voor de Godheid aanzien. De afbeelding moet op een volkomen andere manier gebruikt worden, willen we de man met die eigenaardige doek om zich heen 'God' gaan noemen, enzovoorts. Je zou je kunnen indenken dat men met behulp van dit soort afbeeldingen godsdienstlessen gaf. "Uiteraard kunnen we ons alleen uitdrukken door middel van een afbeelding." Dit is nogal vreemd... Ik zou Moore afbeeldingen van een tropische plant kunnen tonen. Plant en afbeelding vergelijk je volgens een bepaalde techniek. Als ik hem de schildering van Michelangelo toonde, en ik zei: "Uiteraard kan ik je de zaak als zodanig niet laten zien, dit is maar een afbeelding...". Het ongerijmde is hier dat ik hem nooit geleerd heb welke techniek hij bij deze afbeelding zou moeten gebruiken.[14]

Het verschil tussen een mens die in God gelooft en een mens die dat niet doet is dus zoals het verschil tussen iemand die wel en iemand die niet in een beeld gelooft. Maar wat is geloven in een beeld? Is het zoals geloven in een hypothese? Zeker niet. Zoals Wittgenstein zegt, 'De hele *zwaarte* kan in het beeld liggen'.[15] Iemands geloof in het Laatste Oordeel kan tot uiting komen in de

[13] Ibid., p. 59.

[14] Ibid., p. 63. [L. Wittgenstein, *Colleges*. Vert. Henriët Plantenga. Boom, Meppel, 1979, p. 146-147.]

[15] Ibid., p. 72. [*Colleges*, p. 158.]

wijze waarop hij het voor de geest houdt wanneer hij belangrijke beslissingen neemt, in de wijze waarop zijn houding erdoor bepaald wordt ten opzichte van zijn ambities en mislukkingen, of ten opzichte van het geluk of de tegenslagen die hem ten deel vallen. Wanneer hij nu wijst op dergelijke kenmerken van de dingen die een religieus mens gelooft, is het Wittgenstein eigenlijk te doen om de grammatica van 'geloven' in zo'n context. Hij maakt duidelijk wat 'iets herkennen als een overtuiging' in die context betekent. Welnu, dat houdt hier geen afwegen van bewijsgronden in, geen redeneren om tot een conclusie te komen. Waar het hier op aankomt, is aan te geven hoe die geloofsovertuiging het leven van een mens bepaalt. 'Geloven speelt hier eerder de volgende rol: stel we zeiden dat een bepaald beeld me voortdurend als een soort terechtwijzing voor de geest zweeft, of dat ik er telkens aan denk. Hier zou een levensgroot verschil bestaan tussen mensen bij wie het beeld voortdurend op de voorgrond staat, en anderen, die er zonder meer geen enkel gebruik van maken'.[16] Wat dan te zeggen van diegenen die met het beeld niets aanvangen, die er niet in geloven? Is er tegenspraak tussen hen en diegenen die er wel in geloven? Wittgenstein toont dat die er niet is:

> Stel iemand is ziek en hij zegt: 'Dit is een straf', en ik zeg: 'Als ik ziek ben, denk ik helemaal niet aan straf'. Als je dan zegt, 'Geloof je het tegendeel?', dan kun je dit nog wel zo noemen, maar toch verschilt het totaal van datgene wat we daar gewoonlijk onder verstaan. Ik denk anders, op een andere manier. Ik zeg andere dingen tegen mezelf. Ik houd er andere beelden op na.
>
> Het zit ongeveer zo: als iemand zei, 'Wittgenstein, als je ziekte niet als een straf opvat, wat geloof je dan eigenlijk wel?' – Ik zou zeggen: 'Gedachten in verband met straf houd ik er hoe dan ook niet op na'.[17]

Diegenen die het beeld niet gebruiken kunnen daarom niet worden vergeleken met diegenen die niet in een hypothese geloven. In het beeld geloven betekent bijvoorbeeld, dat men er zijn vertrouwen in stelt, dat men er offers voor brengt, dat men er zijn

[16] Ibid., p. 56. [*Colleges*, p. 137].
[17] Ibid., p. 55. [*Colleges*, p. 135].

leven door laat leiden, enzovoort. Niet in het beeld geloven betekent dat het beeld geen rol speelt in iemands denken. Wittgenstein brengt het verschil tussen dit en een discussie over een hypothese zeer helder naar voren waar hij zegt, "Stel iemand was gelovig, en hij zei: 'Ik geloof in een Laatste Oordeel', en ik zei: 'Nu, daar ben ik zo zeker niet van. Dat is wel mogelijk'. Je zou zeggen dat er een diepe kloof tussen ons lag. Maar als hij zei: 'Daar komt een Duits vliegtuig over', en ik zei: 'Dat is mogelijk. Ik ben er niet zo zeker van', dan zou je zeggen dat we redelijk bij elkaar in de buurt zaten."[18]

Overtuigingen, zoals het geloof in een Laatste Oordeel, zijn geen hypothesen die men kan toetsen, maar gelden voor gelovigen absoluut, in die zin dat een groot deel van hun denken erdoor beheerst wordt en bepaald. Die absolute overtuigingen zijn de criteria voor beoordeling, niet het object van beoordeling. Deze overtuigingen behandelen als hypothesen die wel of niet waar zijn, is hun karakter vervalsen. Zoals Wittgenstein zegt: "De kwestie is dat van de hele zaak in feite niets zou overblijven, als er wel bewijsmateriaal was"[19]. De moeilijkheid ligt erin te begrijpen wat bedoeld kan zijn, wanneer gezegd wordt dat absolute religieuze overtuigingen vergissingen of radicaal fout zouden blijken te zijn. Zoals Wittgenstein aangeeft, "Of iets al dan niet een fout is – iets is een fout binnen een bepaald systeem. Evengoed als iets in één bepaald spel wel een fout is, en in een ander niet."[20] Sommige fouten kunnen nogal fundamenteel zijn. Andere kunnen elementair zijn. We kunnen zien wat er verkeerd gegaan is als iemand die gevraagd werd de reeks 2, 4, 6, 8, 10,... op dezelfde manier verder te zetten, deze reeks gewoon herhaalt. Maar, zegt Wittgenstein, "Als je plotseling getallen op het bord begon te schrijven, en vervolgens zei: 'Nu ga ik optellen', en je zei dan: '2 en 21 is 13', enz., dan zou ik zeggen: 'Dit noem ik geen fout meer'."[21] We zeggen dan niet dat

[18] Ibid., p. 53. [*Colleges*, p. 132-133].
[19] Ibid., p. 56. [*Colleges*, p.136].
[20] Ibid., p. 59.[*Colleges*, p. 140].
[21] Ibid., p. 62. [*Colleges*, p. 145].

deze persoon een fout heeft gemaakt bij het optellen. We zeggen dan dat hij helemaal niet aan het optellen is. We zeggen dat hij aan het gekscheren is, of dat hij gewoon gek is. Vergelijk dit nu met de stelling dat het bewijsmateriaal ten gunste van religieuze overtuigingen zeer ontoereikend is. Wittgenstein neemt het voorbeeld van iemand die droomt van het Laatste Oordeel, en dan zegt dat hij weet hoe dat zal zijn.[22] Als we hierover op dezelfde manier denken als over pogingen om het weer van volgende week te voorspellen, dan is het raar de droom als ontoereikend bewijs te beschouwen. "Wanneer je het vergelijkt met al datgene wat we in de wetenschap onder bewijsmateriaal verstaan, dan kun je onmogelijk aannemen dat iemand in volle ernst zou beweren: 'Kijk, ik had de volgende droom... derhalve... Laatste Oordeel'. Misschien zou je zeggen: 'Voor een fout is dit veel te grotesk'."[23] Zoals in het vorige voorbeeld zou je andere verklaringen kunnen zoeken. Je zou kunnen zeggen dat die gelovige een grapje maakt, of dat hij gek is. Maar dit brengt ons precies bij de kern van twijfel waar ik het bij het begin over had. Hoe kunnen we weten dat religieuze praktijken geen vormen zijn van vermomde nonsens die, om een of andere reden, door gelovigen niet als zodanig worden herkend? Deze vraag brengt ons bij het sluitstuk van mijn betoog.

III

Tot nu toe heb ik benadrukt hoe bepaalde filosofen, – die teruggeschrokken voor de gevolgen van de beschrijving van religieuze overtuigingen als aparte taalspelen –, op het belang van religieuze overtuigingen hebben proberen te wijzen ongeveer op de manier waarop men uitmaakt dat een bepaalde handelwijze aangewezen is. Of ze hebben de rationaliteit van religieuze overtuigingen aannemelijk willen maken door het bestaan van God op te vatten als een conclusie die bereikt wordt onder verwijzing naar criteria, die het

[22] Zie ibid. p. 61. [*Colleges*, p. 145].
[23] Ibid., p. 61-2. [*Colleges*, p. 145].

bestaan van God maken tot één instantie onder de vele waarop zij van toepassing zijn. Zulke pogingen, zo heb ik geargumenteerd, vervalsen het absolute karakter van vele religieuze overtuigingen en waarden.

Men zou hiertegen kunnen inbrengen dat gelovigen, in mijn visie, kunnen zeggen wat ze willen. Die reactie wordt nog sterker uitgelokt wanneer filosofen het hebben over taalspelen die hun eigen criteria van inzichtelijkheid in zich bevatten, en zeggen dat het onmogelijk is één taalspel voor oninzichtelijk te verklaren vanuit criteria van inzichtelijkheid die in een ander taalspel thuishoren. Het is hoe dan ook belangrijk mijn zienswijze niet te verwarren met een andere, die er oppervlakkige gelijkenissen mee vertoont. De positie die ik bedoel werd ooit naar voren gebracht door T.H. McPherson: "Religie behoort tot de sfeer van het onzegbare, dus hoeft het niet te verbazen dat er in de theologie veel nonsens, d.w.z. vele absurditeiten voorkomen; dit is het natuurlijke gevolg van de poging vele soorten onuitdrukbare 'ervaringen' onder woorden te brengen – en te bediscussiëren –, en allerlei zaken over God te zeggen"[24]. J.A. Passmore geeft hierbij volgend commentaar: "Het probleem met deze gedachtengang, opgezet als verdediging van de religie, is dat hij de religie enkel 'redt' door ondertussen de deur wijd open te zetten voor om het even welke soort van transcendentale metafysica – en zelfs voor bijgeloof en klinkklare onzin."[25] Eén verschil tussen de visie op religieuze overtuigingen als onderscheiden taalspelen en McPhersons gedachte is, dat er in de eerste geen sprake is van het onbegrijpelijke. Integendeel, binnen religieuze praktijken zullen er criteria zijn voor wat kan en wat niet kan gezegd worden. Het is dus mogelijk dat een gelovige 'fout zit' binnen zijn religie. Maar deze opmerking zal de critici geen voldoening geven, gezien zij kunnen argumenteren dat een stel onzinnige regels toch een interne consistentie kunnen bezitten. Mensen kunnen onzinnige regels volgen, – en er dus ook tegen zondigen.

[24] T.H. McPherson, 'Religion as the Inexpressible', in *New Essays in Philosophical Theology* ed. A. Flew en A. MacIntyre (SCM Press, 1955) p. 142.

[25] J.A. Passmore, 'Christianity and Positivism' in *Australian Journal of Philosophy* XXXV (1957), p. 128.

Op deze manier kunnen zij in de fout gaan. Maar de mogelijkheid om juist dan wel fout te zitten kan uit zichzelf niet volstaan om een stel irrelevante regels relevant te maken. Beweren dat religieuze overtuigingen onderscheiden taalspelen vormen met regels die door hun adepten al dan niet gevolgd kunnen worden, geeft er dus op zich geen uitsluitsel over of die regels enige relevantie hebben.

Ik denk dat de twijfels die ik geschetst heb gerechtvaardigd zijn. Ze wijzen op een spanning in de analogie tussen religieuze overtuigingen en spelen. De zin van religieuze overtuigingen – waarom mensen ze überhaupt zouden koesteren zoals ze dat doen – kan niet zonder meer worden blootgelegd door onderscheid te maken tussen religieuze overtuigingen en andere domeinen van het menselijk bestaan. Ik bedoel dat het belang van religie in een mensenleven niet kan worden begrepen enkel en alleen door religie af te grenzen van andere levensmodaliteiten, hoewel er, zoals we gezien hebben, op deze manier belangrijke onderscheidingen kunnen worden gemaakt. Elders schreef ik al dat religie, indien opgevat als afgesneden van andere vormen van sociaal leven, onmogelijk dat belang zou kunnen hebben dat ze in feite heeft, maar ik realiseerde me de volledige implicaties van deze observatie niet.[26] Rush Rhees' belangrijke artikel "Wittgenstein's Builders" heeft me geholpen om deze implicaties klaarder te zien.[27]

In de *Tractatus* leert Wittgenstein dat alle proposities, gewoon doordat ze proposities zijn, een algemene vorm moeten hebben. Rhees zegt dat Wittgenstein, hoewel hij in de *Investigations* de notie van 'alle proposities' had opgegeven, zeer zeker nog geïnteresseerd was in menselijke taal en in wat het betekent deel te hebben aan een gemeenschappelijke taal:

> Wanneer hij zegt dat om het even welke taal een familie van taalspelen is, en dat om het even welk van die taalspelen een volledige taal

[26] Maar zie 'Wittgenstein's Full Stop' en 'Primitive Reactions and the Reactions of Primitives' in *Wittgenstein and Religion*, p. 79-102, resp. 103-122.

[27] R. Rhees, 'Wittgensteins Builders', *Proceedings of the Aristotelian Society* 1959-60; herdrukt in *Ludwig Wittgenstein: the Man and his Philosophy*, ed. K.T. Fann (Delta Books, 1967) en R. Rhees, *Discussions of Wittgenstein* (Routledge & Kegan Paul, 1970).

> op zichzelf zou kunnen zijn, dan spreekt hij er zich niet over uit of mensen die aan verschillende van zulke spelen deelnemen in elk van deze spelen dezelfde taal spreken. Ja, ik vraag mij af hoe zij, in deze visie, *ooit* wel een taal zouden spreken.[28]

Wat bedoelt Rhees hiermee? Eén belangrijke reden voor zijn opmerking is, zoals hij zegt, dat Wittgenstein eigenlijk aanneemt dat in de verschillende taalspelen dezelfde taal gesproken wordt. Maar als dit zo is, dan kan de identiteit of eenheid van die taal niet uitgelegd worden in termen van de manier waarop al die *afzonderlijke* taalspelen worden gespeeld. Het probleem wordt acuut wanneer Wittgenstein zegt dat elk taalspel op zich een volledige taal zou kunnen zijn. Eén reden waarom Wittgenstein zegt dat elk taalspel volledig is, is dat hij ons van de veronderstelling wil afhelpen dat alle proposities een algemene vorm hebben. De verschillende taalspelen vormen samen niet één groot spel. Dit is voornamelijk wat ik in het vorige in verband met religieuze taalspelen heb willen beklemtonen, maar dit geeft dan weer aanleiding tot nieuwe problemen. De verschillende spelen vormen samen geen spel, en toch wil Wittgenstein gezegd hebben dat een taal, eenzelfde taal, een familie van taalspelen *is* – d.w.z. dat dit het soort eenheid is dat een taal heeft. Dit is het punt waarop een spanning optreedt in de analogie tussen taal en een spel.

In het voorbeeld van de bouwvakkers aan het begin van de *Investigations* zegt Wittgenstein dat de taal van bevel en respons, – één man roept 'steen!' en een andere man brengt er een -, voor een gegeven volksstam de gehele taal zou kunnen zijn. Rhees zegt: "Maar ik denk dat er hier iets fout is. Het probleem is niet ons een volk voor te stellen met zulk een beperkt vocabularium. Het probleem is ons voor te stellen dat zij de taal alleen maar zouden spreken om deze speciale bevelen voor dit soort werk te geven, en dat ze voor het overige in het geheel niet zouden spreken. Ik denk niet dat dit het spreken van een taal genoemd kan worden."[29]

[28] Ibid., p. 253.
[29] Ibid., p. 256.

Zoals Rhees aangeeft, stelt Wittgenstein zich voor dat de kinderen van deze stam de kreten aangeleerd krijgen door de volwassenen. Maar dergelijk leerproces zou geen deel uitmaken van de techniek van bevel en respons in het eigenlijke werk. En naar we mogen aannemen, gaan de mannen naar huis en praten ze soms met hun familie over hun werk. Soms is het nodig kwesties te bespreken die zich voordoen in de uitvoering van de werkzaamheden. Dit soort zaken maken evenmin deel uit van zo'n techniek. Wat Wittgenstein beschrijft, stelt Rhees, lijkt eerder op een spel met bouwstenen en de correcte reacties op signalen dan op mensen die echt een huis bouwen. Rhees beklemtoont hier dat een taal leren niet gelijkgesteld kan worden met leren wat in het algemeen te doen valt: "Het heeft meer te maken met wat een zinnig antwoord of een zinnige vraag is, of welke pointe een opmerking kan hebben in samenhang met een andere opmerking."[30] De betekenis van de uitdrukkingen van de bouwvakkers kan niet geheel in dat ene werk opgaan. Wij zouden niet in staat zijn de betekenis van uitdrukkingen te vatten, het impact van één uitdrukking op een andere te zien, of aan te voelen waarom iets wel hier maar niet daar gezegd kan worden, indien uitdrukkingen niet verbonden waren met contexten die verschillen van deze waarin we ze nu in feite gebruiken. Wanneer een kind het verschil begint te leren tussen zinvol spreken en een nonsensicale reeks van woorden, zegt Rhees, dan

> is dit niet iets is wat je het kan leren door enige vorm van training, zoals je het misschien wel de namen van objecten zou kunnen aanleren. Ik denk dat het kind dit voornamelijk begint te vatten door de wijze waarop de gezinsleden tot hem spreken en hem antwoord geven. Op deze manier krijgt het een idee van hoe opmerkingen met elkaar verband kunnen houden, en hoe datgene wat mensen elkaar zeggen zin heeft. In ieder geval is het niet zoals het leren van de betekenis van deze of gene uitdrukking. Wanneer het kind het vermogen bezit om te spreken, dan is dit niet gelijk te stellen met het vermogen om een particuliere uitdrukking (of verzameling uitdrukkingen) te gebruiken, ofschoon het dat natuurlijk insluit.[31]

[30] Ibid., p. 260.
[31] Ibid., p. 262.

Wat Rhees zegt over de bouwvakkers kan ook gezegd worden van gelovigen. Als bevel en respons van de bouwvakkers afgesneden worden van alles wat buiten de techniek van het werk ligt, dan zijn we eerder aan het spreken over een spel met bouwstenen, een systeem van respons op tekens, dan over het bouwen van een echt huis. Net zo is het is wanneer we denken aan de religieuze praktijk als afgesneden van alles wat buiten de vormelijkheden van de religieuze praktijk ligt. Dan houdt het allemaal op religieuze praktijk te zijn en wordt het een esoterisch spel. Wat is het verschil tussen een repetitie voor een eredienst en die eredienst zelf? Het antwoord kan niet liggen op het vlak van de respons op tekens, gezien de respons op de tekens tijdens de repetitie geheel correct kan zijn. Het verschil heeft te maken met de zin die het gebeuren heeft in het leven van de gelovigen, de relevantie die het heeft voor andere aspecten van hun leven. Religie heeft iets te zeggen over aspecten van het menselijk bestaan die begrijpelijk zijn vóór elke referentie naar de religie: geboorte, dood, vreugde, ellende, hoop, wanhoop, gelukkige en ongelukkige lotgevallen. Het verband tussen deze dingen en religie is geen contingent verband. Heel wat religieuze overtuigingen zouden niet zijn wat ze zijn zonder al deze zaken. De kracht van religieuze overtuigingen hangt ten dele af van wat buiten de religie staat. Neem bijvoorbeeld Jezus' woorden, 'Niet zoals de wereld geeft, geef ik u.' Hier is de kracht van het contrast tussen de leer van Jezus en het wereldlijke afhankelijk – wat logisch is – van de beide polen van het contrast. Men kan de wijze waarop Jezus geeft niet begrijpen tenzij men ook de wijze begrijpt waarop de wereld geeft. Het is dus verre van waar dat religieuze overtuigingen opgevat kunnen worden als afzonderlijke taalspelen, afgesneden van alle andere levensvormen: integendeel, religieuze overtuigingen kunnen helemaal niet begrepen worden tenzij door rekening te houden met hun relatie tot andere levensvormen. Stel dat iemand hiertegen zou inbrengen, 'Neen: waar het op aankomt, is de religieuze taal te begrijpen'; wat zou men daarvan moeten denken? Zo'n opmerking zou je onvermijdelijk doen denken aan diegenen die menen dat alles in orde is, indien we maar een aanvaardbare liturgie uitdenken – een stuk leeg estheticisme. Religie zou dan letterlijk als een spel beschreven kunnen worden, een afgelijnde reeks regels met alsmaar meer verfijningen in hun interpretatie en uitvoering. Het zou onmogelijk zijn een onderscheid te maken tussen echte en geveinsde eredienst. Zolang zetten en tegenzetten in het liturgische spel maar correct zijn, kan er niets op aangemerkt worden. Eigenlijk hebben we zo beschreven wat religieuze praktijken vaak echt worden voor diegenen voor wie ze hun betekenis verloren hebben: een charmant spel dat in een welkom contrast staat met de dagelijkse sleur, maar dat geen relevantie heeft tot wat dan ook buiten de poorten van de kerk. Ik neem aan dat pater Sergius meer wist over religieuze taal en de vormelijkheden van de cultus dan Pashenka. Zij was zodanig in beslag genomen door haar dagelijkse werk, het schoon houden van de kerk, dat ze nooit de tijd had om zelf de Bijbel te lezen of de eredienst bij te wonen. Maar haar devotie, haar opoffering en nederigheid waren zo groot dat ze Sergius ertoe brachten te zeggen dat zij leefde voor God en zich inbeeldde dat zij leefde voor de mensen, terwijl hij, ondergedompeld in religieuze rite en taal, leefde voor de mensen en zich inbeeldde dat hij leefde voor God.

Religie moet de wereld ernstig nemen. Ik heb geargumenteerd dat religieuze reacties op uiteenlopende situaties niet kunnen worden ingeschat op grond van externe criteria van adequaatheid. Anderzijds mogen de verbanden tussen religieuze overtuigingen en dergelijke situaties niet te bizar zijn. Dit spreekt geenszins de eerder gegeven argumenten tegen, want, of de verbanden bizar zijn wordt beslist door criteria die niet ter discussie staan. Sommige gelovigen bijvoorbeeld proberen de realiteit van het lijden weg te redeneren, of proberen te zeggen dat alle lijden een doel heeft. Als zij zo spreken, kan men hen verwijten het lijden niet ernstig te nemen. Ook wanneer gelovigen over de dood spreken als over een langdurige slaap, dan zou men hen kunnen verwijten de dood niet ernstig te nemen. Wat in deze voorbeelden gezegd wordt over lijden en dood, kan beoordeeld worden in termen van wat we reeds geloven en weten over deze zaken. Dit soort religieuze respons is fantasmatisch omdat hij geen rekening houdt met wat we reeds weten (of het verkeerd weergeeft). Wat hier gezegd wordt, valt onder een standaard van beoordeling waarmee we reeds vertrouwd zijn. Wanneer wat gezegd wordt door gelovigen in tegenspraak is met de feiten, of een aanfluiting vormt van wat we zonder meer zien als een stand van zaken, kan een beroep op het feit dat het in naam van de religie werd gezegd nooit een rechtvaardiging zijn of een alibi voor de tegenspraak of de miskenning.

Bovendien moeten de verbanden tussen religieuze overtuigingen en de wereld beklemtoond worden, niet alleen om de kracht van deze overtuigingen te kennen te geven, maar ook om de aard van de moeilijkheden te kunnen bespreken waartoe deze overtuigingen vaak aanleiding geven. Indien religieuze overtuigingen aparte taalspelen waren, afgesneden van alles wat niet in formele zin religieus is, hoe zouden de typische moeilijkheden die we met religieuze overtuigingen verbonden weten dan ooit kunnen voorkomen? De enige moeilijkheden die zich dan zouden kunnen voordoen, zijn moeilijkheden die verwant zijn aan deze die optreden bij het bemeesteren van een complexe techniek. Maar dit is niet het soort moeilijkheden die zich voordoen in verband met religieuze overtuigingen. Is niet het *streven* zelf naar geloof een belangrijk kenmerk van religieus geloof? En waarom is dit zo?

Nemen we bijvoorbeeld de moeilijkheden die voortkomen uit een spanning tussen het geloof van een gelovige en zijn verlangens. Hij vindt het misschien moeilijk om zijn trots te overwinnen, zijn afgunst, zijn begeerten. Maar deze moeilijkheden kunnen niet begrepen worden, tenzij ernstig in overweging wordt genomen wat daar allemaal bij komt kijken – bij trots, afgunst, begeerte. En evenmin kunnen de positieve deugden worden begrepen zonder verwijzing naar de ondeugden waarmee ze contrasteren.

Bekijken we nu ook moeilijkheden van een andere soort, geen moeilijkheden in vasthoudendheid aan het geloof in het aanschijn van beproevingen, maar problemen met geloven zelf. Het probleem van het kwaad is hiervan het bekendste.[32] Stel dat je iemand de betekenis hebt horen uitleggen van het aanvaarden van een tragisch

[32] Zie mijn 'On Not Understanding God', in *Wittgenstein and Religion*, p. 153-170.

gebeuren als Gods wil. Hij heeft misschien uitgelegd wat Jezus bedoelde toen Hij zei dat een mens bereid moet zijn zijn vader en moeder te verlaten om Zijnentwil; hij was misschien aan het vertellen dat dit niet betekent dat kinderen hun ouders in de steek moeten laten. Wat Jezus wilde tonen, zo zou hij kunnen zeggen, is dat voor een gelovige de dood van een geliefde het leven niet zinloos moet maken. Als dit wel het geval zou zijn, dan had hij aan die geliefde persoon een plaats in zijn leven gegeven die alleen aan God toekomt. De gelovige moet in staat zijn zijn vader en moeder te verlaten – d.w.z. het afscheid van hen onder ogen te zien – en toch nog in staat zijn de zin van zijn leven in God te vinden. Luisterend naar deze uiteenzetting zou men er de eigen geloofsovertuiging in kunnen herkennen. Maar dan word je plots geconfronteerd met de dood van je eigen kind. Je realiseert je dat je de geloofsovertuigingen die je de jouwe had genoemd niet in de praktijk kan brengen, er geen sterkte of troost in kan vinden. Het met niets te rijmen overlijden van je eigen kind maakt spreken over Gods liefde zinloos voor jou. Je zou erin willen geloven, maar je kan gewoon niet. Dit komt niet doordat een voorgestelde hypothese of een uitgeteste theorie ontoereikend werden bevonden. Dichter bij de waarheid komt men, wanneer men zegt dat iemand er niet toe kan komen op een bepaalde manier te reageren; een bepaald beeld van de situatie vindt geen aansluiting bij hem. Hoe dan ook, wat ik in het licht wil stellen, is dat de draagwijdte van zo'n moeilijkheid ons ontsnapt zolang men het tragische niet tenvolle ernstig neemt. Was de religie een esoterisch spel, hoe zou die tragiek er dan enig verschil voor kunnen maken? Hoe zou de tragiek dan een probleem stellen voor het geloof of het op de proef kunnen stellen?

Uit al deze voorbeelden blijkt dat betekenis en kracht van religieuze overtuigingen voor een groot deel afhankelijk zijn van de relatie van deze overtuigingen tot niet-religieuze aspecten van het menselijk bestaan. Zonder deze afhankelijkheid kan religie niet het belang hebben dat ze heeft in het leven van mensen. In het besef van deze belangrijke inzichten krijgen de filosofische bezwaren tegen het spreken over religieuze overtuigingen als aparte taalspelen hun partiële rechtvaardiging. Maar er is een verwarring in deze bezwaren, als gevolg van het feit dat verkeerde conclusies getrokken worden uit belangrijke waarheden. Filosofen hebben – terecht – ingezien dat de betekenis van religieuze overtuigingen ten dele afhankelijk is van aspecten van het menselijk leven buiten het religieuze. Zij concluderen – ten onrechte – dat de erkenning van deze afhankelijkheid in strijd zou zijn met de stelling dat religieuze overtuigingen onderscheiden taalspelen konstitueren. Tot deze conclusie komen zij *enkel door aan te nemen dat de relatie tussen religieuze overtuigingen en niet-religieuze feiten een relatie is tussen wat gerechtvaardigd wordt en de rechtvaardiging ervan, of tussen een conclusie en de gronden ervoor*. Dit is een verreikende verwarring. Zeggen dat de betekenis van religieuze overtuigingen gedeeltelijk afhangt van niet-religieuze feiten is niet hetzelfde als zeggen dat deze overtuigingen gerechtvaardigd worden door, of kunnen afgeleid worden uit de feiten in kwestie.

De belangrijkste punten die ik in deze studie naar voor heb willen brengen zet ik op een rij aan de hand van enkele voorbeelden.

Een bokser maakt een kruisteken vóór de wedstrijd; een moeder plaatst een bloemenkrans bij een beeld van de Maagd Maria; ouders bidden voor hun kind dat ze verloren bij een schipbreuk. Gaat het hier om religieuze handelingen of gaat het om misvattingen? Het antwoord op die vraag wordt bepaald door alles wat rond het gebeuren hangt, door wat de betrokkenen over hun daden zeggen, wat hun verwachtingen zijn, wat – eventueel – de activiteit haar betekenis zou ontnemen, enzovoort. Denkt de bokser dat degene die een kruisteken maakt vóór een wedstrijd, niets meer kan overkomen? Denkt de moeder dat de bloemenkrans haar voordeel zal brengen? Geloven ouders dat alle oprechte gebeden voor de redding van hun kind dat kind zal redden? Antwoordt men op deze vragen bevestigend, dan worden de overtuigingen waar het over gaat hypothesen die men kan toetsen. In feite zullen het dan misvattingen blijken, dwalingen met betrekking tot causale connecties van een bepaalde soort. We kunnen dan zeggen dat de betrokkenen fout denken, en hiermee bedoelen we dat zij in tegenspraak komen met dingen die geweten zijn. De acten in kwestie worden dan geclasseerd binnen een systeem waar theorie, herhaalbaarheid, verklarende kracht enz. de beslissende factoren zijn, en dan blijken ze uiteraard tekort te schieten, ontmaskerd te worden als blunders. Maar zou het niet kunnen dat die acten een andersoortige betekenis hebben? Misschien is het kruisteken van de bokser een manier om aan zijn optreden een opdracht mee te geven, daarmee uiting gevend aan de hoop dat het datgene waarin hij gelooft waardig zal zijn, of iets van die aard. De moeder celebreert wellicht de geboorte van haar kind als een godsgeschenk, en zegt hiervoor dank, en gaat op in de beschouwing van de deugden van het moederschap zoals die te vinden zijn in de moeder van Jezus. De ouders willen hun verlangens misschien kenbaar maken aan God, in die zin dat zij die verlangens – en datgene waaruit ze voortspruiten – in het teken willen stellen van Zijn aanwezigheid. De betrokken overtuigingen zijn geen hypothesen die men kan toetsen, maar manieren om op zulke situaties te reageren en ermee om te gaan. Zij zijn uitdrukkingen van geloof en vertrouwen. Niet omgaan met deze geloofsobjecten; geen tijd maken voor dit soort respons betekent: niet geloven. Bijzonder belangrijk is het onderscheid tussen religieuze overtuigingen en bijgeloof. Ik wil het onderstrepen door één van de bovenvermelde voorbeelden meer in detail te bekijken.

Hernemen we het voorbeeld van twee moeders die de Maagd Maria om bescherming vragen voor hun pasgeborenen. Tylor zou zeggen dat dit een voorbeeld is van 'een blind geloof in processen die totaal irrelevant zijn voor wat verondersteld wordt eruit te resulteren'.[33] Mijn stelling is dat een dergelijke beschrijving de vraag omzeilt naar wat in deze context bedoeld wordt met 'geloof', 'processen', 'relevantie' en 'resultaten'. Voor Tylor zou het veronderstelde resultaat het toekomstige materiële welzijn van het kind zijn, terwijl de irrelevante processen zouden zijn: de opdracht van het kind bij een beeld van de Maagd Maria, evenals de connecties die aanwezig geacht worden tussen dit laatste gebeuren en het toekomstige geluk van het kind. Hoe nu de irrelevantie aantonen? Het antwoord lijkt eenvoudig te zijn. Alles wat nodig is, is een vergelijking tussen het materiële welzijn van degenen voor wie men als

[33] *Primitive Culture,* I, p. 133.

baby de zegen van de Maagd Maria heeft gevraagd, en het materiële welzijn van degenen voor wie dat niet gebeurd is. De resultaten zullen dan statistisch willekeurig blijken te zijn. Dit herinnert aan de suggestie dat de efficiëntie van gebed aangetoond zou kunnen worden door het observeren van twee patiënten die aan dezelfde ziekte lijden, en van wie de ene medisch behandeld wordt terwijl voor de ander alleen wordt gebeden. De idee lijkt te zijn dat gebed een manier is om dingen gedaan te krijgen die in concurrentie staat met andere manieren om dingen gedaan te krijgen, en dat de superioriteit van de ene manier boven de andere experimenteel aan te tonen zou vallen. Nu ontken ik natuurlijk niet dat een moeder die haar baby naar de Maagd Maria brengt, het soort van verwachtingen zou kunnen hebben die Tylor toeschrijft aan *elke* moeder die bij de Maagd bescherming vraagt voor haar baby. En ik ben het ermee eens dat, als dit haar verwachtingen zouden zijn, haar handeling er één van bijgeloof zou zijn. Wat karakteriseert de bijgelovige handeling in deze context? Vooreerst is er het geloof in niet bestaande, quasi causale connecties: het geloof dat iemand, die lang geleden gestorven is, Maria geheten, in staat is, als zij dat wil, de levensloop van een individu te bepalen, hem te beschermen, zijn ondernemingen te doen slagen, enzovoort. Ten tweede, de Maagd Maria wordt gezien als een middel voor doeleinden met een eigen logica buiten elke referentie naar haar om: bescherming, succes, en dies meer. Met andere woorden, de eerbetuiging aan Maria is niet *in se* belangrijk; zij wordt gereduceerd tot de status van geluksbrenger, een amulet. Wat men *zegt* tot de Maagd Maria maakt niets uit. Maar met dit laatste zou niet iedereen akkoord gaan. Is dat geen nonsens? Wat men tegen haar zegt maakt toch al het verschil van de wereld! Wie haar vereert, wordt gezegend met geluk, wie haar verwenst, wordt vervloekt met ongeluk. Maar precies om deze reden maakt datgene wat men zegt tot de Maagd, geen verschil uit. *Het is nu eenmaal zo*, dat bescherming tegen lichamelijk letsel, succes in ondernemingen, verzekerd worden op deze wijze; maar de wijze waarop heeft alleen maar belang voor zover ze deze dingen verzekeren. Konden ze makkelijker of rijkelijker bereikt worden langs een andere weg, dan zou die andere weg worden gevolgd. Wat gezegd wordt is enkel belangrijk zolang het leidt tot het gewenste doel, *een doel dat begrepen kan worden onafhankelijk van wat er gezegd werd.* In deze visie zou de geldigheid of ongeldigheid van een act zoals de opdracht van een kind aan Maria kunnen gemeten worden aan toekomstige consequenties ervan.

Maar waarom is het een verwarring te menen dat *alle* acten van Mariaverering op zo'n manier begrepen kunnen worden? Het antwoord is: omdat het religieuze karakter van de eerbetuiging aan Maria volledig over het hoofd wordt gezien. Beter gezegd, er wordt aangenomen dat het religieuze karakter ervan reduceerbaar is tot de efficaciteit ervan *als één werkwijze onder vele* voor het bereiken van bepaalde doeleinden. Zoals ik al zei, een kind bij een beeld van de Maagd Maria brengen kan bijgeloof zijn, maar het kan ook iets anders zijn. Een moeder kan haar pasgeboren baby bij de moeder van Jezus brengen in een act van verering en dankzegging; één moeder begroet een andere bij de geboorte van een kind. Gekoppeld aan deze act van begroeting zijn een aantal aanverwante overtuigingen en houdingen: verwondering en dankbaarheid bij de aanblik van nieuw leven, nederigheid omdat men het middel is waardoor een kind op de wereld wordt gezet, en, in dit geval, erkenning van het leven als Godsgeschenk – alle leven is gegeven. Maar wat met de bescherming die men zoekt voor het kind? Beslissend is het inzicht dat de bescherming begrepen moet worden in het kader van die overtuigingen en attitudes. De genoemde deugden en attitudes zijn alle besloten in de persoon van Maria, moeder van Christus. Voor de gelovige is zij het paradigma van deze deugden en attitudes. Zij maken haar heiligheid uit. Wanneer nu haar bescherming wordt gezocht, is die bescherming de oriëntatie op die heiligheid: de moeder zoekt het leven van het kind georiënteerd te zien aan deze deugden. De eerste act die erop gericht is die oriëntatie te vinden, is de opdracht van het kind aan Maria. Dit is wat de gelovige 'haar zegen' zou noemen.

Het verschil tussen de twee situaties die ik tegenover mekaar heb willen plaatsen zou nu duidelijk moeten zijn. In het eerste geval is het de effectieve bescherming die bepaalt of het brengen van het kind bij de Maagd en haar vermeende heiligheid, doeltreffend zijn geweest of niet. In het andere geval is het de heiligheid van de Maagd die bepaalt welke de aard is van de bescherming. In Tylors verhaal is het niet nodig te verwijzen naar de religieuze betekenis die Maria voor gelovigen heeft. Maar in de zienswijze die ik naar voor breng, kan men de vraag om zegening zonder die verwijzing niet begrijpen, en kan men de zegen niet zien als één manier – onder de vele – om eenzelfde resultaat te bekomen.

De bovenstaande opmerkingen kunnen worden toegepast op één van Tylors eigen voorbeelden. Tylor gelooft dat de ziel migreert, 'in staat het lichaam ver achter zich te laten om gezwind van de ene plaats naar de andere te flitsen'.[34] Bij verschillende volkeren vindt hij het geloof in de ziel als adem of geest:

> Als sommigen zouden denken dat deze uitdrukking niet meer is dan metafoor, dan moeten zij maar eens de sterkte van het impliciete verband tussen adem en geest nagaan aan de hand van voorbeelden met de meest ondubbelzinnige betekenis. Wanneer bij de Seminolen in Florida een vrouw stierf in het kraambed, werd het kind boven haar gezicht gehouden om haar scheidende geest op te vangen, en zodoende kracht en kennis op te doen voor toekomstig gebruik. Deze indianen zouden zeer goed begrepen hebben waarom in het oude Rome de dichtste verwante zich over de stervende boog om diens laatste adem in te ademen ... Deze geestestoestand vindt men vandaag nog bij landbouwers in Tyrol, die zich best kunnen voorstellen dat de ziel van een goed mens bij de dood langs de mond het lichaam verlaat als een kleine witte wolk.[35]

Tylor denkt dat de betekenis van deze voorbeelden onmiskenbaar is: kracht wordt overgeheveld van het ene wezen naar het andere door middel van de overdracht van een ziel, die hij zich dan voorstelt als een niet-materiële substantie. Bemerk hoe weinig aandacht er is voor de situaties waarin deze gebeurtenissen plaatsvinden. Al wat Tylor ziet is de vermeende overheveling van pseudo-kracht door eigenaardige middelen. Stel dat we Tylor zouden

[34] Ibid., I, pp. XI, 429.
[35] Ibid., p. 433.

vragen waarom de ziel van de moeder op het kind *zou moeten* overgaan eerder dan op iemand anders, of de ziel van de Romein op zijn dichtste verwante eerder dan op een ander, dan zou hij, denk ik, antwoorden dat een dergelijke overgang werd vastgelegd in sociale regels. Hij zou zelfs kunnen zeggen dat een dergelijke overgang natuurlijk is. Maar dat ze in de natuur zou liggen komt helemaal niet naar voren in Tylors analyse. In zijn visie had de kracht via de migrerende ziel naar om het even welk wezen kunnen overgaan, maar toevallig werd vastgelegd of werd het natuurlijk geacht dat de kracht zou overgaan zoals ze overgegaan is.

Een heel ander beeld krijgen we wanneer we rekening houden met de situaties waarin de handelingen plaatsgrijpen: de verhouding tussen een stervende moeder en haar kind, de verhouding tussen een stervende man en zijn nauwste verwante. Waarom zou Tylor de symbolische handelingen in deze voorbeelden nu vreemd vinden? Een moeder heeft haar leven gegeven om haar kind op de wereld te zetten. De levensadem, het leven van de moeder, de ziel van de moeder, wordt het kind ingeblazen. In deze handeling ligt zeer zeker een grote schoonheid. Maar men kan ze niet begrijpen buiten de relatie tussen de stervende moeder en haar kind. Net zo is het met de symbolische handeling van het doorgeven van autoriteit en traditie: ze moet begrepen worden in het kader van de relatie tussen de stervende en zijn dichtste verwante. Het zou zinloos zijn te zeggen dat *om het even wie* bij deze handelingen betrokken zou kunnen zijn. Als het verkeerde kind over het gezicht van de stervende moeder zou worden gehouden, zou het vreselijke niet zijn – zoals Tylor denkt – dat de kracht werd overgedragen op een verkeerde persoon, maar dat dit kind niet een relatie met de vrouw heeft zoals haar eigen kind dat heeft: dit is niet het kind waar zij haar leven voor heeft gegeven. De liefde en opoffering die uitgedrukt wordt door de laatste ademtocht worden ontkracht als die wordt ontvangen door het verkeerde kind.

In de voorbeelden die we behandeld hebben, hebben we gezien dat religieuze of ritualistische praktijken niet konden zijn wat ze zijn, tenzij in het licht van factoren die er onafhankelijk van zijn. De interne consistentie van regels toont niet aan dat er iets zinnigs aan is: denk aan het voorbeeld van de astrologie. Om dit in te zien moet men het verband in rekening brengen tussen de praktijken en andere kenmerken van het leven dat mensen leiden. Dit soort verbanden stelt ons in staat in te zien dat astrologie bijgeloof is, en dat vele religieuze praktijken te onderscheiden zijn van bijgeloof (terwijl andere zogenaamde religieuze praktijken wel bijgelovig blijken te zijn).

Maar het belangrijkste is dat het zinloos is te vragen naar bewijzen voor de geldigheid van religieuze overtuigingen, wat zoiets ook mag betekenen. Kijken we – om te besluiten – nog eens naar het voorbeeld van de moeder die op de geboorte van haar kind reageert met een act van devotie aan Maria. Het is zeker zo dat de handeling van devotie niet zou kunnen zijn wat ze is zonder de geboorte van de baby, die er tenslotte de aanleiding toe was. Het is ook waar dat het verband tussen de religieuze handeling en de geboorte niet al te fantastisch mag zijn.[36] Er moet worden aangetoond dat dit geen bijgeloof is. Maar, eens dit alles aangestipt, komt het erop aan erop te wijzen dat de geboorte niet zoiets is als de empirische basis van waaruit de religieuze respons beoordeeld kan worden. Mensen reageren op verschillende manieren op de geboorte van een kind. Sommigen zeggen dat de geboorte van een kind altijd een reden tot vreugde is. Anderen zeggen dat de vreugde bij een geboorte afhangt van de fysieke en mentale gezondheid van het kind, of van de mogelijkheden van het gezin om goed voor het kind te kunnen zorgen. Sommigen zeggen dat men God altijd moet danken wanneer een kind geboren is. Nog anderen veroordelen dan weer de dwaasheid van diegenen die het op zich nemen een kind op een wereld als deze te zetten. Al deze reacties zijn reacties op de geboorte van een kind, en kunnen, los van het feit van de geboorte, niet betekenen wat ze betekenen. Maar daaruit volgt niet dat de verschillende reacties af te leiden zijn uit de geboorte, of dat zij conclusies zijn waarvoor de geboorte de grond is. We kunnen alleen

[36] Uiteraard kan de zaak nog gecompliceerd worden door het feit dat mensen het oneens kunnen zijn over de vraag of een gegeven 'verband' nu fantastisch is of niet.

maar zeggen dat mensen effectief op deze wijze reageren. Velen die op één bepaalde manier reageren zullen de andere reacties oppervlakkig vinden, triviaal, absurd, zinloos, of zelfs kwaadaardig. Maar de kracht van de reacties kan niet extern worden gerechtvaardigd, ze kan alleen worden getoond. Dit geldt voor religieuze reacties, voor religieuze overtuigingen die een absoluut karakter en absolute waarde hebben. De filosofie zou bepaalde misverstanden hieromtrent kunnen ophelderen. Ze zou de naïviteit kunnen aantonen van sommige objecties tegen religie, of ze zou kunnen aantonen dat sommige zogenaamde religieuze overtuigingen bijgeloof zijn. Maar filosofie is voor noch tegen religieuze overtuigingen. Nadat ze heeft getracht de grammatica van dergelijke overtuigingen te verhelderen, is haar werk gedaan. Het resultaat van een dergelijke opheldering kan zijn dat iemand vaag begint te zien dat religieuze overtuigingen niet zijn wat hij eerst dacht dat ze zijn. Hij zal er misschien niet langer bezwaar tegen hebben, zelfs als hij er toch niet in gelooft. Of iemand vindt misschien dat hij nu in staat is te geloven. Een derde zal de religie misschien nog meer haten dan vóór de filosofische opheldering. De resultaten zijn onvoorspelbaar. Maar dat is niet langer de zaak van de filosofie.

DEEL II

VERDERE VERKENNINGEN

HOOFDSTUK 4

Religieuze overtuigingen en levensvormen. Over de taak van de godsdienstfilosoof

Guido VANHEESWIJCK

Ter nagedachtenis aan mijn vader,
mijn eerste leraar in de godsdienstfilosofie

"Als we alles ondergeschikt maken aan het verstand, heeft onze godsdienst niets mysterieus en bovennatuurlijks meer. Als we ons niet aan de beginselen van het verstand houden, wordt onze godsdienst ongerijmd en belachelijk."
– Blaise Pascal, *Gedachten*, fr.173 (Lafuma-editie)

De bijdrage van D.Z. Phillips, *Religieuze overtuigingen en taalspelen* is in de hedendaagse godsdienstfilosofie om verschillende redenen belangrijk. Vooraleer dit toe te lichten wil ik eerst de contouren schetsen van een centrale tegenstelling in de hedendaagse godsdienstfilosofie.

Dertig jaar geleden werd de godsdienstfilosoof vooral uitgedaagd door de aanspraken van het logisch positivisme, dat elke vorm van cognitiviteit aan het godsdienstig spreken ontzegde. Vandaag zijn de hoogdagen van het neopositivisme voorbij: tegen de achtergrond van eerdere reacties tegen het neopositivisme tekenen zich momenteel twee tendensen af. In een eerste benadering, die men graag als neo-wittgensteiniaans etiketteert, wordt aan het gelovig spreken weliswaar – en tegen het neopositivisme in – een centrale plaats toegekend, maar wordt – in overeenkomst met het neopositivisme – het cognitief statuut ervan ontkend. Geloven in God is een kwestie van houding, niet van kennis. In een tweede benadering, in de lijn van ondermeer het op Whitehead geïnspireerde procesdenken, wordt het cognitieve karakter van het geloven veel meer in reliëf geplaatst. Geloven heeft in ieder geval ook met kennis te maken, al moet het daartoe natuurlijk niet worden herleid.

D.Z. Phillips, zelf een prominent vertegenwoordiger van de neo-wittgensteiniaanse benadering, heeft deze nieuwe tegenstelling in diverse geschriften gethematiseerd en in kaart gebracht. Wat godsdienstfilosofen vandaag verdeelt is, zo stelt hij, niet zozeer de tegenstelling tussen degenen die religieuze verklaringen geven voor de wederwaardigheden van het menselijke leven en zij die dat niet doen – zeg maar tussen gelovigen en ongelovigen – maar juist de tegenstelling tussen degenen die voor het verstaan van gelovig spreken naar verklaringen en hypothesen zoeken en zij die dit volkomen ongepast vinden. Die tegenstelling – men spreekt ook wel van de controverse tussen 'externalisten' en 'internalisten' – is op de eerste plaats typisch voor de Angelsaksische godsdienstfilosofie.[1] Ze kleurt echter sterk af op de discussies op het nederlandstalige wijsgerige forum.[2]

Het gesprek tussen de vertegenwoordigers van beide tendensen in de godsdienstfilosofie is vaak een dovemansgesprek. Hun wederzijdse bemerkingen zijn trouwens bijna voor de hand liggend. Wie een verklaring wenst te geven via een beroep op de rationaliteit wordt graag afgedaan als een enge rationalist die het godsdienstig spreken weghaalt uit de eigenlijke context waarin het thuishoort en daarmee het eigene van het godsdienstige miskent. Anderzijds krijgt de propagandist van godsdienst-als-houding, mede wegens zijn aversie van elke vorm van rechtvaardiging, vaak het verwijt van

[1] D.Z. Phillips staat voor een 'internalistische' opvatting: cfr. D.Z. Phillips, *Introducing Philosophy*. Oxford, Blackwell, 1996, blz.156; Richard Swinburne voor een 'externalistische' opvatting: cfr. R. Swinburne, *Het bestaan van God*, Callenbach, Baarn, 1997.

[2] Zie voor een heldere voorstelling van deze tegenstelling: W. Van Herck, *Religie: mislukte wetenschap of levenshouding? Een godsdienstfilosofisch strijdpunt*. In *De Uil van Minerva*. Tijdschrift voor Geschiedenis en Wijsbegeerte van de Cultuur, 1997, 3, blz.135-149. Zie voor een heldere voorstelling van het 'internalistische' standpunt: A.Burms, *Godsdienst zonder geloof?* In E. Berns, P. Moyaert en P. van Tongeren (red.), *De God van denkers en dichters. Opstellen voor Samuel IJsseling*. Boom, Amsterdam, 1997, blz.231-250.

fideïsme te horen.[3] Meestal blijft het dus tussen beiden een dovemansgesprek, ondanks en misschien juist omwille van de argumenten ter weerlegging, waarbij beide groepen zich onbegrepen voelen.

De bijdrage van D.Z. Phillips, waarmee deze bundel opent, is een poging om dit dovemansgesprek te doorbreken.[4] Daartoe laat hij allereerst de ontoereikendheid van een bepaalde voorstelling van een neo-Wittgensteiniaanse godsdienstfilosofie zien. In die voorstelling worden religieuze overtuigingen beschouwd als aparte taalspelen, die volkomen losstaan van andere taalspelen. En een dergelijke voorstelling roept een aantal reserves op.

Die reserves zijn, aldus Phillips, tweeërlei: "In deze zienswijze lijken religieuze overtuigingen meer op esoterische spelen, waar de ingewijden van genieten maar die van weinig belang zijn buiten de interne formaliteiten van hun activiteiten. Religieuze overtuigingen beginnen te gelijken op hobby's – iets waar mensen zich mee bezighouden tijdens de weekends. Vanuit een andere hoek komt de verdenking dat de religieuze overtuigingen buiten het bereik van mogelijke kritiek geplaatst worden, en dat het beroep op het interne karakter van religieuze criteria voor zinvolheid kan dienen als quasi-rechtvaardiging van wat anders zou worden ontmaskerd als onzin (blz.2)".

Om onder die bezwaren uit te komen, schuift Phillips een dubbele stelling naar voren. Allereerst moet het duidelijk zijn dat religieuze overtuigingen altijd in relatie staan met andere levensvormen:

[3] Zie L. Van Bladel, *Te veel flauwekul over religie?* In *Streven*, februari 1996, blz.122: "Over welk soort 'kennis' gaat het in *Kan kennis troosten?* van Herman De Dijn? [...] Wat betekent 'rationeel' in 'Ach man, welke rationele vraag zou u me over religie willen stellen'? [...] Blind vertrouwen is geen vertrouwen. Blind geloof is geen christelijk geloof. Als christelijk gelovige kan ik bijgevolg met de 'religie' en de 'ethiek' van Paul Moyaert niet alleen niets aanvangen, maar rebelleer ik ertegen".

[4] Vanuit een confrontatie tussen het metafysica-concept van Collingwood en dat van Strawson heb ik in een andere bijdrage geprobeerd dit dovemansgesprek te doorbreken. Zie G. Vanheeswijck, *Geloof in God: kennis of houding?* In L. Braeckmans, A. Cloots (red.), *Kijken naar de zon. Filosofische essays over de godsvraag.* Pelckmans, Kapellen, 1998, blz.33-53.

"Religie heeft iets te zeggen over aspecten van het menselijk bestaan die begrijpelijk zijn voorafgaand aan elke referentie naar de religie: geboorte, dood, vreugde, ellende, hoop, wanhoop, gelukkige en ongelukkige lotgevallen. Het verband tussen deze dingen en religie is geen contingent verband. Een hoop religieuze overtuigingen zouden niet zijn wat ze zijn zonder al deze zaken. De kracht van religieuze overtuigingen hangt ten dele af van wat buiten de religie staat. [...] Het is dus verre van waar dat religieuze overtuigingen opgevat kunnen worden als afzonderlijke taalspelen, afgesneden van alle andere levensvormen: integendeel, religieuze overtuigingen kunnen helemaal niet begrepen worden tenzij door rekening te houden met hun relatie tot andere levensvormen (blz.80)". Kortom, religie moet de wereld ernstig nemen.

Die relatie tussen religieuze overtuigingen en andere levensvormen moet – en dat is zijn tweede stelling – echter goed worden begrepen. Wie de verhouding tussen beide domeinen in kaart wil brengen, kan dit nooit doen conform de methode van een wetenschappelijke verklaring. De rationaliteit van religieuze overtuigingen kan je nooit aannemelijk maken door het bestaan van God op te vatten als een conclusie die bereikt wordt door te verwijzen naar criteria, die het bestaan van God maken tot één voorbeeld onder de vele waarop zij van toepassing zijn: "Zulke pogingen [...] vervalsen het absolute karakter van vele religieuze overtuigingen en waarden (blz.76)". Met andere woorden, zeggen dat de betekenis van religieuze overtuigingen gedeeltelijk afhangt van niet-religieuze feiten is niet hetzelfde als zeggen dat deze religieuze overtuigingen gerechtvaardigd worden door of afleidbaar zijn uit niet-religieuze feiten.

Om deze visie op de verhouding tussen religieuze overtuigingen en niet-religieuze feiten te illustreren geeft Phillips het concrete voorbeeld van een harde botsing tussen een plotse, snijdende ervaring van lijden en de geloofsovertuiging waarin je je tot dan kon herkennen: "Maar dan word je plots geconfronteerd met de dood van je eigen kind. Je realiseert je dat je de geloofsovertuigingen die je de jouwe had genoemd niet in de praktijk kan brengen, er geen sterkte of troost in kan vinden. Het met niets te rijmen overlijden van je eigen kind maakt spreken over Gods liefde zinloos voor jou. Je zou erin willen geloven, maar je kan gewoon niet. Dit komt niet doordat een voorgestelde hypothese of een uitgeteste theorie ontoereikend werden bevonden. Dichter bij de waarheid komt men, wanneer men zegt dat iemand er niet toe kan komen op een bepaalde manier te reageren; een bepaald beeld van de situatie vindt geen aansluiting bij hem. Hoe dan ook, wat ik in het licht wil stellen, is dat de draagwijdte van zo'n moeilijkheid ons ontsnapt zolang men het tragische niet tenvolle ernstig neemt. Was de religie een esoterisch spel, hoe zou die tragiek er dan enig verschil voor kunnen maken? Hoe zou de tragiek dan een probleem stellen voor het geloof of het op de proef kunnen stellen? (blz.83)".

In deze bijdrage zou ik dit laatste voorbeeld van Phillips willen thematiseren vanuit een dubbele houding: ik deel zijn uitgangspunt dat de verhouding tussen een religieuze overtuiging en een ingrijpende concreet-menselijke ervaring een specifieke verhouding is, maar ik heb onvrede met zijn uitwerking. Opvallend is immers de negatieve verwoording van Phillips. Hij zegt slechts, zij het met overtuigende argumenten, waarin de verhouding *niet* bestaat: de relatie tussen een religieuze overtuiging en diverse aspecten van het menselijk bestaan is niet analoog aan de relatie tussen de componenten van een wetenschappelijke theorie. Maar waarin bestaat ze dan wel?

Om op die vraag een antwoord te geven zou ik drie themata willen toelichten. Allereerst thematiseer ik de door Phillips beklemtoonde aanwezigheid van de tragiek in de botsing tussen een religieuze overtuiging en een concreet-menselijke ervaring aan de hand van twee gedichten van de zeventiende eeuwse dichter Joost van den Vondel. Vervolgens wil ik in een tweede etappe die tragiek niet alleen erkennen, maar tevens nagaan hoe die tragische component repercussies heeft voor de beleving en de verwoording van de religieuze overtuiging zelf. Tenslotte tracht ik aan te tonen dat een dergelijke benadering van de religieuze overtuiging verbonden is met een andere visie op de specifieke taak van de godsdienstfilosoof dan die van Phillips.

I

De tragiek in de botsing tussen een religieuze overtuiging en een ingrijpende concrete ervaring is pregnant aanwezig in talloze gedichten van Joost van den Vondel (1587-1679). Twee gedichten die hij schreef naar aanleiding van het overlijden van twee van zijn kinderen kies ik hier als paradigmatisch voorbeeld: ze illustreren de ongewoon complexe verhouding die optreedt tussen een tragische ervaring van pijnlijk verlies en een religieuze overtuiging. Waarom spreek ik hier van een *ongewoon complexe* verhouding? Zoals Phillips terecht opmerkt is het omgaan met een diepmenselijke, in casu tragische ervaring in essentie onafhankelijk van letterlijk op te vatten wetenschappelijke stellingen. Zodra dit standpunt is aanvaard, dreigt echter het gevaar van een omgekeerd maar wellicht even eenzijdig standpunt. Om dit te verklaren, maak ik een korte omweg.

In *De rationaliteit en haar grenzen* verdedigen Arnold Burms en Herman De Dijn op een fijnzinnig-genuanceerde manier een analoge positie als die van Phillips. Zij omschrijven daarin de eigenheid van een religieuze houding in relatie tot andere levensvormen als volgt: "[...] Godsdienst heeft niet zozeer te maken met theoretische overtuigingen, maar veeleer met een globale geestesgesteldheid. De gehechtheid aan een bepaalde godsdienst ligt dan in een sensibiliteit die een respons is op de evocatieve kracht van bepaalde symbolen, rites of voorstellingen. Dergelijke niet-cognitieve omschrijving van de godsdienst houdt in dat letterlijk op te vatten theoretische overtuigingen hoogstens een zeer bijkomstige rol vervullen in de religieuze beleving en praktijk".[5]

Om die stelling te onderbouwen, analyseren Burms en De Dijn een gegeven dat zij beschouwen als een belangrijk aspect van het religieuze, namelijk de dodenverering. Vier redenen geven zij

[5] A. Burms, H. De Dijn, *De rationaliteit en haar grenzen. Kritiek en deconstructie*. Universitaire Pers, Leuven; Van Gorcum, Assen/Maastricht, 1986, blz.53.

aan waarom "de theoretische overtuiging een wat misleidende verwoording is van diepgewortelde attitudes en gedragingen en dat de theorie een produkt is van de praktijk, eerder dan de oorsprong ervan" (blz.54). Op de derde reden zou ik wat dieper willen ingaan: "*Ten derde* (mijn cursivering) is de manier zelf waarop de dodenverering ervaren wordt moeilijk in overeenstemming te brengen met theorieën over onsterfelijkheid. In de rouw en in de nagedachtenis zijn een droefheid of weemoed aanwezig die zich nauwelijks laten verenigen met de letterlijk opgevatte gedachte als zou de afgestorvene 'elders' gelukkig verder leven. En indien iemand zou beweren dat hij juist op grond van zo'n gedachte niet kan of wil treuren om de doden, zouden we hem niet beschouwen als bijzonder religieus maar wel als bijzonder gevoelsarm" (blz.55).

Deze reactie – op het eerste gezicht erg plausibel – zou echter wel eens evenzeer abstractie kunnen maken van de *ongewone complexiteit* die de verhouding tussen een tragische ervaring en een religieuze overtuiging tekent als de neutraal-wetenschappelijke reactie die zij, zoals Phillips, terecht afwijzen. Om dit te illustreren blijf ik stilstaan bij twee gedichten van Vondel.

Toen Joost van den Vondel op 5 februari 1679 overleed, was hij bijna 92 jaar. Hij overleefde zijn vrouw, al zijn kinderen en de meesten van zijn kleinkinderen. Constantijntje stierf in 1632, een jaar later zijn dochter Saartje. De zwaarste slag was het verlies in 1635 van zijn 'zalige huisvrouw', Maria (Maaiken) de Wolf. Zijn oudste zoon Joost die Nederland moest verlaten om een gevangenisstraf te ontlopen stierf in 1660, op de boot naar Oost-Indië. Diens weduwe bleef met vier kinderen achter, van wie drie kinderen bij grootvader in huis kwamen. Zijn dochter Anna, die hem sedert de dood van zijn vrouw had verzorgd, stierf tenslotte in 1675. Zijn jongste kleinzoon – ook een Joost – ging daarop met zijn vrouw bij de vereenzaamde oude man inwonen, tot aan zijn dood. Maar eer het zover was, had Vondel ook zijn drie andere kleinkinderen in de bloei van hun jeugd zien sterven: Adriaen en Maria (20 jaar oud, respectievelijk in 1664 en 1668) en Willem (23 in 1670).

Het eerste grote verlies was dus dat van zijn vijfde en jongste kind, Constantijn. Het overleed, slechts enkele maanden oud, in het jaar van zijn geboorte 1632. Vondel had zijn zoontje Constantijn laten dopen, omdat hij in die tijd werkte aan een epos over keizer Constantijn de Grote. Hij zal het werk niet voltooien en de reeds afgeronde fragmenten in 1635 vernietigen. De enige herinnering aan zijn Constantijn is dit gedicht:

KINDER-LIJCK

Constantijntje, 't zaligh kijntje
Cherubijntje, van omhoogh,
D'ijdelheden, hier beneden,
Uitlacht met een lodderoogh.

Moeder, zeit hij, waarom schreit ghij?
Waarom greit ghij, op mijn lijck?
Boven leef ick, boven zweef ick,
Engeltje van 't hemelrijck:

En ick blinck er, en ick drinck er
't Geen de schincker alles goets
Schenckt de zielen, die daar krielen,
Dertel van veel overvloets.

Leer dan reizen met gepeizen
Naar pallaizen, uit het slick
Dezer werrelt, die zoo dwerrelt.
Eeuwig gaat voor oogenblick.

Vondel is hier de dichter die de wenende moeder troost in een engelenliedje: kunstig is het spel van eind- en binnenrijmen, superieur de beheersing van de verstechniek, gevarieerd de rijkdom van klanken. Maar vader Vondel lijkt afwezig: niet de liefde van de vader voor zijn jonggestorven zoontje, niet het verdriet om zijn afscheid vormen het thema, maar de troostende zekerheid dat de eeuwigheid meer is dan de tijd en zijn zoontje nu de hemelse zaligheid deelachtig is geworden.

Eén jaar later, in september 1633, sterft zijn dochtertje Sara. Zij is dan acht jaar oud. Opnieuw schrijft de vader een gedicht. Een heel ander gedicht.

UITVAERT VAN MIJN DOCHTERKEN

De felle Doot, die nu geen wit magh zien,
Verschoont de grijze liên.
Zij zit omhoogh, en mickt met haren schicht
Op het onnozel wicht,
En lacht, wanneer, in 't scheien,
De droeve moeders schreien.

Zy zagh er een, dat, wuft en onbestuurt,
De vreught was van de buurt,
En, vlugh te voet, in 't slingertouwtje sprong;
Of zoet "Fiane" zong,
En huppelde, in het reitje,
Om 't lieve lodderaitje;

Of dreef, gevolght van eenen wackren troep,
Den rinckelenden hoep
De straten door; of schaterde op een schop;
Of speelde met de pop,
Het voorspel van de dagen,
Die d'eerste vreught verjagen;

Of onderhiel, met bickel en boncket,
De kinderlijcke wet,
En rolde en greep, op 't springend elpenbeen,
De beentjes van den steen;
En had dat zoete leven
Om geldt noch goet gegeven.

Maar wat gebeurt? terwijl het zich vermaackt
Zoo wordt het hart geraackt,
(Dat speelzieck hart) van eenen scharpen flits,
Te dootlick en te bits.
De doot quam op de lippen,
En 't zieltje zelf ging glippen.

Toen stont helaas! de jammerende schaar
Met tranen om de baar,
En kermde noch op 't lijck van haar gespeel,
En wenschte lot en deel
Te hebben met haar kaartje,
En doot te zijn als Saertje.

De speelnoot vlocht (toen 't anders niet moght zijn)
Een krans van roosmarijn,
Ter liefde van heur beste kameraat.
O krancke troost! wat baat
De groene en goude lover?
Die staatsi gaat haast over.

Ditmaal is er geen troost voor de 'droeve moeder', is er geen verwijzing naar een hemelse gelukzaligheid: Vondel vindt er gewoon geen woorden voor. Wel zijn er woorden om de 'felle Doot' op te roepen. Ze is als een grimmige, harde vrouw die gevoelloos de ouderen spaart en haar pijlen richt op lieve, onschuldige kinderen.

Ditmaal is er alleen de herinnering en de onmacht. Er is de herinnering aan het 'zoete leven' van zijn lievelingsdochter: hoe zij de rinkelende hoepel voortdreef of het uitschaterde op de hoogzwierende schommel, hoe zij helder het refrein van het dansliedje herhaalde als zij met andere meisjes een speelkring vormde. Er is de onmacht toen 'de Dood kwam op de lippen en 't zieltje zelf ging glippen'. Er is vooral de onmacht wanneer de buurmeisjes voor Saartje een krans van roosmarijn vlechten en – toen 't anders niet moght zijn – op haar lijkbaar leggen. Wat baat het ritueel, de voorbijgaande ceremonie? 'Die staatsi gaat haast over'; het verdriet blijft altijd.

En toch is het tweemaal dezelfde dichter, dezelfde vader die het woord voert. Precies die vaststelling laat de *ongewone complexiteit* zien van de verhouding tussen een diepmenselijke ervaring en een religieuze overtuiging. In het eerste gedicht lijkt Vondel op grond van de gedachte aan onsterfelijkheid niet te willen treuren om de dode. In het tweede gedicht zijn in de rouw en in de nagedachtenis een droefheid en weemoed aanwezig die zich nauwelijks laten verenigen met de letterlijk opgevatte gedachte als zou de afgestorvene 'elders' gelukkig zijn en verder leven. Toch spreekt het voor zich dat we Vondel in het gedicht over Constantijntje niet als streng-religieus en gevoelsarm beschouwen en in dat over Saartje als fijngevoelig en ongelovig. Het is dezelfde vader, die in beide omstandigheden een ervaring van lijden *anders* verbindt met zijn religieuze overtuiging.

We kunnen slechts schroomvol trachten na te gaan hoe de concrete omstandigheden daarbij een rol spelen. Er is altijd allereerst verdriet; de verwerking ervan – indien mogelijk – komt later. Bij de dood van Constantijntje, slechts enkele maanden oud, is het proces van verwerking van verdriet reeds ingezet. En zijn religieuze overtuiging helpt hem daarbij. Bij de dood van zijn achtjarig dochtertje, kort na de dood van zijn zoontje, neemt het verdriet de overhand. Het eist zijn rechten op; het wil – voorlopig – niet weten van religieuze troost. De ongewone complexiteit van de verhouding tussen een specifieke snijdende ervaring en een religieuze overtuiging toont zich juist in hun onderlinge *ongelijktijdigheid.* Eerst is er altijd de concrete ervaring van het verlies, van het gemis. Pas daarna – maar hoe lang erna? en hoe sterk? – het impact van een religieuze overtuiging.

Met andere woorden, de religieuze overtuiging kan slechts een impact hebben, wanneer ze zich confronteert met de eigenheid van een concrete ervaring. Indien de religieuze overtuiging een impact heeft op de verwerking van het verlies, moet ze dus zelf door de ervaring van dat verlies worden geaffecteerd. Natuurlijk is een religieuze overtuiging geen wetenschappelijke theorie die door externe feiten geverifieerd of gefalsifieerd wordt. Dat erkennen impliceert echter helemaal niet dat een religieuze overtuiging zonder inhoud zou zijn. Integendeel, de inhoud van een religieuze overtuiging krijgt juist gestalte vanuit de confrontatie met concrete ervaringen. Wanneer in 1635 Vondels vrouw sterft – ongetwijfeld de zwaarste slag – is er in *Lyckklaght,* tegelijk met het nergens zo persoonlijk uitgesproken verdriet, opnieuw de religieuze overtuiging dat zij in God voortleeft, dat de dood het laatste woord niet is. Juist in het omgaan met dit verdriet, heeft de religieuze overtuiging aan kracht gewonnen.

In hun terechte afwijzing van een wetenschappelijk-theoretische interpretatie van onsterfelijkheid gaan Burms en De Dijn mijn inziens een stap te ver, wanneer ze de gehechtheid aan religieuze overtuigingen gelijkstellen met een 'sensibiliteit die een respons is op de evocatieve kracht van bepaalde symbolen, rites of voorstellingen'. Nogmaals, ook al zijn religieuze overtuigingen geen toetsbare wetenschappelijke hypotheses, ze hebben wel degelijk een inhoud, waarvan de betekenis altijd in verhouding staat met en geaffecteerd wordt door de beleving van concrete, positieve en negatieve, ervaringen. Om het eigene van die verhouding beter in kaart te brengen, keren we terug naar de tekst van Phillips.

II

In de laatste bladzijden van zijn artikel geeft Phillips enkele voorbeelden die de kern van zijn argumentatie moeten illustreren. Eén van die voorbeelden is dat van een moeder die de Maagd Maria om bescherming vraagt voor haar pasgeboren kind.

Nu stelt Phillips dat je op twee manieren deze opdracht aan Maria kan interpreteren. Ofwel zeg je, uitgaande van een neutraal-wetenschappelijke houding, dat een dergelijke opdracht samenhangt met een blind geloof in processen die totaal irrelevant zijn voor het veronderstelde resultaat, bijvoorbeeld het toekomstige materiële welzijn van het kind. Ofwel zeg je, vanuit een contextuele beschrijving van wat er gebeurt, dat een dergelijke opdracht zich voltrekt als een act van verering en dankzegging en dat, verbonden met deze act, er een aantal verwante overtuigingen en houdingen zijn: verwondering en dankbaarheid bij de aanblik van nieuw leven, erkenning van het leven als Godsgeschenk.

Kortom, geen enkele causale verklaring kan ons helpen te begrijpen wat de betekenis en relevantie is van religieuze uitspraken. Integendeel, een causale verklaring miskent juist het eigene van een religieuze uitspraak. Tegenover een causale verklaring plaatst Phillips dan ook een 'fenomenologische'[6] beschrijving van het gebed: "Het verschil tussen de twee situaties die ik tegenover elkaar heb willen plaatsen zou nu duidelijk moeten zijn. In het eerste geval is het de

[6] Cfr. W. Van Herck, *De taak van de godsdienstfilosofie*. In *Bijdragen*. Tijdschrift voor Filosofie en Theologie, 1998, 4, blz.444: "Het is weinig bekend dat Wittgenstein in zijn overgangsperiode (1929-1933) enkele malen de term 'fenomenologie' gebruikte om zijn filosofische methode te karakteriseren. Wat Wittgenstein voorstond, was inderdaad een beschrijvende methode die nauwgezet en enigszins afstandelijk te werk zou gaan."

effectieve bescherming die bepaalt of het brengen van het kind bij de Maagd en haar vermeende heiligheid, doeltreffend zijn geweest of niet. In het andere geval is het de heiligheid van de Maagd die bepaalt welke de aard is van de bescherming. In Tylors verhaal is het niet nodig te verwijzen naar de religieuze betekenis die Maria voor gelovigen heeft. Maar in de zienswijze die ik naar voren breng, kan men de vraag om zegening zonder die verwijzing niet begrijpen, en kan men de zegen niet zien als één manier – onder de vele – om eenzelfde resultaat te bekomen (blz.19)". In het accentueren van dit onderscheid is Phillips zondermeer overtuigend.

Maar wat naar mijn aanvoelen ontbreekt in deze 'fenomenologische' methode van Phillips is een analyse van de *confrontatie* tussen de diverse levensvormen. Zijn analyse van wat er gebeurt wanneer men bidt laat duidelijk zien wat het eigene van een gebedshouding uitmaakt. Maar wat wanneer de confrontatie tussen datgene wat iemand ervaart en datgene waarin je gelooft zo groot is dat je niet meer aan het gebed toekomt, je niet meer 'weet hoe dat je bidden moet'? Wat helpt je een dergelijke analyse wanneer je ze toepast op de ervaring die Guido Gezelle zo pregnant verwoordt in de bundel, *Gedichten, gezangen en gebeden.*

GIJ BADT OP EENEN BERG ALLEEN

Gij badt op eenen berg alleen,
en...JESU, ik en vind er geen
waar 'k hoog genoeg kan klimmen
om U alleen te vinden:
de wereld wil mij achterna,
alwaar ik ga
of sta
of ooit mijn oogen sla;
en arm als ik en is er geen,
geen een,
die nood hebbe en niet klagen kan;
die honger, en niet vragen kan;
die pijne, en niet gewagen kan
hoe zeer het doet!
o Leert mij, armen dwaas, hoe dat ik bidden moet!

'Wat' geloven we eigenlijk als we zeggen 'dat' we in God geloven? 'Wat' is de inhoudelijke invulling van ons geloof? Phillips beklemtoont terecht dat geloven, zoals een morele houding, te maken heeft met een attitude van openheid en ontvankelijkheid die uitnodigt "om in de waarheid te leven". Tegelijkertijd lijkt hij echter te suggereren dat die houding daarmee een inhoudelijke reflectie over die waarheid overbodig maakt. Zelfs indien dit laatste een foute interpretatie zou zijn, blijft hij in elk geval op de vlakte, wanneer er over een inhoudelijke invulling van dat Godsgeloof wordt gesproken.

Maar wie in God gelooft, zegt nu eenmaal ook iets uit over wie die God is. En wat men over God zegt, is altijd mensentaal en daarom voor verandering (aanpassing aan concrete ervaringen?) vatbaar. Vooral omdat, indien het religieuze taalspel meer wil zijn dan een 'esoterisch spel', datgene wat je in het religieuze taalspel over God zegt, nooit onafhankelijk kan zijn van specifieke, existentiële ervaringen. Uitsluitend de klemtoon leggen op een reactieve attitude[7], een attitude van openheid en ontvankelijkheid, en daarbij pretenderen dat die attitude in haar eigenheid zou worden aangetast door een reflectie over de inhoud van de religieuze overtuiging, staat haaks op de eigenlijke betekenis van een morele en gelovige houding: "Het is zeker juist dat de vraag naar 'de zin van het leven' niet primair een cognitieve vraag is waarop kan geantwoord worden door meer inzicht te geven in hoe de wereld of het cultuurproces in mekaar zit. Het is vooreerst een praktische vraag. Dit neemt niet weg dat een antwoord op een dergelijke vraag *uiteindelijk* pas zinvol is binnen een theoretische overtuiging aangaande wat de wereld is".[8] Juist omdat alle spreken over God *maar* menselijke constructies zijn, moeten ze voortdurend aan interpretatie worden onderworpen.

Dat is de kern van een godsdienstfilosofie die ik hier wil verdedigen. Ze staat niet haaks op de ontvankelijkheid die eigen is aan

[7] Het onderscheid tussen 'objective attitudes' en 'reactive attitudes' is ontleend aan P.F. Strawson, *Freedom and Resentment and Other Essays*. London, Methuen, 1974.

[8] C. Steel, *Kritische studie. Inzicht en zingeving*. In *Tijdschrift voor Filosofie*, 1987, blz.303-304.

een reactieve attitude en die onmisbaar is voor het Godsgeloof. Maar ze weigert te aanvaarden dat bepaalde vormen van spreken en denken over God – die in welbepaalde tradities een dominante rol spelen – een statuut mogen opeisen dat voor verdere reflectie niet langer vatbaar is. En daarom is een inhoudelijke, niet louter contextuele, benadering van het geloof, tegen de achtergrond van de stichtende grondervaring, onmisbaar.[9]

Laat mij ter illustratie van het voorgaande eerst een algemeen-cultureel voorbeeld geven. De gesel van de pest die in de veertiende eeuw doorheen Europa waarde heeft een bepaalde inhoud van het spreken over God onmogelijk gemaakt. Voortaan bleek het onmogelijk nog over God te spreken als degene die garant stond voor de orde die de wereld tot een kosmos maakte. De ervaring van een onthutsende wanorde, door de pest veroorzaakt, stond in schril contrast met de specifieke verwoording die de middeleeuwse cultuur tot dan aan het Godsgeloof had gegeven. De controverse tussen nominalisten en realisten is juist de illustratie van het laat-middeleeuwse aanvoelen dat je niet langer probleemloos kan geloven in de God die orde in de kosmos aanbrengt.

Wat geldt voor een cultuur gaat ook op voor een individu. Wanneer de kloof tussen een bepaalde ervaring en de verwoording van je religieuze overtuiging te groot wordt, ontstaat er een spanning die tot een tweevoudig resultaat kan leiden. Ofwel kan je je geloof verliezen, ofwel zoek je naar een verwoording van je geloof, die de kloof tussen de religieuze overtuiging en de ervaringen die je opdoet op een of andere manier kan overbruggen. Nogmaals, dat laatste betekent niet dat je het geloof in God als een soort hypothese dient op te vatten die je dan telkens opnieuw en op een externe manier moet verifiëren. Daarin bestaat niet de wederzijdse afhankelijkheid van de verschillende levensvormen. Veeleer is er sprake van een hermeneutische explicitering van de diverse ervaringen, die zich in het leven zelf voordoen. Via de explicitering van de confrontatie tussen deze ervaringen, kan de godsdienstfilosoof

[9] Voor een verdere uitwerking van deze gedachte, zie G. Vanheeswijck, *l.c.*, blz.44-50.

nadenken over de wijze waarop de religieuze overtuiging wordt verwoord en in hoeverre die verwoording kan worden geamendeerd.[10]

Ik wil in dit verband een getuigenis aanhalen van een andere godsdienstfilosoof, die in deze bundel aan bod komt en die graag als een rationalistische 'externalist' wordt gebrandmerkt. In een vraaggesprek met Ger Groot verwoordt Alvin Plantinga zijn werkwijze als volgt:

> "Als je een bepaalde geestelijke rijpheid hebt bereikt – en ik pretendeer zeker niet dat ik dat heb – geloof je niet meer in God op basis van argumenten. [...] Wanner je werkelijk gelooft, doe je dat op basis van een bepaald soort ervaringen. Of je gelooft omdat je vermogens op de juiste wijze zijn afgestemd en God ons zo heeft ingericht dat we ons onder de juiste voorwaarden tot hem zullen bekennen.
> Vraag: Waarom zouden we Gods bestaan dan nog willen bewijzen?
> Antwoord: Om verschillende redenen. Christenen lijden vaak aan allerlei soort twijfel: aan Gods goedheid of liefde, aan zijn macht of zelfs aan zijn bestaan. Dan kunnen argumenten nuttig zijn, als bevestigingen of, zoals Calvijn zegt, als hulpmiddel. Zij kunnen ook nuttig zijn voor anderen. Misschien is er iemand die wil geloven, die zich aangetrokken voelt tot God, zich geroepen voelt op een bepaalde manier te geloven, maar meent dat dat intellectueel niet helemaal respectabel is. Dergelijke argumenten kunnen hem ervan overtuigen dat hij zich daarvoor niet hoeft te schamen. Je kunt zo'n redenering ook ontwikkelen om interessante verbanden bloot te leggen tussen het bestaan van God of Gods eigenschappen en andere zaken".[11]

Wat kunnen we uit dit, wellicht wat extreem verwoord, voorbeeld onthouden? Om na te gaan *hoe* het geloofde past in het geheel van het leven van een gelovige, moet men niet alleen nagaan *vanuit welke houding* de gelovige zijn geloof kan beleven. Dat is de contextuele benadering, die Phillips terecht naar voren schuift als antidotum tegen een funderende benadering. Een dergelijke benadering

[10] Een mooi voorbeeld van deze benadering vind je in G. Vattimo, *Ik geloof dat ik geloof*. Vertaling Liliana Jansen-Bella. Boom, Amsterdam, 1998.

[11] G. Groot, *Twee zielen*. Gesprekken met hedendaagse filosofen. Sun, Nijmegen, 1998, blz.184-185.

lijkt mij slechts een eerste stap, een noodzakelijke voorwaarde inderdaad om de eigenheid van de religieuze levensvorm te verstaan. Maar het is geen voldoende voorwaarde. Wat eraan ontbreekt is een reflectie over *wat* de gelovige dan gelooft, *welke geloofsovertuiging* hij heeft. Want ook de inhoud van het geloof moet betrokken worden in de analyse van de verhouding tussen de religieuze overtuiging en de andere levensvormen. Indien dit niet gebeurt, zo betoogt Leszek Kolakowski in een recente lezing, verdoezel je het onderscheid tussen geloof en idolatrie: "Het meest voor de hand liggende verschil tussen de huidige afgoderij en religieuze verering is, los van de afwezigheid van de verwijzing naar God, de afwezigheid van enige overtuiging. Hedendaagse culten behoeven geen leerstellige uitdrukking, alleen een vaag omschreven, niet nader vastgelegd ritueel. Terwijl religie, zoals wij die kennen, nooit louter ritueel is; zij kan op zijn minst niet zonder een stel overtuigingen die de betekenis van de rituelen verklaren".[12]

III

Op die manier zijn we aanbeland bij de vraag welke de specifieke taak van de godsdienstfilosoof is, wanneer hij nadenkt over de verhouding tussen rationaliteit en religieus vertrouwen. Ik citeer in dit verband de centrale stelling waarmee Phillips zijn bijdrage besluit: "Velen die op één bepaalde manier reageren, zullen de andere reacties oppervlakkig vinden, triviaal, absurd, zinloos, of zelfs kwaadaardig. Maar de kracht van de reacties kan niet extern worden gerechtvaardigd, ze kan alleen worden getoond. Dit geldt voor religieuze reacties, voor religieuze overtuigingen die een absoluut karakter en absolute waarde hebben. De filosofie zou bepaalde misverstanden hieromtrent kunnen ophelderen. Ze zou de naïviteit kunnen aantonen van sommige objecties tegen religie, of ze zou

[12] L. Kolakowski, *Afgoderij na de dood van God. Een katholieke visie*. In *Nexus*. Nummer 21: Het testament van de 20ste eeuw. Deel II. Afgoderij, 1998, blz.107-108.

kunnen aantonen dat sommige zogenaamde religieuze overtuigingen bijgeloof zijn. Maar filosofie is voor noch tegen religieuze overtuigingen. Nadat ze heeft getracht de grammatica van dergelijke overtuigingen te verhelderen, is haar werk gedaan. Het resultaat van een dergelijke opheldering kan zijn dat iemand vaag begint te zien dat religieuze overtuigingen niet zijn wat hij eerst dacht dat ze zijn. Hij zal er misschien niet langer bezwaar tegen hebben, zelfs als hij er toch niet in gelooft. Of iemand vindt misschien dat hij nu in staat is te geloven. Een derde zal de religie misschien nog meer haten dan voor de filosofische opheldering. De resultaten zijn onvoorspelbaar. Maar dat is niet langer de zaak van de filosofie (blz.21)".[13]

Drie kanttekeningen zou ik bij deze omschrijving van de taak van de godsdienstfilosoof willen maken. Allereerst impliceert deze godsdienstfilosofische benadering, die een extern standpunt ter rechtvaardiging afwijst, zelf een extern standpunt van waaruit zij zegt de eigenheid van het godsdienstige taalspel te kunnen beschrijven. Met andere woorden, tegenover het extern-justifiërende standpunt van de funderingsdenkers plaatsen auteurs als Phillips een extern-descriptief standpunt, dat verbonden is met hun contextuele aanpak. Ten tweede tracht ik te laten zien dat een extern-descriptief standpunt, gehanteerd in een contextuele benadering, nauwelijks ruimte laat voor een historische analyse van de inhoud van religieuze overtuigingen. Tenslotte wil ik, in het verlengde van deze aanmerkingen, een andere godsdienstfilosofische benadering voorstellen, die noch extern-descriptief noch extern-justifiërend wil zijn. In wat volgt wil ik deze drie kanttekeningen wat meer inkleuren.

Het weze nogmaals herhaald: ontegensprekelijk is de klemtoon die Phillips, in navolging van Wittgenstein, legt op de eigenheid van het religieuze taalspel en de ervaring, die daarmee verbonden is, belangrijk om de taak van de godsdienstfilosoof in kaart te brengen.

[13] Cfr. W. Van Herck, *l.c.*, blz.449: "Dit soort godsdienstfilosofie kan vanzelfsprekend net zo goed door een ongelovige als door een gelovige bedreven worden. De enige vooronderstelling schijnt een bepaalde vertrouwdheid met het gebruik van religieuze concepten te zijn".

Dat is zeker zo in een cultuur, waarin alles dreigt ondergeschikt te worden aan een bepaalde soort van instrumentele rationaliteit, die geen oog meer heeft voor wat aan haar greep ontsnapt. Het hoeft dan ook niet te verwonderen dat Wittgensteins filosofie een frontale aanval is op een (neo)positivistische werkelijkheidsvisie.

Dat laatste toont echter tegelijk de beperking van deze opvatting over de taak van de godsdienstfilosoof. Allereerst zijn, zoals aangestipt, de hoogdagen van het positivisme voorbij. Ook vanuit de harde wetenschappen wordt ruimte gecreëerd voor een 'bredere' rationaliteit: "Er zijn vandaag de dag geen aannemelijke, krachtige filosofische redenen meer om atheïst te zijn, of in ieder geval om de godsdienst af te wijzen. Het atheïstisch rationalisme had in de moderne tijd twee vormen aangenomen: het geloof in de exclusieve waarheid van de experimentele natuurwetenschap en het vertrouwen dat de geschiedenis zich zou ontwikkelen naar een volledige emancipatie van de mens tegenover elke transcendente autoriteit.

[...] Maar heden ten dage lijken zowel het geloof in de 'objectieve' waarheid van de experimentele wetenschappen, als het vertrouwen in de vooruitgang van de rede tot haar volle verlichting, juist achterhaalde opvattingen. We zijn allemaal vertrouwd met het feit dat de onttovering van de wereld ook een radicale onttovering van het idee zelf van onttovering teweeg heeft gebracht. Of, met andere woorden, dat de ontmythologisering zich uiteindelijk tegen zichzelf heeft gekeerd door ook het ideaal van de afschaffing van de mythe als een mythe te herkennen. Natuurlijk wordt deze uitkomst van het moderne denken niet door iedereen zonder meer erkend, niettemin is de onhoudbaarheid zowel van het sciëntistische als het historicistische rationalisme in hun meest rigide termen – die dus de mogelijkheid van religie zelf uitschakelen – een vrij algemeen aanvaard gegeven van onze cultuur".[14]

[14] G. Vattimo, *o.c.*, blz.16-17. Cfr. blz.87: "En de paradox als kenmerk van het christelijk geloof is ook en niet toevallig weer door Kierkegaard opgenomen, een tijdgenoot van Hegel, op een ander hoogtepunt – het laatste wellicht – van het moderne filosofische rationalisme. Maar nu de cartesiaanse en ook de hegeliaanse rede hun baan hebben afgelegd, heeft het niet zoveel zin meer om het geloof zo scherp tegen de rede af te zetten".

Maar er is meer. In de opvatting van Phillips wordt de godsdienstfilosofische beschrijving principieel losgekoppeld van een specifieke existentiële houding, die in de gelovige ervaring mijn inziens hoe dan ook meespeelt. Als een geïnformeerde buitenstaander tracht de godsdienstfilosoof immers het gebruik van religieuze taal te beschrijven. Ik citeer in dit verband Walter Van Herck: "Het is mogelijk zijn weg te vinden in de religieuze stad zonder die stad ook te bewonen".[15] En daarmee komt het externe standpunt, waartegen de beschrijvende godsdienstfilosoof zich hardnekkig afzet, via de achterdeur weer binnen, zij het dat het van gedaante is veranderd.

Wat bedoel ik hiermee? Funderingsdenkers hanteren een extern standpunt om de waarheid van een geloofsinhoud te funderen. Phillips (en de neo-wittgensteinianen) hanteren een extern standpunt om de context waarin religieuze begrippen worden gehanteerd te beschrijven. Zij hanteren dus een extern standpunt dat tegelijk, via fenomenologische analyse, 'intern geïnformeerd' is. Alleen op die wijze kan, zo vertellen zij, vanuit een extern standpunt recht worden gedaan aan de eigenheid van religieuze overtuigingen.

Hier situeert zich echter het probleem – en zo kom ik tot mijn tweede kanttekening. Wat beschrijft de extern-descriptieve godsdienstfilosoof eigenlijk wanneer hij over de religieuze levensvorm informatie uitbrengt? Waarover is hij, via fenomenologische analyse, zo goed geïnformeerd? Over de religieuze rituelen, religieuze praktijken, religieuze concepten die universeel gelden in alle religies? Of over de religieuze rituelen, religieuze praktijken, religieuze concepten die in een bepaalde religieuze context gelden? Of over de onderlinge verhouding tussen deze praktijken en concepten? En vooral, mag hij daarbij zelf een standpunt innemen? Of moet hij zich beperken tot de beschrijving van een aantal basisattitudes (maar welke?) die de religieuze levensvorm kenmerken?

Indien hij ervan uitgaat dat hij, via contextuele analyse, het eigene van dé religieuze houding kan beschrijven, hoeft hij inderdaad

[15] W. Van Herck, *l.c.*, blz.449.

geen standpunt in te nemen: het eigene van dé religieuze houding mag juist niet worden aangetast. Wanneer Paul Moyaert bijvoorbeeld de effecten van een analyse van de symbolische betekenis van de transsubstantiatie ontluisterend noemt, geeft hij daarvoor deze reden: "De geheimhouding die in *alle religies* (mijn cursivering) van een gelovige wordt vereist, slaat op het gebeuren zelf van de incarnatie, op de vleeswording, op de verstoffelijking van zin. De liturgie is het kader waarin het geheim kan geschieden en even in de openbaarheid kan treden zonder zichzelf in het licht te verliezen".[16]

Natuurlijk is de context van een religieuze levensvorm verschillend van die van een wetenschappelijke levensvorm en moeten beide levensvormen daarom anders worden beschreven. Maar *binnen* een religieuze levensvorm zijn religieuze rituelen, religieuze praktijken, religieuze concepten niet alleen uitermate divers, maar wordt hun inhoudelijke betekenis slechts duidelijk vanuit een hermeneutisch verstaan van hun onderlinge verhoudingen. Een contextuele beschrijving van dé religieuze houding verwaarloost dan ook het onderscheid tussen de verschillende historische gestalten waarin die religieuze houding zich veruitwendigt en maakt daarbij vooral abstractie van de inhoudelijke betekenis die deze historische evolutie mede bepaalt. En juist dit onderscheid en deze inhoudelijke betekenis moet, mijn inziens, de godsdienstfilosoof die de band wil leggen tussen religieuze overtuigingen en andere levensvormen thematiseren. En daarbij kan hij niet anders dan een standpunt innemen.

De geschiedenis van de godsdienstfilosofie laat immers zien hoe elk spreken en denken over God, ook al situeert het zich binnen een religieuze context, tijdgebonden is en telkens vanuit de spanningsverhouding met andere levensvormen voor amendering in aanmerking komt.[17] Ik beperk mij tot twee voorbeelden. Ten eerste.

[16] P. Moyaert, *De mateloosheid van het christendom. Over naastenliefde, betekenisincarnatie en mystieke liefde*. Sun, Nijmegen, 1998, blz.157.

[17] Voor een uitmuntende voorstelling van deze geschiedenis, zie Wilhelm Weischedel, *Der Gott der Philosophen. Grundlegung einer philosophischen Theologie im Zeitalter des Nihilismus. Erster Band: Wesen, Aufstieg und Verfall der philosophischen Theologie*. Wissenschaftliche Buchgesellschaft, Darmstadt, 1983.

Ongetwijfeld kan je de betekenis van de Godsbewijzen van Anselmus van Canterbury en van Thomas van Aquino slechts begrijpen vanuit hun inbedding in een religieuze context. Maar de erkenning daarvan staat niet haaks op de vaststelling dat de onmiddellijke overgang van Anselmus' inhoudelijke definitie 'Id quo maius cogitari nequit' en van Thomas 'kosmologisch laatste (of eerste) principe' naar de religieuze uitspraak 'En dat zijt Gij, onze Heer/ En dat is wat wij God noemen' voor inhoudelijke reflectie en mogelijke kritiek vatbaar is. Met andere woorden, een beschrijving van de specifieke religieuze context van de middeleeuwse godsbewijzen hoeft ons niet blind te maken voor de tijdgebonden inhoudelijke interpretatie die met een specifieke religieuze houding is meegegeven.

Ten tweede. Heideggers kritiek op de onto-theologische structuur van de Westerse metafysica, die hand in hand gaat met de Westerse godsdienstfilosofie, vertrekt juist van de aanname dat elk religieus taalspel een in de tijd gesitueerd taalspel is. Geen enkele religieuze ervaring is immuun gebleven voor een bepaalde verwoording, ze situeert zich altijd in een bepaalde context, in een welbepaald verband met de andere levensvormen.

Daarom dient de godsdienstfilosoof, indien hij Phillips vooronderstelling van een wederzijdse afhankelijkheid tussen religieuze overtuigingen en andere levensvormen deelt, die afhankelijkheid ook te onderzoeken: "Hoewel dat onderzoek de band met de kerkgemeenschap (die overigens niet samenvalt met het kerkelijk gezag) niet buiten beschouwing kan laten [...], is het waar dat we ons het heil niet meer kunnen voorstellen als een gehoor geven aan of het naleven van een boodschap die geen interpretatie nodig zou hebben. De actualiteit van de hermeneutiek, die met goede redenen als dé filosofie van de moderniteit beschouwd wordt, betekent vanuit het gezichtspunt van de religieuze ervaring, dat voor ons misschien nog meer dan voor elke andere periode van het christelijke verleden de redding via de interpretatie verloopt. Het is niet alleen nodig de tekst van het evangelie te begrijpen om hem in ons leven te kunnen toepassen, maar voor welke naleving dan ook valt dat begrip samen met de geschiedenis zelf van ons heil, en de persoonlijke interpretatie van de Heilige Schrift is de eerste imperatief die de Heilige Schrift zelf ons voorhoudt".[18]

Eigenlijk zijn er twee richtingen die auteurs vandaag in verband met de Godsvraag en in het spoor van Heidegger inslaan. Enerzijds degenen die, reagerend tegen de klassieke metafysica met haar technisch vocabularium aan attributen over God, de onuitsprekelijke transcendentie, het volkomen anders-zijn van God in reliëf plaatsen. De meest bekende vertegenwoordigers van die richting zijn Emmanuel Levinas en Jacques Derrida. Anderzijds degenen die juist de klemtoon willen leggen op een hun inziens volkomen vergeten aspect van de christelijke God: zijn immanentie, zijn historische tegenwoordigheid in de concrete werkelijkheid van elke dag. Van deze richting zijn Gianni Vattimo en René Girard gerenommeerde voorbeelden.

'Dat' we in God geloven is inderdaad nooit het resultaat van een wetenschappelijke verificatie van een hypothese. Maar 'wat' we dan juist geloven is in de geschiedenis op verschillende manieren ingevuld en is in de religieuze tradities aan verandering onderhevig. Die inhoudelijke invulling kan door de godsdienstfilosoof worden onderzocht, die inhoudelijke invulling verandert door de tijd heen en de intellectuele zoektocht naar een juister Godsverstaan, heeft met de poging om een externe rechtvaardiging te geven niets te maken. Met andere woorden, elke poging om het eigene van een religieuze overtuiging te beschrijven kan niet anders dan de revisies laten zien die kenmerkend zijn voor een religieuze levensvorm. Juist omdat een religieuze overtuiging nooit los staat van andere levensvormen, is een 'descriptieve' godsdienstfilosofie altijd ook 'revisionistisch'.[19]

Daarmee kom ik bij mijn derde kanttekening die eigenlijk een tussenpositie inhoudt, tussen een extern-justifiërende benadering en een extern-descriptieve. De eerste is mij teveel, de tweede te weinig. Vanuit een extern-descriptieve godsdienstfilosofie worden de pretenties van een 'extern-justifiërende' godsdienstfilosofie niet ten

[18] G. Vattimo, *o.c.*, blz.55

[19] Ik ontleen de termen aan P.F. Strawson, die ze gebruikte om een onderscheid tussen twee types van metafysica duidelijk te maken.

onrechte aan de kaak gesteld: "De funderingsdenkers hanteren een terminologie (van metafysische of fysische orde) die van buitenaf op het religieuze fenomeen wordt toegepast. Een unitair en unilateraal toegepast rationaliteitsconcept dicteert het onderzoek van de religie. Men vindt dan alleen datgene wat dit rationaliteitsconcept naar voren haalt: religieuze verklaringen, religieuze hypothesen, bewijzen voor het bestaan en de aard van God...Het wordt dan bijzonder moeilijk het gevondene in het juiste perspectief te plaatsen. Vooral wordt het moeilijk in de religie nog iets anders te vinden dan wat het betreffende concept in beeld brengt. Wat overblijft is een verschraald begrip van de religie gesteld in een verzameling exogene begrippen die de religieuze mens zelf nooit gebruikt (i.e. een revisie van het religieuze) en die een gewicht gegeven wordt dat ze in het religieuze leven niet hebben".[20]

Dit citaat roept echter de volgende vragen op: wat zijn dan wél de begrippen die de religieuze mens gebruikt? Wat is dan wél het juiste perspectief van waaruit religieuze begrippen moeten worden verstaan? Bestaat er überhaupt wel zoiets als de kern van de religieuze ervaring, die niet gecontamineerd is door invloeden van buitenaf? En wie kan dan de verwoording aanwijzen waarin het religieuze fenomeen vervat ligt, waaraan funderingsdenkers dan onrecht doen? Ik vind in de beschrijvende godsdienstfilosofie op al die vragen nooit een antwoord.

Is het niet veeleer zo dat een extern-descriptieve godsdienstfilosofie zelf een bepaalde opvatting van religie, van religieuze waarheid impliciet vooronderstelt, die ze, wegens het zogenaamd niet-transparante karakter van de religie, weigert te thematiseren? "Zoals de barmhartige naastenliefde onverenigbaar is met een bepaald soort luciditeit, zo verdraagt religie in het algemeen maar moeizaam een bepaalde graad van openheid, precisie en explicitatie. De waarheid in de religie is het meest gediend als men haar laat rusten. De moderniteit heeft de religie die rust niet gegund".[21]

[20] W. Van Herck, *l.c.*, blz.446.

[21] P. Moyaert, *o.c.*, blz.158. Cf. blz.150: "In de wetenschap is de waarheid het voorwerp van onderzoek. In de religie is zij het voorwerp van devotie, gebed,

Natuurlijk kan een al te transparante uitleg het eigene van een gelovige houding teniet doen. Het geloof leeft van een 'bevroeden van de waarheid', een 'verwijlen bij de geloofsmysteries', houdingen waaraan door een te directe vertaling in begrippelijke constructies onrecht wordt gedaan. Maar die vaststelling sluit niet uit dat diverse expliciteringen van een religieuze houding niet alleen mogelijk zijn, maar vooral heel andere inhoudelijke accenten in het 'bevroeden van de waarheid' kunnen leggen. Wanneer René Girard in *Des choses cachées depuis la fondadtion du monde* via een niet-sacrificiële interpretatie van de godsdienst een sacrificiële interpretatie van de religie afwijst, verwoordt hij de kern van zijn eigen interpretatie als volgt: "Het is zeker niet zo dat de niet-sacrificiële interpretatie de goddelijke transcendentie doet verdwijnen, maar ze laat ons zien dat deze transcendentie in haar nabij-zijn zo ver van ons verwijderd is, dat we van haar nabijheid zelfs geen vermoeden hadden".[22] Je kan die verwoording toch geen 'transparante uitleg' noemen. Dat neemt echter niet weg dat in deze benadering van de religieuze/godsdienstige houding een specifieke inhoudelijke overtuiging is verdisconteerd, die andere religieuze overtuigingen en praktijken op de korrel neemt.

Tegen deze achtergrond kan je de (vaak terechte) bezwaren die hier worden geuit tegen de extern-justifiërende godsdienstfilosoof ook omkeren en richten tot de extern-descriptieve godsdienstfilosoof zelf: wat bij hem overblijft zou wel eens een verschraald begrip van de religie kunnen zijn, verbonden met een verzameling van rituelen die de religieuze mens vandaag zelf niet meer gebruikt (i.e. een revisie van het religieuze) en die een gewicht gegeven wordt dat ze in het religieuze leven vandaag niet meer hebben. Dat die rituelen vandaag anders (of niet meer) fungeren in het religieuze leven zou wel eens kunnen komen doordat ze verbonden zijn met een conceptueel kader dat vandaag niet meer geldt maar dat de godsdienstfilosoof, vanuit zijn aversie van een inhoudelijke reflectie

aanbidding en verering. De wetenschap zoekt naar de waarheid. De religie niet. De Kerk moet de waarheid beschermen en afschermen".

[22] R. Girard, *Wat vanaf het begin der tijden verborgen was*. Kok Agora, Kampen/Pelckmans, Kapellen, 1990, blz.264.

over de historisch veranderlijke verwoordingen van de godsdienstige ervaring, weigert te thematiseren.

Wellicht is dat laatste juist inherent aan het gebrek aan inhoudelijke interesse van de extern-descriptieve godsdienstfilosoof zelf, waarvan de slotzinnen uit het citaat van Phillips getuigenis afleggen: "Maar filosofie is voor noch tegen religieuze overtuigingen. Nadat ze heeft getracht de grammatica van dergelijke overtuigingen te verhelderen, is haar werk gedaan. [...] De resultaten zijn onvoorspelbaar. Maar dat is niet langer de zaak van de filosofie". Daarom is mijn vraag: godsdienstfilosoof, wie zeg jij dat je bent?

Slechts vanuit een existentiële betrokkenheid, die de zin voor symboliek combineert met een hermeneutische interpretatie van de religieuze inhoud, kan de godsdienstfilosoof de verhouding analyseren tussen een religieuze overtuiging en andere levensvormen. Slechts vanuit die betrokkenheid kan hij de eigenheid van een religieuze overtuiging in kaart brengen. Geloven is inderdaad nooit als het uittesten van een wetenschappelijke hypothese. Maar dit vaststellen is niet zijn enige opdracht. Vervolgens tracht hij te verhelderen hoe een religieuze overtuiging zich verhoudt tot andere levensvormen en hoe vanuit deze verhouding de verwoording ervan altijd voor verandering vatbaar is. Zo kan een godsdienstfilosoof niet alleen laten zien dat deze slotwoorden van Dostojewski's *De gebroeders Karamazow* slechts betekenis hebben binnen de context van een religieus taalspel. Hij zou ook moeten proberen te verhelderen wat zij voor ons vandaag nog kunnen betekenen:

> "En nooit zullen we de arme dode vergeten! voegde Aljosja er ontroerd aan toe.
> Nooit! In alle eeuwigheid! vielen de jongens hem weer bij.
> Karamazow, riep Kolja, is het waar wat de godsdienst zegt dat we allemaal uit de doden zullen opstaan en dat we elkaar allemaal weer terug zullen zien, ook Iljoesjetsjka?
> We zullen stellig opstaan en elkaar terugzien en elkaar vol vreugde alles vertellen wat er gebeurd is."

HOOFDSTUK 5

De grammatica van het religieuze. S. Kierkegaard en L.Wittgenstein over filosofie en religie.

Johan TAELS

Eén zaak hebben S. Kierkegaard (1813 – 1855) en L. Wittgenstein (1889 – 1951) alvast met elkaar gemeen. Na hun dood werden beiden, in weerwil van de eigen intentie, verheven tot de status van 'klassiek auteur'. Maar het tempo waarmee en de redenen waarom dit gebeurde, waren voor beiden heel verschillend. Wittgensteins werk werd op de eerste plaats toegeëigend door Anglo-Amerikaanse logisch-positivisten, analytische filosofen en taalfilosofen. Maar ook in bredere kring werd zijn *linguistic turn* al gauw als één van de keer- en hoogtepunten van de filosofie van de 20ste eeuw beschouwd. De receptie van Kierkegaards werken verliep heel wat moeizamer. Gedurende meer dan honderd jaar bleef de interesse voor zijn œuvre grotendeels beperkt tot de kring van protestantse theologen, psychoanalytici en existentiële fenomenologen. Pas sedert enkele decennia is er een sterk verruimde belangstelling te constateren vanwege andere filosofische stromingen, niet in het minst vanuit de Anglo-Amerikaanse hoek.[1]

[1] De voorbije tien jaar verschenen heel wat uitstekende Engelstalige Kierkegaardstudies (Cf. *Literatuur*). De samenstellers van een recent verschenen internationale Kierkegaard-reader verwoorden deze evolutie als volgt: "A new Kierkegaard is coming forward, it seems, at the end of the twentieth century, comparable perhaps to the proto-deconstructionist 'new Nietzsche' who emerged from the shadows in the 1970s" (Cf. J. Rée and J. Chamberlain (eds.), *Kierkegaard. A Critical Reader*, 1998, p.1). Dat de Engelse vertaling (Princeton University Press) van Kierkegaards *Verzamelde werken* (eindelijk) haar voltooiing nadert, is zeker niet vreemd aan deze evolutie.

Maar wat hebben 'de vader van het existentialisme' en 'de vader van de analytische filosofie' op inhoudelijk vlak met elkaar gemeen? Welke overeenkomst bestaat er tussen het existentiële, ethisch-religieuze gedachtengoed van de eerste en de filosofische problematiek 'verhouding taal-wereld' van de tweede? En hoe valt het te verklaren dat Wittgenstein voor Kierkegaard een "grote waardering" en "ontzag" koesterde?[2] Dat hij, die zich zoals bekend maar matig interesseerde voor de grote werken uit de filosofische traditie, niet alleen enkele van Kierkegaards werken grondig had gelezen, maar de Deen ook beschouwde als "veruit de diepzinnigste denker van de voorbije eeuw"?[3]

In deze bijdrage wil ik, in de hoop hiermee ook licht te werpen op een discussie binnen de godsdienstfilosofie, de zoëven gestelde vragen proberen te beantwoorden vanuit twee verschillende perspectieven.

In een eerste deel wil ik ingaan op enkele belangrijke overeenkomsten tussen Kierkegaard en Wittgenstein. Negatief verwoord, toont de verwantschap tussen beide denkers zich in hun polemisch verzet tegen speculatief-filosofische funderingsaanspraken en tegen het aanwenden van rationele maatstaven om onze levenspraktijken te beoordelen. Positief uitgedrukt, komt zij tot uiting in hun opvatting van de filosofie als een 'therapie', als een weg-terug uit zelfbedrog en illusie, in hun voorliefde voor afbakeningsproblemen en conceptuele verhelderingen, en hun veelvuldig en virtuoos gebruik van literaire en indirecte methoden. Kortom, de verwantschap tussen beiden is op de eerste plaats van methodologische aard: zij heeft betrekking op hun filosofische stijl en methode en op de grote ethische betrokkenheid en ernst waarmee zij zich met filosofische en religieuze vraagstukken inlaten.

[2] N. Malcolm, *Ludwig Wittgenstein. Een biografisch essay*, 1968, p.96. Een overzicht van Wittgensteins directe verwijzingen naar Kierkegaard is te vinden in C.L.Creegan, *Wittgenstein and Kierkegaard*, 1989, p.16-20.

[3] M. O'CDrury, "Some notes on conversations with Wittgenstein", in R. Rhees (ed.), *Ludwig Wittgenstein. Personal Recollections*, 1981, p.102-103. Werken van Kierkegaard die Wittgenstein zeker gelezen had, zijn: *Enten/Eller* (*Het een of het ander*), *Philosophiske Smuler* (*Wijsgerige kruimels*) en *Afsluttende uvidenskabelig Efterskrift* (*Afsluitend onwetenschappelijk naschrift*).

In het tweede deel van mijn betoog tracht ik duidelijk te maken op welk punt van hun denken Kierkegaard en Wittgenstein een (radicaal?) verschillende weg lijken in te slaan. In de literatuur hierover treft men vaak de volgende voorstelling aan: in vergelijking met Wittgensteins filosofie, waarin plaats is voor de meest uiteenlopende vraagstukken, heeft Kierkegaards religieuze filosofie een veel beperktere draagwijdte.[4] Kierkegaards œuvre, zo luidt deze argumentatie, stond dan ook vanaf het allereerste begin in het teken van een religieus doel; in de grond (er)kende hij slechts één echt probleem 'hoe een christen worden'.[5] Wittgenstein daarentegen was weliswaar persoonlijk sterk geïnteresseerd in religie, maar inhoudelijk speelde deze interesse in zijn denken slechts een marginale rol.[6] In plaats van één globaal doel, had hij in zijn filosofische werken steeds andere, welbepaalde doeleinden voor ogen.

Met deze courante voorstelling, waarin Kierkegaards betekenis wordt gereduceerd tot die van exclusief religieus auteur, kan ik mij toch niet akkoord verklaren. Naar mijn mening negeert zij een centrale opvatting uit Kierkegaards œuvre: de gedachte dat de religieuze opgave van het christen-zijn de meer algemene, ethische opgave van het mens-zijn vooronderstelt. In een ontwerptekst beklaagt Kierkegaard zich in de volgende bewoordingen over zijn tijdgenoten: "Wat het betekent een menselijk wezen te zijn is men vergeten. Maar de Grieken: op hoe menselijke wijze herinnerden zij zich dit!".[7] En elders in zijn dagboek getuigt hij: "Psychologie hebben wij nodig en vóór alles een grondige kennis van het menselijke

[4] D.Z. Phillips, "Authorship and Authenticity: Kierkegaard and Wittgenstein", in Id., *Wittgenstein and Religion*, 1993, p.210-211, o.a. verwijzend naar O.K. Bouwsma, "Notes on Kierkegaard's 'The Monstruous Illusion'", in J.L. Craft & R.E. Hustwit (eds.), *Without proof or Evidence. Essays of O.K.Bouwsma*, 1984, Essay 6.

[5] Verwijzend naar Climacus' formulering in de Inleiding van het *Afsluttende uvidenskabelig Efterskrift*.

[6] Cf. de volgende getuigenis van N. Malcolm: "Ik geloof dat hij godsdienst als een 'levensvorm' beschouwde (om een uitdrukking uit de *Investigations* te gebruiken) waaraan hij geen deel had, maar waarvoor hij sympathie had en die hem erg interesseerde. Die er deel aan hadden, respecteerde hij – al had hij zowel hier als in andere gevallen minachting voor onoprechtheid" (*o.c.*, p.97).

[7] S. Kierkegaard, *Papirer* (*Dagboeken*) VIII2 B 81,3.

leven en sympathie voor zijn interessen. Hier ligt een opgave die moet vervuld worden vooraleer er sprake kan zijn van de voltooiing van een christelijke levensbeschouwing".[8] Het lijdt m.i. geen enkele twijfel dat Kierkegaard de opgave waarnaar hij in deze uitspraken verwijst, in zijn œuvre zéér ter harte heeft genomen; méér zelfs: dat zijn filosofische productie in eerste instantie als een hermeneutische verheldering en uitwerking van precies deze opdracht moet worden gelezen.

De tweesprong waar Kierkegaards en Wittgensteins wegen van elkaar scheiden, moet m.i. dan ook elders worden gesitueerd. Hij is niet – of toch niet in de eerste plaats – gelegen in een religieuze of niet-religieuze oriëntatie van hun denken, maar in een verschillende opvatting over de uiteindelijke taak van de filosoof. Terwijl voor Wittgenstein de filosofie voornamelijk een descriptieve taak heeft (ook al zijn daar indirect normatieve implicaties mee verbonden), houdt zij voor Kierkegaard vooral een existentiële, inhoudelijk-normatieve opdracht in. Het onderscheid tussen beide visies komt allicht het duidelijkst tot uiting in de godsdienstfilosofie. Waar Wittgenstein de taak van de godsdienstfilosoof in eerste instantie beperkt ziet tot een descriptieve grammatica van religieuze concepten, moet een dergelijke beschrijving volgens Kierkegaard noodzakelijkerwijze uitmonden in een existentiële ethisch-religieuze visie. De confrontatie tussen Kierkegaard en Wittgenstein is daarom niet alleen relevant voor de verheldering van de standpunten van beide denkers, maar zij kan er ook toe bijdragen enkele belangrijke verschillen te onderkennen tussen twee godsdienstfilosofische posities die op een ander vlak sterk met elkaar verwant zijn.

1. Stijl en methode

Wijzen op een stijlverwantschap tussen Kierkegaard en Wittgenstein reikt veel verder dan de vaststelling dat zij gebruik maken van gelijkaardige literaire middelen. Ongetwijfeld zouden

[8] *Papirer* V B 53,29.

beiden Buffons uitspraak dat 'de stijl de mens is' volmondig onderschrijven: zij zijn het erover eens dat de grootste uitdagingen en de meest beslissende problemen voor het denken altijd ook stijlproblemen zijn. De wijze waarop er gedacht wordt, bepaalt mee wàt er gedacht wordt, het hoe bepaalt altijd ook het wàt. Stijl is nu precies de weerspiegeling van wat men zegt in de wijze waarop het wordt gezegd, hij is de verdubbeling van de inhoud in de vorm.[9]

De eerste, polemische taak van de filosofie bestaat er voor beide denkers dan ook in bepaalde 'stijlen' van denken als onvruchtbaar te ontmaskeren. Dit betekent allereerst: de ontmaskering van de louter speculatieve stijl van de 'docenten', die alle levenspraktijken rationeel zouden willen legitimeren, maar in feite – als 'levende doden'– de werkelijke levensproblemen wègverklaren.[10] Tegenover die abstract-academische stijl, willen Kierkegaard en Wittgenstein, in hun hoedanigheid van *correctief*, een andere, 'nieuwe' stijl van filosoferen laten gelden. Een concrete en levendige stijl waarin de gedachten worden voorgesteld als brokstukken en kruimels, of als aforistisch, onwetenschappelijk en fragmentair; waarin wordt beweerd dat de eigen werken overbodig zijn, of dat het belangrijkste er niet in staat geschreven...

De nadruk op de 'stijl van het denken' wijst op een actieve wijze van filosoferen, op het sterk betrokken en persoonlijke karakter ervan, op het feit dat denken altijd op de eerste plaats een 'zelfgesprek' is, iets "dat ik mij onder vier ogen zeg".[11] Een dergelijk persoonlijk denken vraagt echter veel intellectuele kracht, de moed om niet buiten het eigen denken te staan, maar er a.h.w. in te wonen en te leven: "De moed, niet de bekwaamheid, zelfs niet de inspiratie is het zaadje dat uitgroeit tot een grote boom. Zoveel moed er is, zoveel samenhang met leven en dood".[12] En eenzelfde moed of

[9] *Papirer* VII2 B 235, p.51 vn.

[10] L. Wittgenstein in een brief aan N. Malcolm: "Ik hoop dat je naar Cambridge komt, voordat ik het besluit neem om mijn absurde baan als professor in de filosofie op te geven. Het is een soort levend dood zijn." (N. Malcolm, *o.c.*, p.62).

[11] L. Wittgenstein, *Vermischte Bemerkungen*, p.149.

[12] *Vermischte Bemerkungen*, p.79.

pathos is nodig om zich in het denken aan de eigen grenzen te houden, om niet méér te zeggen dan men zelf kan assimileren, en niet "na te kletsen wat ik niet kan begrijpen".[13] Het is dan ook niet toevallig dat het begrip pathos etymologisch verbonden is met het woord lijden. Want "je kunt niet behoorlijk denken als je jezelf niet wilt bezeren", zegt Wittgenstein, en elders: "de maatstaf van iemands grootheid is gelegen in de vraag wat zijn werk hem gekost heeft".[14] In Kierkegaards bewoordingen luidt dit: "Men heeft slechts geldig recht op kennis als men het waagt te leven, in volle zee te steken, terwijl men luid ten hemel roept om te zien of God wil luisteren – en niet op de oever blijft toezien hoe de anderen vechten; het is pas daarna dat de kennis voorgoed is bekrachtigd".[15]

Het voorgaande maakt reeds duidelijk wat Kierkegaard en Wittgenstein met elkaar gemeen hebben: een radicale ethiek van het denken. Beiden gaan uit van de overtuiging dat weten altijd ook ten nauwste verband houdt met doen, hun gemeenschappelijk uitgangspunt is dat van een "absoluut morele gerichtheid".[16] Dit is dan ook de reden waarom de integratie van leven en werk door beiden als een plicht wordt begrepen en gecultiveerd. Denken wordt gezien als een ethische of ethisch-religieuze taak die al hun krachten opeist. Het auteurschap houdt een voortdurende strijd in voor eerlijkheid zonder compromissen, voor een "meedogenloze integriteit, die zichzelf noch iemand anders" ontziet.[17] Een strijd vooral tegen zelfbedrog, want "zelfbedrog heeft een schadelijk effect op iemands stijl".[18] Het is het meest vicieuze bedrog dat denkbaar is "omdat men de bedrieger steeds bij zich heeft".[19] Vandaar bij beide

[13] S. Kierkegaard, *Abschliessende unwissenschaftliche Nachschrift II*, 16. Abt., p.336.

[14] N. Malcolm, *o.c.*, p.58 en 77.

[15] *Papirer* III A 15.

[16] C.L. Creegan, *o.c.*, p.20.

[17] N. Malcolm, *o.c.*, p.42. Cf. ook H. De Dijn, "Kritische studie. De jonge Wittgenstein (1889-1921). Denken als ethos", 1990, p.697-703.

[18] D.Z. Phillips, *o.c.*, p.215. En "niets is zo moeilijk als zichzelf niet te bedriegen" (*Vermischte Bemerkungen*, p.71).

[19] S. Kierkegaard, *Der Begriff Angst*, 11. und 12. Abt., p.166, verwijzend naar Plato, *Cratylus*, 428 d.

auteurs de niet-aflatende reflectie over de betekenis van het eigen werk, de voortdurende herwerking ervan, de continue vraag hoe het verder moet, de twijfel of het auteurschap wel voldoende is gelegitimeerd door de eigen levensstijl.[20]

De stijlverwantschap blijft echter niet beperkt tot een gemeenschappelijke morele intentie. Zij strekt zich ook uit tot de gehanteerde methodes en strategieën. Opvallend is dat bij geen van beide auteurs een onderscheid kan worden gemaakt tussen de constructie en de strategie van het œuvre, en hetgeen zij met dit œuvre als resultaat beogen; geen onderscheid tussen de uitwerking van de methode en de inhoud van hun denken. Ook hier geldt dus: het *hoe* is het *wat*. Vandaar ook de centrale plaats voor vragen als: hoe een mededeling meedelen, hoe een onderzoek onderzoeken? Vragen die wijzen op de zeer grote aandacht voor aflijningen en grensgeschillen, op de voorliefde voor afbakeningsproblemen, voor het precieze onderscheid tussen geldige en ongeldige overgangen.

Dit betekent overigens niet dat Kierkegaard en Wittgenstein zich enkel met een soort tweede orde-filosofie zouden bezighouden. Immers: er bestaat niet zoiets als "een filosofie van de tweede graad", want een dergelijke filosofie zou impliceren dat men het *hoe* en het *wat* opnieuw van elkaar zou scheiden.[21] Waar het om gaat is dat uitspraken over de gehanteerde methode en het hanteren van diezelfde methode voortdurend door elkaar zijn gevlochten. Bij Kierkegaard houdt dit in dat zijn stijl tegelijk dichterlijk of psychologisch-observerend èn filosofisch is (wat hijzelf 'dialectisch' noemt). Heel vaak is één en dezelfde uitspraak tegelijk een existentiële en psychologische observatie èn een filosofisch commentaar. Voor Wittgenstein geldt iets zeer gelijkaardigs: terwijl hij klaarheid probeert te scheppen in particuliere filosofische problemen, toont hij tegelijk de kenmerken en de grenzen van de filosofie in het algemeen. Ook bij hem zijn beide bezigheden niet

[20] Cf. L. Wittgenstein over Tolstoj: "Dit is een echt mens, iemand die het recht heeft om te schrijven" (N. Malcolm, *o.c.*, p.60).

[21] L. Wittgenstein, *Philosophische Untersuchungen*, par.121. Cf. ook C.L. Creegan, *o.c.*, p.35.

strikt van elkaar te scheiden: éénzelfde uitspraak kan in de twee perspectieven fungeren.

Om nu een preciezer beeld te krijgen van de verwantschap – èn de grenzen daarvan – tussen Kierkegaards en Wittgensteins denken, wil ik stijl en methode van beide auteurs proberen te verhelderen vanuit twee methodische concepten waarmee zij zelf in belangrijke mate de eigenheid van hun filosofisch werk hebben uitgedrukt: Wittgensteins begrip van de grammaticale analyse en Kierkegaards begrip van de indirecte mededeling. De vraag die ik me wil stellen is in welke mate ook het denken van de andere auteur vanuit eenzelfde concept kan worden begrepen.

Grammaticale analyse

Zoals bekend ontwikkelt Wittgenstein in *Philosophische Untersuchungen* een opvatting over filosofie als grammaticale analyse of verheldering. Het gaat daarbij niet om een grammatica van woorden, maar van concepten, ook al hebben wij slechts toegang tot deze concepten door te beschouwen hoe de woorden functioneren. Want in zekere zin is het concept niets anders dan de wijze waarop het woord wordt gebruikt, d.w.z. hoe het in ons leven functioneert.[22]

Van belang voor een goed begrip van dit concept van grammaticale verheldering, is Wittgensteins onderscheid tussen oppervlaktegrammatica en dieptegrammatica. "Je zou in het gebruik van een woord een 'oppervlaktegrammatica' en een 'dieptegrammatica' kunnen onderscheiden. Dat wat zich bij het gebruiken van een woord onmiddellijk in je vastzet is zijn toepassing binnen de zinsconstructie; dat deel van het gebruik – zou je kunnen zeggen – dat je met het oor kunt opnemen".[23] De oppervlaktegrammatica heeft dus te maken met het onmiddellijke gebruik van de taal, met wat 'men' in eerste instantie geneigd is te zeggen. Deze 'neigingen' zijn niet per definitie juist, zij kunnen zelfs een diepere verwarring

[22] R.C. Roberts, "Wittgenstein and a Method of 'Virtue Ethics'", in M.J. Matustik & M. Westphal (eds.), *Kierkegaard in Post/Modernity*, 1995, p.145.

[23] *Philosophische Untersuchungen*, par.664.

maskeren. Dit gebeurt meer bepaald als er een kloof bestaat tussen ons onmiddellijk gebruik van de concepten – wat we onmiddellijk verleid worden te zeggen, en de dieptegrammatica ervan – de morfologie van de wijze waarop een concept wordt gehanteerd in de sociale praktijk.

Wittgenstein is er nu van overtuigd dat een groot deel van de traditionele filosofie het resultaat is van een mentale wanorde, te wijten aan een uit het oog verliezen van die conceptuele dieptegrammatica van de termen, of aan een conflict tussen de oppervlakte- en de dieptegrammatica. Dit is meer bepaald het geval met metafysische opvattingen en systemen. Vooral speculatieve filosofen hebben de neiging te veronderstellen dat elk woord een min of meer zelfstandige betekenis heeft en dat deze betekenis datgene is waarnaar het woord refereert. Dit heeft een aantal misleidingen voor gevolg: de idee dat woorden verwijzen naar reële, maar a-temporele, niet-ruimtelijke, niet-fysische, niet-zintuiglijke entiteiten. Of dat wanneer een persoon een woord betekenisvol gebruikt, hij over een mentale representatie van de betekenis ervan beschikt, zodat hij het woord kan 'denken'. Dit geheel van filosofische problemen komt echter voort uit een misleid-zijn door bepaalde oppervlaktekenmerken van de taal, zoals b.v. het feit dat we voor elk woord kunnen vragen: 'wat betekent het?', 'waarnaar verwijst het?'. Deze oppervlaktestructuren verleiden ons ertoe valse analogieën te zien tussen woorden, en verduisteren voor ons de enorme variëteit van wijzen waarop woorden worden gebruikt, evenals het feit dat de wijze waarop we woorden gebruiken hun betekenis bepaalt.[24]

De taak van de filosofie als grammaticale analyse bestaat er nu precies in deze verleidingen aan het licht te brengen, en ons inzicht te geven in het daadwerkelijke ('diepe') functioneren van de taal. Dit in weerwil van onze drang die werking mis te verstaan: "filosofie is een gevecht tegen de beheksing van ons verstand door de instrumenten van onze taal".[25] Waar het in dit gevecht nu *niet* om

[24] R.C. Roberts, *o.c.*, p.146.

[25] *Philosophische Untersuchungen*, par.109.

gaat is een of andere 'verklaring' voor ons feitelijk taalgebruik te vinden, want "alle verklaringen moeten terzijde geschoven worden en dienen plaats te maken voor beschrijvingen, en beschrijvingen alleen. En deze beschrijvingen krijgen hun licht, dat wil zeggen hun doel, van de filosofische problemen".[26] Filosofie heeft dus op de eerste plaats een beschrijvende taak: zij beschrijft de talloze wijzen waarop onze taal werkt, laat de veelheid van fenomenen zien die zich verschuilen onder dezelfde naam. En deze beschrijving vormt een antwoord op een welbepaald filosofisch probleem: zij werkt bevrijdend, als een conceptuele therapie. Zij helpt ons de weg terug te vinden, na onszelf te hebben vastgepind op één welbepaalde mogelijkheid, na verdwaald te zijn in conceptuele ijdelheid en illusie. "Zodoende wordt men van zijn geestelijke kramp bevrijd en is men vrij om op het terrein van toepassing van de uitdrukking rond te zien en de verschillende manieren waarop de uitdrukking gebruikt wordt te beschrijven".[27]

Men kan niet beweren dat een dergelijke grammaticale analyse er de zaken 'gemakkelijker' op maakt. Zeker niet gemakkelijker dan de metafysische overtuiging dat een begrip altijd naar eenzelfde entiteit verwijst. Wittgensteins filosofische analyses willen immers juist laten zien dat er niet één, maar vele ordeningen bestaan, vele verschillende distincties die "we door onze gewone taalvormen gemakkelijk over het hoofd zien".[28] Wel is het waar dat deze analyses, juist door ons te verlossen uit onze conceptuele illusie, ons tot grotere inzichtelijke eenvoud en helderheid brengen.

Deze helderheid is, zoals gezegd, niet het resultaat van allerlei verklaringspogingen, maar van een nauwgezette beschrijving van een orde van woordgebruik die vóórgegeven is in de sociale praktijk en de traditie. Zij komt met andere woorden niet tot stand door het aandragen van nieuwe empirische gegevens, maar "door dingen die al lang bekend zijn met elkaar in verband te brengen".[29]

[26] Ibid.

[27] N. Malcolm, *o.c.*, p.71.

[28] *Philosophische Untersuchungen*, par.132.

[29] *Philosophische Untersuchungen*, par.109.

Wittgenstein vergelijkt de beschrijvende activiteit van de filosoof daarom met die van de tekenaar: "de denker gelijkt ten zeerste op de tekenaar, die alle samenhangen wil natekenen".[30] En de helderheid die door deze "overzichtelijke voorstelling" van alle gegevens wordt bereikt,[31] merkt hij op, is geen bijkomend doel van de filosofie, maar een doel op zich. "Onze beschaving is (...) typisch opbouwend. Haar bezigheid bestaat erin een steeds complexer gebouw te construeren. En ook de helderheid dient toch opnieuw dit doel en is geen doel op zich. Voor mij daarentegen is de helderheid, de doorzichtigheid doel op zich".[32]

In welke mate is Wittgensteins concept van grammaticale analyse nu ook verhelderend voor Kierkegaards wijze van filosoferen?

Eerder werd gezegd dat Kierkegaards stijl tegelijk die van een dichter-psycholoog en dialecticus is, dat in de meeste van zijn analyses psychologische en conceptuele beschrijvingen volledig door elkaar lopen. Nemen we bijvoorbeeld zijn beschrijvingen van de verschillende levensstadia – in een of andere vorm terug te vinden in al zijn filosofische werken. Enerzijds zeggen deze beschrijvingen iets over wat mensen motiveert, wat hun gedrag en ervaring verklaart, hoe hun psyche is gestructureerd, hoe ze de eigen existentiële situatie beleven, hoe de meeste mensen onder gegeven condities handelen. Maar tegelijk drukken deze analyses ook een interne conceptuele orde uit, zijn ze 'grammaticaal'– Kierkegaards pseudoniem Climacus gebruikt hiervoor ook wel de term 'algebraïsch'[33] – in Wittgensteiniaanse zin. Dit betekent dat een bepaald begrip of een levenspraktijk van binnenuit op zijn mogelijkheden wordt onderzocht, dat zij tegelijkertijd in verhouding wordt geplaatst met èn afgegrensd van andere begrippen of praktijken. De vraag is dan niet langer hoe individuen de eigen situatie beleven, maar in welke

30 *Vermischte Bemerkungen*, p.30.

31 *Philosophische Untersuchungen*, par.122.

32 *Vermischte Bemerkungen*, p.20. Cf. ook de *Tractatus logico-philosophicus*: "de wijsbegeerte moet gedachten die als het ware troebel en vaag zijn, helder maken en scherp afbakenen" (4.112).

33 S. Kierkegaard, *Philosophische Brocken*, 10. Abt., p.87.

mate deze beleving beantwoordt aan de interne, ideële orde van het levensstadium of de praktijk waarop ze zich beroepen. Als de kloof tussen psychologische en conceptuele orde te groot wordt, betekent dit dat er illusie of zelfbedrog in het spel is: het individu beeldt zich dan b.v. wel in ethisch of religieus te leven, maar in feite blijken de coördinaten van zijn bestaan volledig te passen in onmiddellijke, esthetische categorieën.

Op deze manier kan b.v. Kierkegaards analyse van het begrip 'keuze' in het tweede deel van *Enten-Eller* (*Het een of het ander*) zonder meer grammaticaal worden genoemd.[34] Kierkegaard begint zijn analyse niet – dat doet hij ook elders nooit – met een lexicale definitie van de term. Zijn begrip keuze krijgt maar langzaam vorm en betekenis door een nauwgezette beschrijving van de wijze waarop het zich tot omringende begrippen en contexten verhoudt: de vertwijfeling, de gemeenschap, een eindige en oneindige betekenis van het zelf, singulariteit en algemeenheid, goed en kwaad, berouw, schuld etc. Doorheen dit netwerk van verwijzingen worden enkele grondtrekken van het begrip duidelijk: het gaat om een ethisch begrip, om een onvoorwaardelijke keuze, om een keuze die veeleer het karakter heeft van een beaming van het eigen zelf dan van een creatie ervan, een keuze die een band schept tussen het individu en de gemeenschap etc. Tevens wordt zichtbaar in welke contexten het begrip alleen maar in oneigenlijke zin kan worden gebruikt en het dus aanleiding geeft tot misvatting en verwarring. Dit is b.v. het geval wanneer men het begrip gebruikt om er een esthetische of een voorwaardelijke keuze mee aan te duiden, of wanneer men het identificeert met dat van de psychologische vrijheid, of men er een exclusief voluntaristische of indeterministische invulling aan geeft.

Zoals in Wittgensteins grammaticale analyses, speelt ook in die van Kierkegaard het onderscheid tussen oppervlakte- en dieptegrammatica een belangrijke rol. Evenals Wittgenstein richt ook Kierkegaard zich tot tijdgenoten die hij beschouwt als conceptueel verward, dit tot nadeel van de kwaliteit van hun eigen bestaan.

[34] Uitgewerkt in Vilhelms tweede brief aan A: "Het evenwicht tussen het esthetische en het ethische in de uitwerking van de persoonlijkheid". Cf. S. Kierkegaard, *Entweder/Oder II*, 2. und 3. Abt., p.165 e.v.

Kierkegaard is er daarbij van overtuigd dat zijn tijdgenoten vooral misleid worden door de 'oppervlaktegrammatica' van een abstracte reflectie of dialectiek. Dit houdt in dat zij reflexief wel een bepaalde interne orde of samenhang van begrippen vatten, maar zich daar tevens op blindstaren. Hun abstracte gedachten monden dan alleen maar uit in een eindeloos en onvruchtbaar reflectieproces, waarin zij nooit tot heldere en vaste inzichten of beslissingen komen. Wat hen ontbreekt is de moed om zich aan de inzichten van de dieptegrammatica, dit wil zeggen van de kwalitatieve dialectiek, te houden. Eerst vanuit een dergelijke dialectiek krijgt de denker oog voor de beslissende begripsonderscheidingen en overgangen tussen de verschillende sferen, ziet hij de verschillen en verbanden zoals die reëel, in hun zowel conceptuele als existentiële samenhang gegeven zijn.

Van deze spanning tussen oppervlakte- en dieptegrammatica treft men in Kierkegaards œuvre talloze voorbeelden aan. Eén van de meest frappante is wel te vinden in het eerst postuum uitgegeven manuscript *Nutidens religieuse Forvirring belyst ved Mag. Adler som Phaenomen* (*De religieuze verwarring van de huidige tijd, toegelicht aan de hand van het fenomeen Magister Adler*). Adler, een protestants dominee en Hegeliaans georiënteerd filosoof, had in 1843 een reeks preken gepubliceerd waarin hij zich beriep op een Christus-Openbaring. Voor Kierkegaard was hij de levende illustratie van de begripsverwarring teweeggebracht door het Hegelianisme en de christenheid.[35] Niet alleen bekeerde Adler zich tot het christendom terwijl hij reeds christen (èn dominee) was, hij beriep zich daarvoor bovendien op een Goddelijke openbaring en een apostolische roeping. Wat Kierkegaard Adler verwijt, is nu niet een gebrek aan geloof. Wel ontbreekt het Adler volledig aan een 'kwalitatieve dialectiek'.[36] Hij heeft zich niet de moeite getroost

[35] Kierkegaard maakt een scherp onderscheid tussen het christendom, als het geloof in de persoon en de leer van Christus, en de christenheid, als het geheel van christelijk gewaande sociale, politieke en maatschappelijke instellingen. Naar zijn overtuiging vormt de Moderne christenheid een wezenlijke bedreiging voor het christendom.

[36] S. Kierkegaard, *Das Buch über Adler*, 36. Abt., p.22.

"zich te bekwamen in de christelijke begripstaal", en is niet in staat zijn religieuze "gegrepenheid binnen de christelijk-kwalitatieve begripsbepalingen" uit te drukken.[37] Vandaar dat hij begrippen uit verschillende sferen hopeloos door elkaar haalt. Zo verwart Adler het begrip genie met dat van apostel, verwart hij diepzinnigheid met volmacht, het intellectuele met het ethisch-religieuze, 'religieuze opwekking' of 'begin van geestdrift' met openbaring. Het gevolg van zijn spraakverwarring is dat hij de eigen ervaringen niet begrijpt, en zijn persoonlijke leven onvermijdelijk uitloopt op een tragedie.

In het boek over Adler komt nog een ander belangrijk verschil aan het licht: dat tussen een grammaticale en wat we een stipulatieve definitie zouden kunnen noemen. Eigen aan de metafoor van de grammaticale analyse is dat grammaticale opmerkingen verwijzen naar kenmerken van concepten die reeds belichaamd zijn, zij het misschien onnauwkeurig, in de voorgegeven verhoudingen van onze leef- en spreekwijzen. Wat Kierkegaard nu meermaals verwijt aan Adler, en wat hij in het algemeen verwijt aan Hegelianen, is dat dezen grammaticale definities op een stipulatieve wijze gebruiken. Dit betekent dat zij met hun analyses verder willen gaan dan wat daadwerkelijk in de conceptuele en existentiële verhoudingen gegeven is, en het voorgegeven karakter van deze verhoudingen dus ontkennen of negeren. "Eenieder die door de toepassing van de Hegeliaanse dialectiek op de existentiële domeinen nog niet volledig in de war is gebracht (...) zal het volgende (...) gemakkelijk inzien: indien iemand die beweert iets te verklaren, aan het wezen zelf van dit onderwerp iets verandert, dan verklaart hij het niet, maar verandert het".[38] Kierkegaard is steeds bijzonder alert voor dit soort veranderingen, en het blootleggen daarvan maakt juist deel uit van zijn programma om de tijdgenoten opmerkzaam te maken op de ethische en ethisch-religieuze levensopgaven van het menszijn.

[37] *Das Buch über Adler*, p.128 en 133.
[38] *Das Buch über Adler*, p.67.

Indirecte mededeling

De verwantschap tussen Kierkegaards en Wittgensteins stijl en methode, zoals die blijkt uit het begrip grammaticale analyse, kan ook vanuit een Kierkegaardiaans concept worden verhelderd: dat van de indirecte mededeling.

"Ik constateer dat de mensen overal bezig zijn met het *wat* dat moet worden meegedeeld. Wat mij aan de andere kant bezighoudt is: wat het betekent mee te delen. Hierover heb ik werkelijk niets gelezen in de werken van de Moderne Tijd",[39] schrijft Kierkegaard in een onuitgegeven manuscript dat als titel draagt *Den Ethiske og den Ethisk-Religieuse Meddelelses Dialektik* (*De dialectiek van de ethische en de ethisch-religieuze mededeling*). Hij drukt hiermee een wezenlijke bekommernis van zijn auteurschap uit: met zijn œuvre wil hij zich grondig bezinnen over de mogelijkheidsvoorwaarden en de grenzen van de mededeling, en zelf met deze grenzen experimenteren.

Kenmerkend voor een experimentele mededeling is de vooronderstelling dat er een scheidingslijn bestaat tussen hetgeen direct en hetgeen alleen maar indirect kan worden gezegd. Een vooronderstelling die onbetwistbaar het centrale uitgangspunt vormt van zowel Kierkegaards als Wittgensteins œuvre. Beide auteurs willen in hun werken het bestaan van een dergelijke scheidingsmuur aannemelijk maken en de plaats ervan situeren.[40] En hoewel zij ervan overtuigd zijn dat er aan beide zijden van de muur belangrijke dingen zijn te zien, is aflijning en aanduiding van het verschil toch hun eerste bekommernis. Want wie niet opmerkzaam is op dit verschil, verwart de twee sferen met elkaar en kan over geen van beide zinvolle uitspraken doen. Globaal gesproken, zijn Kierkegaard en Wittgenstein het er ook over eens dat dit verschil hierin bestaat dat directe uitspraken slechts één kant van de muur kunnen bereiken. Wat zich aan de andere kant bevindt, kan alleen maar worden getoond (Wittgenstein), of aangeduid voorzover het ook is doorleefd (Kierkegaard), het kan met andere woorden alleen maar indirect worden verwoord. En in feite geldt dit laatste ook voor het

[39] *Papirer* VIII2 B 89, p.185.
[40] C.L. Creegan, *o.c.*, p.32.

bestaan van de scheidingsmuur zelf: alleen op indirecte wijze kan het voorhanden zijn van een dergelijke grens worden getoond of verwoord.

Het concept 'indirecte mededeling' is voor Kierkegaard geen romantisch modewoord, noch een vrijbrief voor chaos of willekeur. Onder meer in het zojuist vermelde traktaat *Den Ethiske og den Ethisk-Religieuse Meddelelses Dialektik* heeft hij vrij nauwkeurig aangegeven wat er onder dit concept moet worden verstaan.

Kierkegaards uitgangspunt is de vaststelling dat elke mededeling vier aspecten bevat: het object of de inhoud, de mededeler, de ontvanger en de vorm van de mededeling. Op grond van de klemtoon die op elk van deze aspecten valt, kunnen twee soorten mededeling van elkaar worden onderscheiden: een *kennismededeling* en een *mededeling van kunnen*. In een kennismededeling valt de nadruk volledig op het object of de propositionele inhoud; in een mededeling van kunnen – die op haar beurt kan worden onderverdeeld in een esthetische, ethische en ethisch-religieuze mededeling – op de drie andere aspecten.

Juist omdat ze alleen maar een zakelijke communicatie of overdracht van conceptuele begrippen wil zijn, is een kennismededeling, althans in Kierkegaards termen, per definitie direct, is zij voor elk ontwikkeld rationeel wezen onmiddellijk assimileerbaar. Noch de persoon van de mededeler of van de ontvanger, noch de concrete situatie waarin de mededeling plaatsvindt, speelt er principieel een rol. De enige relevante vraag voor een dergelijke mededeling is dan ook of de propositionele inhoud van de mededeling al dan niet correct werd weergegeven.

De mededeling van kunnen heeft een heel andere grammatica: zij is wezenlijk indirect. Dit is precies te verklaren door het feit dat in een dergelijke mededeling niet de correcte weergave van de inhoud centraal staat, maar de persoon van de spreker en toehoorder en het *hoe* van de mededeling. Bij de mededeler wordt meer bepaald een specifieke technische of esthetische (b.v. muzikale) vaardigheid verondersteld, of een ethische (b.v. maieutische) bekwaamheid of religieuze (b.v. apostolische) volmacht, en bij de toehoorder een welbepaalde aanleg, houding of receptiviteit. De meest relevante vraag is hier dus niet wat er is meegedeeld of aangeleerd, maar hoe dit is gebeurd.

Waar het gaat om overdracht van zakelijke of wetenschappelijke informatie, is de kennismededeling volkomen geldig èn onontbeerlijk. Maar het toepassingsdomein ervan is beperkt: zodra een existentieel of ethisch aspect voor de mededeling relevant wordt, is deze communicatievorm volledig ongeschikt. De grondverwarring van de tijdgenoten, en bij uitbreiding die van heel de Moderne Tijd, bestaat er volgens Kierkegaard in dat men precies deze laatste restrictie uit het oog is verloren. Het gevolg hiervan is dat alle esthetische, ethische en religieuze levensopgaven systematisch worden omgezet in een kennismededeling, d.w.z. in een intellectuele of speculatieve opgave, of in een objectieve leer.

"Elk mens is voor God verplicht het ware dat hij heeft begrepen, als hij het wil meedelen, in de meest ware vorm mee te delen (...). Zo is in het bijzonder voor de ethische, gedeeltelijk ook voor de ethisch-religieuze mededeling van de waarheid, de indirecte mededeling de meest ware vorm".[41] Kierkegaard drukt hiermee een soort programmaverklaring uit. Het was hem, beklemtoont hij, vanaf het begin van zijn auteurschap duidelijk dat het zowel zinloos als onmogelijk zou zijn om de gronddwaling van de tijdgenoten op rechtstreekse wijze te bestrijden. Want elk directe reactie zou onmiddellijk in het raderwerk van de kennismededeling, van het loutere 'reflexief weet hebben van', worden opgenomen en onschadelijk gemaakt. Vandaar de noodzaak met behulp van alle mogelijke ethische, literaire èn filosofische middelen, met behulp van maieutische ironie, pseudonymie èn kwalitatieve dialectiek, een œuvre tot stand te brengen dat opmerkzaam maakt op de beslissende scheidingslijnen en begripsonderscheidingen, kortom: dat tegenover het heersende zinsbedrog zou kunnen dienstdoen als een bolwerk van indirect verzet.

[41] *Papirer* VIII2 B 88, p.183-184. Daar de christelijke verkondiging gebaseerd is op een Goddelijke openbaring, moet de mededeling van kunnen er noodzakelijkerwijze worden voorafgegaan door een kennismededeling.

Het onderscheid tussen hetgeen direct en indirect kan worden uitgedrukt, speelt ook bij Wittgenstein een belangrijke rol, zowel in zijn *Tractatus logico-philosophicus* als in zijn *Philosophische Untersuchungen* en andere latere werken.

Zoals dit bij Kierkegaard het geval is, bestaat er ook bij Wittgenstein een groot verschil tussen de eerste indruk die door zijn werken wordt gewekt, en zijn eigen begrip van de uiteindelijke betekenis en het doel ervan. Zo is de *Tractatus* op het eerste gezicht een exclusief logisch traktaat; het enige doel ervan lijkt te zijn: aan te tonen dat "alles wat werkelijk gedacht kan worden, helder gedacht kan worden".[42] Om dit doel te bereiken wordt de logica van de taal geanalyseerd en worden tal van filosofische problemen bediscussieerd. Maar terwijl in de afzonderlijke delen van het boek de meest uiteenlopende filosofische analyses hun beslag krijgen, toont het werk in zijn geheel tegelijk iets anders: "hoe weinig er eigenlijk is verricht door deze problemen op te lossen".[43] Er is dus een belangrijk verschil tussen een direct deel van de resultaten, zoals dit onmiddellijk zichtbaar is, en een indirect en 'ongeschreven' deel waarvan Wittgenstein in zijn bekende brief aan uitgever Ficker getuigt dat "juist dit tweede deel het belangrijkste is".[44]

Preciezer verwoord heeft dit indirecte deel betrekking op twee domeinen: dat van de logica en dat van de ethiek. "De logica is geen leer, maar een spiegelbeeld van de wereld. De logica is transcendentaal".[45] Logica belichaamt met andere woorden het 'staketsel' van de wereld, zij maakt het hele taalschema eerst mogelijk, en kan als zodanig niet direct worden bediscussieerd. Hetzelfde geldt voor de ethiek: ook waarden zijn transcendentaal, ook de ethische inhoud van de wereld kan niet rechtstreeks in woorden worden uitgedrukt.[46] Zoals logica is ethiek 'geen deel van de wereld'; zoals logica niet toevallig kan zijn, zo zijn waarden niet afhankelijk van

[42] *Tractatus logico-philosophicus*, 4.116.

[43] *Tractatus logico-philosophicus*, Vorwort.

[44] B.F. McGuinness & G.H. von Wright (Hrsg.), *L. Wittgenstein. Briefwechsel*, 1980, p.96-97.

[45] *Tractatus logico-philosophicus*, 6.13.

[46] *Tractatus logico-philosophicus*, 6.421.

'wat het geval is'. Logica en ethiek zijn dus twee dimensies die zich in de wereld tonen, maar die niet direct uit te drukken zijn. We botsen hier, zei Wittgenstein in een gesprek met Fr. Waismann "tegen de grenzen van de taal", en hijzelf verwees hierbij naar een analogie met Kierkegaards gebruik van de term paradox in *Philosophiske Smuler* (*Wijsgerige kruimels*).[47] Precies door de wijze te bediscussiëren waarop de wereld is geconstrueerd en weerspiegeld in de taal, toont de *Tractatus* op indirecte wijze het belang van deze dimensies waarover niet direct kan gesproken worden: de filosofie "moet het denkbare afbakenen en zodoende het ondenkbare. Zij moet het ondenkbare van binnen door het denkbare begrenzen. Zij zal wat niet gezegd kan worden aanduiden, door wat wel kan worden gezegd duidelijk uit te drukken".[48]

Op dit vlak is er nauwelijks een onderscheid tussen Wittgensteins vroegere en latere werk. "Aan alle verklaringen komt een eind" luidt het in de eerste paragraaf van *Philosophische Untersuchungen*. Ook dit is een uitdrukking van dezelfde gedachte: niets is wezenlijker dan die domeinen die geen verdere verklaring vereisen of toelaten. Juist het feit dat ze aan de basis liggen, maakt ze resistent voor verdere analyse. Daar ze deel uitmaken van het raamwerk van het leven, zijn er geen werkinstrumenten beschikbaar om ze te bereiken. En de eerste taak van de filosofie bestaat erin om op deze grens opmerkzaam te maken: "Wanneer je een grens trekt, kun je dat om verschillende redenen doen. Wanneer ik een gebied met een hek of een stuk touw of wat dan ook omgeef, dan kan dat tot doel hebben er voor te zorgen dat niemand erin of eruit kan; maar het kan onderdeel van een spel zijn, waarin de spelers bijvoorbeeld over de grens moeten springen; of het kan aangeven waar het bezit van de een ophoudt en dat van een ander begint".[49]

Er is nog een andere, meer specifieke notie van indirectheid aanwezig in Wittgensteins latere werk.[50] Wittgenstein ontkent

[47] B. McGuinness (Hrsg.), *Wittgenstein und der Wiener Kreis. Gespräche aufgezeichnet von F. Waismann*, 1984, p.68.

[48] *Tractatus logico-philosophicus*, 4.114 en 4.115.

[49] *Philosophische Untersuchungen*, par.499.

[50] C.L. Creegan, *o.c.*, p.42.

herhaaldelijk dat filosofische argumentaties gebruik zouden kunnen maken van het poneren van stellingen, zoals dit in wetenschappelijke argumentaties gebeurt. Stellingen zouden alleen maar over 'feiten' kunnen handelen, en dus zou iedereen ermee moeten instemmen. Filosofie echter houdt er zich niet, zoals de wetenschappen, mee bezig nieuwe informatie te geven, zij is met andere woorden geen 'kennismededeling'. Wat haar werkelijk aanbelangt is: de eis van volkomen helderheid. De ideale weg om deze helderheid te bereiken is, zoals reeds eerder gezegd, het feitelijke materiaal zó te schikken dat we gemakkelijk kunnen overgaan van één deel naar het andere en er een helder zicht op hebben: "Een van de voornaamste bronnen van ons gebrek aan begrip is dat wij geen goed overzicht hebben over het gebruik van onze woorden. Het ontbreekt onze grammatica aan overzichtelijkheid. Een overzichtelijke voorstelling van zaken heeft begrip tot gevolg, hetgeen inhoudt dat we de 'samenhangen zien'. Daarom is het vinden en uitvinden van tussenschakels zo belangrijk. Het idee van een overzichtelijke voorstelling van zaken is voor ons van fundamenteel belang".[51] Met deze laatste betekenis van indirectheid is meteen ook een band gelegd met de notie van grammaticale analyse: de helderheid, als hoogste streefdoel van de grammaticale analyse, is alleen maar op indirecte wijze te bereiken.

Samengevat mogen we stellen dat de scheidingslijn tussen hetgeen direct en indirect kan worden verwoord, zowel in Kierkegaards als Wittgensteins œuvre volledig centraal staat. Dit heeft voor gevolg dat het œuvre van beide auteurs voortdurend op twee niveaus kan worden gelezen: dat van het directe resultaat en dat van het indirecte. Waarbij beiden het erover eens zijn dat het tweede niveau het belangrijkste is, ook al kan de precieze betekenis en draagwijdte ervan alleen maar metaforisch worden verhelderd.

Een metafoor die beide auteurs veelvuldig gebruiken om de betekenis van de door hen gehanteerde indirecte methode aan het licht te brengen is die van 'de weg terug uit dwaling en illusie'. "De wereld wil bedrogen worden. Daarom is de indirecte methode

[51] *Philosophische Untersuchungen*, par.122.

langzaam, daar ze er juist op berekend is dit bedrog te verhinderen; en precies om die reden wil ze de mensen door middel van bedrog in de waarheid leiden", zegt Kierkegaard.[52] In de wat meer nuchtere woorden van Wittgenstein luidt dit: "We moeten de bron van de dwaling ontdekken. Zoniet zal het horen van de waarheid ons niet helpen. De waarheid kan niet doordringen als iets anders haar plaats inneemt. Om iemand te overtuigen van wat waar is, volstaat het niet hem dit mee te delen. We moeten de weg van de dwaling naar de waarheid vinden".[53] De eigen werken worden daarom ook wel vergeleken met "landschapsschetsen"[54] of "topografische kaarten",[55] die de lezer toelaten zich van zijn dwaalweg bewust te worden, en zich met behulp van waarschuwingsborden en wegwijzers opnieuw te oriënteren.[56]

De dwaling of illusie waarin lezers, tijdgenoten of speculatieve denkers verstrikt zitten, wordt door geen van beide denkers als toevallig of bijkomstig beschouwd. Het gaat om een dwaling die de kwaliteit van het bestaan aantast, en de mens verhindert om op een gezonde manier te denken en zichzelf te zijn. Vandaar dat de indirecte methode ook wel wordt vergeleken met een therapie[57] of met de arts aan het ziekbed.[58] Ook deze metafoor veronderstelt dat er bij de lezer in eerste instantie iets moet worden weggenomen: een illusie of een ziekte, die er zoals steeds in bestaat de verschillende vormen van mededeling mis te verstaan en de scheidingslijnen tussen de verschillende sferen te miskennen.

In feite wijzen al de vermelde metaforen op de gemeenschappelijke socratische aard van de door Kierkegaard en Wittgenstein

[52] *Papirer* VIII2 B 12, p.59.

[53] *Remarks on Frazer's Golden Bough*, Humanities Press, 1979, p.1e. Cf. ook Wittgensteins bekende metafoor: "Wat is jouw doel in de filosofie? – De vlieg de weg wijzen uit het vliegenglas" (*Philosophische Untersuchungen*, par.309).

[54] *Philosophische Untersuchungen*, Vorwort.

[55] *Papirer* IX A 448.

[56] *Vermischte Bemerkungen*, p.41.

[57] *Philosophische Untersuchungen*, par.133; *Der Begriff Angst*, p.55.

[58] Cf. Kierkegaards pseudoniem Anti-Climacus in het Voorwoord van *Sygdommen til Døden* (*De ziekte tot de dood*).

gehanteerde indirecte methode. Een aard die nog bevestigd wordt door een ander beeld dat door beiden wordt gehanteerd, dat van de spiegel: "Ik moet enkel de spiegel zijn waarin mijn lezer zijn eigen denken met al zijn wanstaltigheden ziet en met behulp daarvan recht kan trekken"[59] (Wittgenstein); en: "Deze werken zijn spiegels. Als een aap erin kijkt, kan hij geen apostel zien" (Kierkegaard).[60] De spiegelmetafoor maakt meteen ook duidelijk dat van de lezer een actieve inbreng wordt geëist. Wie een rechtstreeks antwoord op filosofische problemen verwacht, leest het werk alleen maar op het eerste, oppervlakkige niveau, en komt uiteindelijk bedrogen uit. Wie daarentegen echt wil begrijpen waar het in deze werken om gaat, moet een grote omweg maken: hij moet eerst en vooral iets van zichzelf leren begrijpen, iets begrijpen van de eigen blinde vlekken en de gewone, dagelijkse verwarringen.

Daar de nadruk bij de indirecte methode veeleer valt op *hoe* iets wordt gezegd, dan op *wat* er wordt gezegd, beklemtonen Kierkegaard en Wittgenstein herhaaldelijk dat zij niets nieuws te brengen hebben, maar alleen het oude op een nieuwe wijze willen voorstellen. "Met betrekking tot het *wat*", aldus Kierkegaard, "is alles reeds lang gezegd, misschien zelfs vele keren, en daarom geldt hier ook het oude refrein: niets nieuws onder de zon (...). Neen: *hoe* men iets zegt, dàt is het nieuwe".[61] Filosofische problemen, beaamt Wittgenstein, "worden niet opgelost door het aandragen van nieuwe empirische gegevens, maar door dingen die al lang bekend zijn met elkaar in verband te brengen".[62]

Beide auteurs willen de lezer terugbrengen naar iets dat reeds lang bekend is, dat voorgegeven is in de sociale praktijk of traditie, maar dat, om èchte relevantie en betekenis te verkrijgen, door ieder persoonlijk moet worden herontdekt. Waar zij de lezer opmerkzaam willen op maken, is in wezen iets eenvoudigs, iets dat echter precies door zijn nabijheid en eenvoud het moeilijkst lijkt te zien

59 *Vermischte Bemerkungen*, p.41.

60 Uitspraak van G.C. Lichtenberg, gebruikt als motto van *Stadier paa Livets Vei* (Stadia op de levensweg).

61 *Papirer* X2 A 466.

62 *Philosophische Untersuchungen*, par.109.

of te begrijpen en een bijzonder soort ethische kracht en inspanning vraagt: "hoe moeilijk valt het mij te zien wat voor mijn ogen ligt!",[63] en "de dingen die voor ons het meest belangrijk zijn, blijven ons verborgen door hun eenvoud en hun vertrouwdheid".[64]

2. Denken over religie

Tot dusver werd de nadruk gelegd op de verwantschap tussen Kierkegaard en Wittgenstein. Samengevat bestaat die in een door beiden gedeelde ethiek – het is zelfs niet overdreven te spreken over een religie – van het denken. Bovendien willen beide denkers ons herinneren aan de rijkdom van vergeten levenswegen of -vormen, waar wij ons in conceptuele verwarring van afgewend hebben. Wat de aard en interpretatie van deze levensvormen betreft, blijken beiden echter sterk van elkaar te verschillen. Een discrepantie die – naast een verdere doorwerking van hun verwantschap op het vlak van stijl en methode – allicht het scherpst aan het licht komt op het domein van de godsdienstfilosofie. Om dit te verduidelijken wil ik de godsdienstfilosofische posities van Wittgenstein en Kierkegaard eerst afzonderlijk typeren, en nadien een poging ondernemen hun standpunten met elkaar te confronteren.

Wittgenstein: een grammatica van het religieuze

Een centraal gezichtspunt van Wittgenstein is, zoals reeds eerder werd beklemtoond, de opvatting dat taal geenszins het product is van een theoretisch verstand dat beweringen uit en feiten samenbalt in proposities, maar wezenlijk een praktisch en sociaal karakter heeft. "Het woord 'taalspel' moet (...) benadrukken dat het spreken van een taal onderdeel is van een activiteit, of van een levensvorm".[65] Zonder de praktische, sociaal geëngageerde activiteiten

[63] *Vermischte Bemerkungen*, p.79.
[64] *Philosophische Untersuchungen*, par.129.
[65] *Philosophische Untersuchungen*, par.23.

van concrete personen zou taal in het geheel niet mogelijk zijn. Zelfs mathematica, als het meest abstracte en zuiver intellectuele tekensysteem, is uiteindelijk geworteld in de praktijken van het menselijke leven.[66]

Om dit inzicht in al zijn consequenties en zuiverheid te vatten, wordt van de denker een daadwerkelijke ethische handeling vereist, een denkactiviteit die berust op ethische betrokkenheid en moed. De moed om zich te houden aan wat in de sociale praktijk gegeven is; om daarbij elk bedrog af te zweren, elke drang om die praxis al onmiddellijk te willen vatten of verklaren vanuit vooropgestelde schema's. Kortom, de moed om de condities van het bestaan te aanvaarden. Anderzijds is het duidelijk dat het object zelf van die ethische denkact niet ethisch of religieus van aard is. Wat zich in dit inzicht aandient, heeft geen enkele directe normatieve kracht, het is zonder meer wat het is: "Je moet bedenken dat het taalspel iets onvoorzienbaars is, om het zo te zeggen. Ik bedoel: het is niet gegrond. Niet redelijk (of onredelijk). Het is er – zoals ons leven".[67] Wittgensteins ethiek van het denken is met andere woorden niet op directe wijze verbonden met een ethische of ethisch-religieuze inhoud. Het doel ervan is dat de denker zich zo scherp mogelijk bewust zou worden van een traditie, een geheel van taalspelen en levensvormen, waarin hij vanaf de kindertijd is ingeschakeld en waardoor de betekenis van zijn woorden en levenspraktijken grotendeels wordt bepaald. En enkel op indirecte wijze kan het resultaat van deze denkact ethisch worden genoemd: juist door het zien van datgene wat werkelijk gegeven is, wordt de denker verlost uit de flessenhals van de conceptuele illusie.

Uiteraard geldt eenzelfde gezichtspunt op het vlak van de godsdienstfilosofie. Ook haar taak is op de eerste plaats descriptief en bestaat als zodanig in een nauwgezette analyse van de grammatica van de religieuze taalspelen en levensvormen: "Het enige dat de filosofie doet is alles voor ons neerzetten, zij heeft geen verklaringen

[66] A. Rudd, *Kierkegaard and the Limits of the Ethical*, 1993, p.50.

[67] L. Wittgenstein, *Über Gewissheit*, par.559.

en trekt geen conclusies".[68] Precies door die beschrijvende benadering is de godsdienstfilosofie in staat klaarheid te brengen en vele misverstanden op te heffen. Zo kan zij de naïviteit van sommige objecties tegen religie aantonen, of laten zien dat er geen externe rechtvaardiging of fundering bestaat voor religieuze overtuigingen. Zij kan de eigenheid in het licht stellen van een religieus taalspel en laten zien hoe een religieuze overtuiging het leven van een mens bepaalt. Zij kan duidelijk maken dat sommige religieuze overtuigingen bijgeloof zijn, of verwarde grammaticale verhalen van religieus geloof kritiseren. Zij kan reacties op verschillende vormen van religie bediscussiëren, benadrukkend dat wat 'hoger' of 'lager' wordt genoemd een zaak van de theologie, of van de persoonlijke overtuiging moet zijn.[69] Haar doel is daarbij steeds hetzelfde: "verontschuldig niets, laat niets weg, kijk en zeg hoe het werkelijk gesteld is – maar je moet datgene zien wat een nieuw licht op de feiten werpt".[70]

Globaal genomen, bestaat de kracht van de Wittgensteiniaanse godsdienstfilosofie dus hierin dat zij op een afstandelijk-beschrijvende, maar toch niet reductionistische of louter externe manier, de eigenheid laat zien van het religieuze taalspel en de religieuze levensvorm.[71] Maar anderzijds lijkt het bereik van een dergelijke godsdienstfilosofie beperkt, of preciezer: de kracht ervan is verbonden met een beperking die zij zichzelf oplegt. De descriptieve methode houdt immers in dat verschillen en analogieën tussen verschillende religieuze tradities alleen maar vastgesteld of genoteerd kunnen worden.[72] Deze beperking roept echter de vraag op of alle religieuze taalspelen dan in de grond niet incommensurabel zijn. Hoe b.v. het taalspel van een New Age-adept of een christen of een zenboeddhist of een 'religieus atheïst' met elkaar vergelijken? Zeggen dat het ene standpunt méér waarheid zou bevatten dan het

[68] *Philosophische Untersuchungen*, par.126.

[69] D.Z. Phillips, *o.c.*, p.206.

[70] *Vermischte Bemerkungen*, p.80.

[71] W. Van Herck, "De taak van de godsdienstfilosofie", in *Bijdragen*, 1998, p.443 e.v.

[72] R.C. Roberts, "Wittgenstein and a Method of 'Virtue Ethics", *o.c.*, p.160 e.v.

andere, of dat het menselijk of spiritueel gesproken superieur is ten aanzien van dat andere, is niet legitiem, daar dergelijke uitspraken een soort extern criterium vooronderstellen dat onafhankelijk wil zijn van de onderscheiden religieuze levensvormen. Als er echter geen gemeenschappelijke criteria bestaan waardoor onenigheden tussen tradities over wat de groei en de bloei van het menselijk leven inhoudt, kunnen worden beslecht, is elk gesprek dan niet onmogelijk? Kunnen gelovigen van verschillende tradities dan uiteindelijk niet zeggen wat ze maar willen?

In zijn artikel *Religieuze overtuigingen en taalspelen* dat in deze bundel is opgenomen, bespreekt D.Z.Phillips op genuanceerde wijze deze moeilijkheden van en opwerpingen tegen een (neo-) Wittgensteiniaanse godsdienstfilosofie.[73] Phillips beklemtoont dat religieuze overtuigingen geen geïsoleerde taalspelen zijn die kunnen worden begrepen zonder rekening te houden met hun relatie tot andere levensvormen; dat de betekenis van deze taalspelen dus ten dele afhankelijk is van aspecten van het menselijk leven buiten het religieuze. Een analyse van de religieuze levensvormen moet deze samenhang (of het gebrek eraan) met andere contexten en levensvormen dan ook in haar onderzoek betrekken. Zij kan dan eventueel aantonen dat bepaalde religieuze taalspelen de band met het vóórreligieuze niet ernstig nemen, of in strijd zijn met wat wij reeds weten buiten het religieuze taalspel om.

Deze nuancering is van belang: zij maakt duidelijk dat een religieuze levensvorm of traditie in Wittgensteiniaans perspectief niet om het even wat kan inhouden, geen dekmantel kan zijn voor om het even welke onzin. Maar Phillips' opmerkingen doen niets af aan de beperking die de Wittgensteiniaanse godsdienstfilosofie zichzelf oplegt, zij veranderen niets aan het niet-interferentieprincipe van de descriptieve (godsdienst)filosofie. Waar deze zich hoe dan ook niet mee bezig houdt, is de dogmatische inhoud van religieuze uitspraken, of de existentiële zin of onzin van een bepaalde religieuze levensvorm of traditie: "filosofie is voor noch tegen religieuze overtuigingen. Nadat ze heeft getracht de grammatica van

[73] Cf. hfdst. 3.

dergelijke overtuigingen te verhelderen, is haar werk gedaan...".[74] Al wat de grammaticale analyse te buiten of te boven gaat, is met andere woorden een zaak van theologie of van persoonlijke overtuiging. De taak van de godsdienstfilosoof verschilt op dit vlak in niets van die van elk ander filosoof: "De filosofie mag het feitelijke gebruik van de taal op generlei wijze aantasten; uiteindelijk kan zij dit gebruik dus alleen maar beschrijven (....). De filosofie laat alles zoals het is".[75] Als de godsdienstfilosoof dan ook al vrede vindt in het resultaat van zijn analyses, dan gaat het om een vrede zoals die in het bereik ligt van elk filosoof: "Vrede in de gedachten. Dat is het verlangde doel van degene die filosofeert".[76] Een vrede die niet het gevolg is van wàt er wordt gedacht, maar van een consequent volgehouden ethiek of religie van het denken.

Kierkegaard: een ethisch-religieuze grammatica

Zoals voor Wittgenstein, bestaat ook voor Kierkegaard de eerste opdracht van de filosoof erin de lezers te herinneren aan oorspronkelijke, maar veelal vergeten of verdrongen levensvormen en betekenissen. Maar de aard en het statuut van deze levensvormen blijken sterk verschillend te zijn van die waarnaar Wittgenstein verwijst. Dit komt duidelijk tot uiting in een verklaring die Kierkegaard in het *Afsluttende uvidenskabelig Efterskrift* aflegt over de betekenis van zijn pseudonieme (d.i. filosofische) werken. Deze betekenis, zegt hij, bestaat niet "daarin een nieuw voorstel te doen, een ongehoorde ontdekking te maken, of een nieuwe partij te stichten (...), maar daarin solo het oerschrift van de individuele, humane existentieverhoudingen, het oude, bekende en door de vaderen overgeleverde nog eens, en zo mogelijk op een meer innerlijke wijze, te willen doorlezen".[77] Van belang hierbij is vooral het inzicht dat, en in welk opzicht, Kierkegaard onder *het oude, bekende en door*

[74] D.Z. Phillips, "Religieuze overtuigingen en taalspelen", cf. supra p. 91

[75] *Philosophische Untersuchungen*, par.124.

[76] *Vermischte Bemerkungen*, p.87.

[77] *Abschliessende unwissenschaftliche Nachschrift* II, p.343-344.

de vaderen overgeleverde heel wat meer verstaat dan een geheel van overgeleverde sociale praktijken.

Een centrale overtuiging van Kierkegaard is de gedachte dat het menselijke bestaan gekenmerkt is door vaste parameters.[78] Zo keert in elk van zijn pseudonieme werken de opvatting terug dat het 'zelf' in aanleg een synthese is van het eindige en het oneindige, van singulariteit en algemeenheid, facticiteit en mogelijkheid, realiteit en idealiteit. Deze parameters verwijzen dus naar een algemeen-menselijke aanleg of idealiteit, naar een soort dieptegrammatica van de menselijke existentie. Tezamen vormen zij de grondvoorwaarden van elk menselijk bestaan en liggen zij aan de grondslag van elk adequaat ontwikkelingsschema of persoonsconcept. Om die reden ook is Kierkegaard het, althans op ethisch vlak, volkomen eens met Terentius' uitspraak "als je er één kent, ken je ze allen".[79]

Wanneer Kierkegaard spreekt over het 'oerschrift van de humane existentieverhoudingen' verwijst dit voor hem dus naar een raamwerk van de existentie dat op objectieve wijze is vóórgegeven. En de erkenning van het objectieve gehalte van dit raamwerk, staat in het geheel niet in tegenspraak met zijn overtuiging dat "de waarheid de subjectiviteit is".[80] Want dit existentiële raamwerk krijgt maar zin en betekenis, het wordt maar tot vlees en bloed, in de mate het individu er zich op ethische wijze van bewust wordt, in de mate het zich dit oerschrift toeëigent in het eigen concrete bestaan. Kierkegaards 'oerschrift van de humane existentieverhoudingen' is met andere woorden tegelijkertijd gave en opgave. Het is vóórgegeven en, zij het altijd op onvolmaakte wijze, geïncarneerd in de traditie en de sociale praktijk, maar zodra het door het individu is (her)ondekt en (h)erkend – Kierkegaard gebruikt hier bij voorkeur de term 'herinnerd'– toont het zich als iets normatiefs, als een onvoorwaardelijk appèl, als de ethisch-religieuze levensopgave bij uitstek.

[78] R.C. Roberts, *o.c.*, p.149.

[79] "Unum cum noris, omnes noris", cf. Terentius, *Phormio*.

[80] *Abschliessende unwissenschaftliche Nachschrift* I, p.179 e.v.

De levensvormen of existentieverhoudingen waarnaar Kierkegaard verwijst, zijn dus geenszins moreel- of religieus neutraal. De kennis ervan levert niet alleen inzichtelijke helderheid op, maar grijpt ook in op onze levenspraktijken en taalspelen. Er gaat een appellerende en veranderende kracht van uit. En waar dit toch niet het geval is, wijst dit op het feit dat het inzicht ontoereikend was of illusorisch.[81] Een 'terugkeer naar het oerschrift van de existentie' kan voor Kierkegaard dan ook nooit een terugkeer betekenen naar een alledaags leven, beleefd in onmiddellijkheid.[82] Want een dergelijk leven betekent juist een vlucht voor een beslissend engagement met de opdracht die in dit oerschrift is vervat.

Een daadwerkelijk begrip van 'het oude, door de vaderen overgeleverde' kan de denker overigens in conflict brengen – Kierkegaard zou zeggen: zal hem noodzakelijkerwijze in conflict brengen – met de traditie in de meer onmiddellijke betekenis van het woord: met de gangbare sociale praktijken, of 'het bestaande', of de gevestigde kerkelijkheid.[83] Dat een goede omgang met of interpretatie van de existentiële dieptestructuur noodzakelijkerwijze via concrete mensen en sociale praktijken wordt doorgegegeven, betekent immers helemaal niet dat deze structuur met die praktijken zou samenvallen. Ook al is het waar dat zij beter tot haar recht zal komen in de ene sociale praktijk of traditie dan in een andere, en voor Kierkegaard is dit laatste bij uitstek het geval in de traditie van het christendom (maar juist niet in die van de sociologische christenheid).

[81] "Het droevigste misschien dat van een mens gezegd kan worden is: hij kan niet verheven worden, zijn eigen weten kan hem niet verheffen. Zoals een kind zijn vlieger oplaat, zo laat hij zijn weten opstijgen; het nakijken, het met de ogen volgen, dat vindt hij boeiend, maar zelf stijgt hij niet omhoog, hij blijft in het moeras, steeds meer verlangend naar het opstijgende. Daarom, wie je ook bent, als het op de een of andere manier zo met je gesteld is: schaam je, schaam je, schaam je". *Der Augenblick*, 34. Abt., p.258.

[82] Op dit vlak geldt overigens voor Wittgenstein precies hetzelfde.

[83] Waarmee Kierkegaard op het einde van zijn leven op ongemeen felle toon polemiseert in een reeks krantenartikelen, gebundeld in *Øieblikket* (*Het ogenblik*).

De conclusie van dit alles is nu niet dat Kierkegaards godsdienstfilosofie zonder meer tegengesteld zou zijn aan de Wittgensteiniaanse. In eerste instantie vallen ook hier tal van analogieën op. Ook Kierkegaard wil immers aantonen dat religieuze betekenissen niet op externe wijze kunnen worden gerechtvaardigd, ook hij verzet zich tegen elke vorm van reductionisme; ook hij beklemtoont dat God geen empirische hypothese is, noch een middel voor een verderliggend doel; ook hij wil de eigenheid laten zien van de religieuze levensvorm en de samenhang ervan met andere contexten en levensvormen. Op deze manier zou zijn werk *Kjaerlighedens Gjerninger* (*Daden van liefde*) gelezen kunnen worden als een grammaticaal boek in Wittgensteiniaanse zin.[84] Het werk beschrijft nauwgezet het geheel van regels die het christelijk concept van liefde beheersen, daarbij specifiërend wat wel en wat niet als christelijke liefde telt. Op vele plaatsen gaat het om een afstandelijke analyse, die evengoed kan aanvaard worden door een christen als door een niet-christen. Overigens beroept Kierkegaard zich regelmatig op niet-gelovigen of overtuigde atheïsten om de geloofstaal te verhelderen.[85]

Maar met deze beschrijvende en verhelderende taak is volgens Kierkegaard de opdracht van de godsdienstfilosofie niet ten einde. Want een beschrijving van de grammatica van het religieuze staat voor hem niet los van de ethisch-religieuze inhoud van deze grammatica. De reden hiervoor dient niet gezocht in het feit dat hij een exclusief christelijk denker zou zijn. Zij is, zoals eerder gezegd, gelegen in zijn in eerste instantie *ethische* overtuiging dat er een oerschrift van menselijke en menswaardige existentie bestaat, tot de verwezenlijking waarvan elk mens is geroepen.

Het onderscheid tussen Kierkegaards en Wittgensteins (godsdienst)filosofie kan ook vanuit een andere hoek worden belicht. In tegenstelling tot Wittgenstein – en hoewel hijzelf het tegendeel is

[84] R.C. Roberts, *o.c.*, p.155 e.v.

[85] Zo beroept hij zich in *Stadier paa Livets Vei* op Feuerbach om aan te tonen dat de religieuze existentie wezenlijk verbonden is met lijden (*Stadien auf des Lebens Weg* II, p.489-490).

van een systeemfilosoof – werkt Kierkegaard in zijn œuvre een 'totaliteitsvisie' uit, zij het dan één van heel eigen aard. Hij is er immers van overtuigd dat er tussen de vele verschillende levensvormen en praktijken een samenhang bestaat die kan worden uitgedrukt in termen van groei en bloei en ontwikkeling, of van neergang en verval. Uiteraard heeft deze totaliteitsvisie niet het karakter van een speculatief systeem. Zij is het resultaat van een consequent doorgevoerde ethisch-religieuze lezing of hermeneutiek van het bestaan. Deze hermeneutiek vormt de feitelijke voedingsbodem van Kierkegaards topografie van levenswijzen of existentiesferen. Zij maakt het hem mogelijk te beargumenteren welke levensvormen de grootste bloei inhouden of het menselijk leven het meest vervullen, en waarom dit zo is. Zo tracht Kierkegaard aan het licht te brengen dat en in welk opzicht een ethische levenswijze rijker is dan een esthetische, of waarom de ene ethische opvatting te verkiezen is boven de andere, of in welk opzicht een christelijke levensvorm kan beschouwd worden als de vervulling van het menszijn. Zijn argumentatie vervalt daarbij nooit in een volkomen uitwendig spreken, zij hanteert nooit louter externe criteria. Anderzijds oefent zij een zeker appèl uit op wie de geschetste ethische of religieuze levenswijze of opvatting niet deelt, precies omdat zij altijd ook verwijst naar meer algemene menselijke gevoeligheden en verhoudingen, naar een door allen gedeelde humaniteit.[86]

De conclusie uit het voorgaande is duidelijk: voor Kierkegaard kan een analyse van de grammatica van het religieuze nooit louter beschrijvend zijn. Een ethische reflectie over deze grammatica confronteert ons immers onvermijdelijk met de diepere mogelijkheden en opgaven van het mens-zijn, met de ethische en spirituele rijkdom en schoonheid ervan, en roept ons zo op onze gedachten op een bepaalde wijze te ordenen en een bepaald soort leven te leiden. Een oproep die niet ontoegankelijk is voor mensen die deze levensvormen niet of nog niet kennen.

[86] R.C. Roberts, *o.c.*, p.164.

Derde- of eerstepersoonsperspectief?

Bondig verwoord, bestaat de spanning tussen Kierkegaards en Wittgensteins godsdienstfilosofische positie hierin: vanuit Kierkegaards perspectief is de draagwijdte van Wittgensteins opvatting te beperkt; vanuit Wittgensteins perspectief reikt de ambitie van de Kierkegaardiaanse godsdienstfilosofie te ver. Tot slot van deze bijdrage wil ik dieper ingaan op de betekenis en de reikwijdte van deze tegenstelling.

Alles zien vanuit een religieus standpunt

Ik ben geen religieus persoon, "maar kan het niet helpen elk probleem te zien vanuit een religieus standpunt", merkt Wittgenstein op.[87] En elders: "de filosoof is geen burger van een gemeenschap van ideeën – dit is [precies] wat hem tot filosoof maakt".[88] Op het eerste gezicht zijn deze uitspraken paradoxaal. Enerzijds laat Wittgenstein met grote scherpte zien dat elk (religieus) taalspel is ingebed in concrete levensvormen en -praktijken; maar anderzijds bekent hij zichzelf tot geen enkele historische (religieuze) gemeenschap. Hoe kan een standpunt echter religieus zijn, als de persoon zelf dit niet is? Hoe in het algemeen de zin en betekenis vatten van b.v. een historische religie als het christendom? Wie abstractie maakt van de profeten, de bijbelse geschriften, de persoon en het leven van Christus, de leerstellingen, de groei van de eerste christelijke gemeenschappen, ontdoet die het christendom niet van zijn kern, verandert die het niet in "een bleek soort geest"?[89] Neemt Wittgenstein, die op zo'n overtuigende wijze weet te reageren tegen externe perspectieven van funderingsdenkers en reductionisten, hier zelf niet een al te uitwendig standpunt in?

In een artikel, getiteld *Autorship and Authenticity: Kierkegaard and Wittgenstein*, waarin hij de positie van beide auteurs met elkaar vergelijkt, neemt D.Z.Phillips de verdediging van Wittgensteins

[87] M. O'C Drury, *o.c.*, p.91.

[88] L. Wittgenstein, *Zettel*, par.455.

[89] Kritiek geuit door R.F. Holland, geciteerd en besproken door D.Z.Phillips in "Authorship and Authenticity: Kierkegaard and Wittgenstein", *o.c.*, p.206-207.

standpunt op zich. Wanneer Wittgenstein zegt dat hij het niet kan helpen elk probleem vanuit een religieus standpunt te zien, argumenteert Phillips, dan is, zoals ook Rush Rees getuigt, het enige wat hij met die opmerking bedoelt, dat hij zich op religieuze wijze op de filosofie toelegt.[90] Wittgensteins opmerking verwijst met andere woorden niet naar een inhoudelijke religieuze overtuiging, maar naar de religieuze ernst van zijn denken. Hij legde zich op zeer persoonlijke, ethisch-religieuze wijze toe op problemen die op zich conceptueel zijn. Dat wil zeggen: op problemen die hun wortels niet hebben in zijn persoonlijke leven, maar in tendensen en patronen van denken en spreken waarmee in principe eenieder wordt geconfronteerd, daar deze voortkomen uit de taal die wij met elkaar delen. Dit houdt echter in, zo vervolgt Phillips, dat er in Wittgensteins visie een strikte scheiding bestaat tussen filosofie enerzijds en theologie of persoonlijk religieus geloof anderzijds. Filosofie houdt zich bezig met conceptuele verheldering, niet met belijdenissen of religieuze overgave. Bijgevolg is het helemaal niet nodig dat de filosoof als gelovige deel zou uitmaken van een religieuze traditie, om deze traditie filosofisch te verhelderen.

Precies op dit punt, meent Phillips, was Kierkegaard minder consequent dan Wittgenstein. Want terwijl hij eveneens en zelfs tenvolle de ophelderende rol van de filosofie waardeerde, keerde hij zich er ook bewust van af om zijn religieuze doeleinden na te streven. Als we nagaan wat hij zegt over filosofie, dan zien we dat hij "in zijn filosofisch auteurschap aspecten van authenticiteit negeert, die men wel terugvindt bij Wittgenstein".[91] Omdat Kierkegaard inzag dat filosofie als zodanig de betekenis van het leven niet kan bepalen, nam hij haar op in een religieus kader, keerde hij zich van Socrates naar Christus. Op deze manier gaf hij echter niet voldoende aandacht "aan de wijzen waarop filosofische imperatieven als zodanig in het leven van een persoon kunnen opgenomen worden", zodat we moeten concluderen dat hij als filosoof de volgehouden consequentie van Wittgenstein mist, en dat Wittgensteins

[90] Ibid., p.212 e.v.
[91] Ibid., p.213.

bekommernis voor een authentiek auteurschap en "voor stijl, dieper is dan die van Kierkegaard".[92]

Phillips' argumentatie is interessant en niet zonder overtuigingskracht. Ook een zweem van ironie is haar niet vreemd: waar Kierkegaard de ophelderende rol van de filosofie inruilt voor een inhoudelijke, wordt hij, de 'vader van het existentialisme', op het eigen terrein als het ware – dat van de authenticiteit van het auteurschap – verslagen en terechtgewezen door de 'vader van de analytische filosofie'. Toch meen ik dat Phillips' stelling betwistbaar is – in die mate zelfs dat ze kan worden omgekeerd. Want ook vanuit Kierkegaards standpunt bekeken, bestaan er goede redenen om te beweren dat de Wittgensteiniaanse positie (en zeker Phillips' interpretatie ervan) het ethische perspectief niet radicaal genoeg doorvoert.

Ethische transformatie

"Dat men kan weten wat het christendom is, zonder christen te zijn, moet [...] beaamd worden", schrijft Kierkegaard in het *Afsluttende uvidenskabelig Efterskrift*. "Iets anders is het of men kan weten wat het is christen te zijn zonder het te zijn; dat moet ontkend worden".[93] Algemener verwoord, bedoelt hij met deze uitspraak: ethisch-religieuze levensvormen en existentieverhoudingen, hoewel op zich in het geheel niet irrationeel, kunnen niet op louter intellectuele wijze worden begrepen. Wie ze toch op deze wijze begrijpt, reduceert ze tot een *kennismededeling*, en vat de betekenis ervan alleen maar in abstracto, als een 'gedachte werkelijkheid' of een 'mogelijkheid'. Een objectief beschouwer zal ten aanzien van deze levensvormen dan ook noodzakelijkerwijze een buitenstaander blijven, een 'derde', die het oerschrift ervan nooit in concreto zal weten te achterhalen. Daartoe is een heel andere, existentiële wijze van verstaan vereist, een wijze die gekenmerkt is door een streven en een handelen, en waarbij de denker bedacht is op de eigen verhouding tot wat hij denkt. Een verstaanswijze met andere

[92] Ibid., p.214-215.

[93] *Abschliessende unwissenschaftliche Nachschrift* II, p.76.

woorden, die wezenlijk uitgaat van en verbonden is met een *eerste-persoonsperspectief*.

We staan hier voor één van de meest centrale gedachten van Kierkegaards œuvre: wat het verstaan van existentiële vraagstukken betreft, blijft het intellectueel-beschouwende perspectief volledig in gebreke, tenzij het opgenomen wordt in en getransformeerd tot een ethisch perspectief. Deze gedachte klinkt door in heel zijn cultuurkritiek en doet vaak dienst als een beslissend strijdmiddel in zijn polemiek met speculatieve denkers.[94]

Dat Kierkegaard het ethische perspectief als een eerste-persoonsperspectief beschouwt, betekent hoegenaamd niet dat dit perspectief onmiddellijk of willekeurig zou zijn. Ook de ethicus is, zoals de intellectueel-beschouwende mens, in eerste instantie een denker: hij worstelt met een intellectuele of reflexieve inhoud. Maar in tegenstelling tot de intellectueel-beschouwende denker is de ethicus tegelijk bedacht op zijn persoonlijke verhouding tot wat hij denkt, denkt hij onder 'eigen auspiciën',[95] staat hij als het ware met eigen 'lijf en leden' borg voor de inhoud van zijn denken. Het ethische perspectief is dus geenszins prerationeel, maar veeleer 'postrationeel': het vooronderstelt méér dan het intellectueel-beschouwende, omvat een (existentiële) transformatie van dit laatste. Precies om die reden is Kierkegaard ervan overtuigd dat een consequent volgehouden ethisch (eerstepersoons)perspectief de enige mogelijke toegangsweg vormt naar waarachtig inzicht in het oerschrift van de existentieverhoudingen. Of anders gezegd: dat het *hoe* van de ethisch-existentiële betrokkenheid op paradoxale wijze verbonden is met het *wat* of het 'raamwerk' van de existentie. "Er bestaat een *hoe* dat, als men het maar op de juiste wijze aanbrengt, de eigenschap heeft ook een antwoord te geven op het *wat*. (...) Ziedaar een omkering van het subjectiviteitsprincipe die, bij

[94] Mijn verdienste in verband met de pseudonieme werken, verklaart hij in dit verband, "bestaat erin dat ik midden in het leven ik-ken heb aangebracht; want wat in onze tijd volledig ontbreekt, is dat iemand nog ik zegt" (*Papirer* VIII2 B 82,13), en elders: "Elke persoonlijke mededeling en elke persoonlijkheid is verdwenen. Niemand zegt nog *ik* of spreekt tot een *jij*" (*Papirer* X1 A 566).

[95] *Papirer* IV B 141.

mijn weten, nooit zover werd doorgevoerd".[96] De betekenis en draagwijdte van deze Kierkegaardiaanse visie kunnen ook geformuleerd worden in termen die dichter aanleunen bij het Wittgensteiniaans idioom: dat van het integere taalgebruik.[97]

In een onafgewerkt manuscript *Johannes Climacus eller De omnibus dubitandum est* (*Johannes Climacus ofwel Men moet aan alles twijfelen*)[98] (1843) beschrijft Kierkegaard de taal als het kenmerk bij uitstek van menselijke wezens. Taal constitueert de mogelijke verhouding van de mens tot zichzelf en tot de wereld. Zij leidt echter niet vanzelf tot een dergelijke verhouding, want zij kan ook als een middel worden gebruikt om de eigen gedachten- of fantasiewereld als de énige wereld te zien, en zich zo af te schermen van elke concrete verhouding tot het/de andere. Dit laatste gebeurt in vele vormen van abstract taalgebruik. De wereld wordt er telkens vanuit de eigen schema's en concepten opgevat als een onpersoonlijke en beperkte structuur van orde, waar geen plaats is voor contingentie en nieuwheid.[99] Taal is dan enkel een middel om privégedachten en -gevoelens publiek te maken, eerder dan een belichaamd instrument om een gemeenschappelijke wereld te vestigen. Alleen waar de mens de taal tenvolle bewoont, waar hij, in reflexieve integriteit, betrouwbaar spreekt, kan hij zich inschakelen in de wereld en de gemeenschap, verkrijgen deze voor hem werkelijke – en niet enkel ideële – betekenis. Of nog: eerst wanneer de mens trouw is aan het eigen woord, worden zijn verhoudingen met de omwereld èn met zichzelf reëel en concreet, eerst dan groeit hij uit tot een concreet en historisch zelf.

De prioriteit van het eerste- op het derdepersoonsperspectief, staat dus in onmiddellijk verband met de morele eisen die ons door ons taalgebruik worden opgelegd. Het 'zelf' waartoe we ethisch-religieus geroepen zijn, het 'zelf' dat ons in en doorheen

96 *Papirer* X2 A 299

97 Cf. R. Martinez, "Speech-Acts, Kierkegaard, and Post-modern Thought", in *International Philosophical Quarterly*, 1997, p.149-159.

98 *Johannes Climacus oder De omnibus dubitandum est*, 10. Abt.

99 R. Martinez, *o.c.*, p.149 e.v., verwijzend naar R.L. Hall, *Word and Spirit: A Kierkegaardian Critique of the Modern Age*, 1993.

onze concrete relaties is gegeven, ontvangen we maar in een steeds herhaalde (ethische) eerstepersoonstaaldaad. Wanneer we onszelf daarentegen scheiden van de woorden die we hanteren, onszelf leegmaken van elk spoor van zelfimplicatie, onze handtekening weghalen uit onze taal, kortom: ons terugtrekken uit de ethische implicaties van onze taaldaden, verzwindt ook het werkelijkheidsgehalte van onze relaties en onze wereld, en krijgt deze meer en meer een abstract en virtueel gehalte.[100]

Begrijpen en begrijpen is twee

Keren we terug naar Wittgensteins uitspraak dat hij 'alles ziet vanuit een religieus standpunt, zonder zelf religieus te zijn'. Op grond van de vorige analyse is het duidelijk dat Kierkegaard deze uitspraak, ook in de interpretatie die Phillips eraan geeft, als zeer dubbelzinnig en problematisch zou beschouwen. In Kierkegaards ogen vooronderstelt deze uitspraak immers een eerstepersoonsperspectief, maar wil zij daar tegelijkertijd abstractie van maken. Wie alles ziet vanuit een religieus standpunt, zou hij beklemtonen, kan dit echter niet zonder uit te gaan van ethisch-religieuze houdingen (d.i. juist het eerstepersoonsperspectief), want deze houdingen bepalen mee wàt hij denkt. Of preciezer: de bekwaamheid om de grammatica van religieuze taalspelen en levensvormen op een eerlijke en nauwgezettte wijze te analyseren, vooronderstelt zelf al een ethisch-religieuze transformatie van de denker.

In *Kjaerlighedens Gjerninger* geeft Kierkegaard hiervan een treffend voorbeeld. Hij vertelt het verhaal van een man die een feestmaal geeft en daarvoor blinden, kreupelen en bedelaars uitnodigt. De vrienden van de man vinden wel mooi wat hij doet, maar zeggen dat hij het een liefdadigheidsmaal, en geen gast- of feestmaal moet noemen. Kierkegaard merkt op: "Mijn toehoorder, denk je dat hier alleen een woordenstrijd over het gebruik van het woord gastmaal naar voren is gebracht? Zie je dan niet dat het gaat over het liefhebben van de naaste? Hij, die de arme voedt, maar

[100] R. Martinez, *o.c.*, p.152.

zichzelf er niet toe kan krijgen, deze spijziging een feestmaal te noemen, hij ziet in de arme en geringe slechts de arme en geringe; de mens die er een feestmaal van maakt, ziet in de arme en geringe, de naaste, hoe belachelijk dit in de ogen van de wereld ook mag zijn".[101] De toepassing van de juiste begripstaal en de juiste grammaticale onderscheidingen, vooronderstelt dus zelf al een uitzuivering van de eigen ethische houding. De denker die daar geen acht op slaat, ziet in het onderscheid tussen een liefdadigheidsmaal en een feestmaal alleen maar een futiele woordenstrijd.

Eenzelfde redenering geldt voor alle andere ethisch-religieuze betekenissen en levensvormen: de inhoud ervan is maar te begrijpen vanuit een gepaste houding. Of: eerst in het engagement van het eigen leven met welbepaalde ethisch-religieuze betekenissen, begrijpt de denker deze betekenissen, en dit begrijpen betekent tegelijk een transformatie van zijn leven. Neem b.v. de betekenis van het christelijk gebod 'je zult liefhebben'. Intellectueel gezien is dit gebod niet moeilijk te verstaan, maar is het evenmin rijk aan betekenis. Als het echter existentieel begrepen wordt, als een gebod dat iets uitdrukt over de waarheid en kwaliteit van het eigen leven, dan wordt pas duidelijk hoe diepzinnig en 'onmenselijk' het wel is: "Daar, waar de mens in woord en moed aan de grens is gekomen, dààr breekt de openbaring zich baan en spreekt met goddelijke oorspronkelijkheid woorden, die geenszins diepzinnig zijn en voor het menselijk hart moeilijk te begrijpen, maar die toch in geen mensenhart op zouden komen. Het zijn woorden die eigenlijk niet moeilijk te verstaan zijn wanneer ze worden uitgesproken; ze worden echter pas begrepen, wanneer ze in toepassing worden gebracht, maar dat kwam in geen mensenhart op".[102] De waarheid van ethisch-religieuze taalspelen en levensvormen verwijst met andere woorden niet alleen naar ideeën, maar ook naar houdingen; niet alleen naar overtuigingen, maar ook naar de geest waarin men deze bewaart; niet alleen naar proposities, maar ook naar de ethisch-religieuze kwaliteit van een menselijk leven.[103]

[101] *Der Liebe Tun*, 19. Abt., p.94.

[102] *Der Liebe Tun*, p.29.

[103] A. Rudd, *o.c.*, p.56.

Wat is de conclusie van dit alles? Hoe diep is het water tussen de godsdienstfilosofische opvattingen van Kierkegaard en Wittgenstein? Wat prevaleert: de verwantschap en talrijke analogieën of de niet onbelangrijke verschilpunten en tegenstellingen? En wie is, filosofisch gesproken, het meest consequent in zijn uitwerking van 'de ethiek van het denken'? Miskent Kierkegaard, in zijn pleidooi voor een inhoudelijke ethisch-religieuze grammatica, de grenzen tussen filosofie en theologie? Of neigt Wittgenstein, ondanks alles, naar een te externe opvatting van religie? Zonder twijfel zal het antwoord op deze vragen variëren naargelang de persoonlijke waardering en inschatting, want alleen al omwille van hun specifieke stijl en methode, zijn Kierkegaard en Wittgenstein twee denkers die zich niet in een éénduidige interpretatie laten opsluiten.

Maar de interpretatiemarge is niet onbeperkt. Elke waardering zal zich, wil zij valabel zijn, binnen de grenzen van een aantal krijtlijnen moeten bewegen. Eén daarvan is m.i. de volgende: naargelang de lezer de klemtoon legt op de verwantschap tussen Kierkegaards en Wittgensteins stijl en methode, op hun gemeenschappelijke ethiek van het denken, zal voor hem het onderscheid tussen de existentieel-normatieve benadering van de eerste en de descriptieve benadering van de tweede, ook vervagen. Want vanuit dit perspectief (de ethiek van het denken) bekeken, heeft ook Wittgensteins descriptieve filosofie, net zoals Kierkegaards existentiëel denken, een normatief gehalte, staat ook zij op indirecte wijze in het teken van een ethische of zelfs religieuze uitzuivering van de denker.

Het belangrijkste onderscheid tussen Kierkegaard en Wittgenstein lijkt mij daarom gelegen in de conceptuele inhoud van hun grammatica van het ethische en het religieuze. Voor Kierkegaard is deze inhoud niet alleen persoonlijk en existentieel, maar ook filosofisch relevant, en vindt zij als zodanig haar uitdrukking in een wijsgerige antropologie en een – zij het paradoxale of negatieve – ontologie. Voor Wittgenstein is dit laatste allerminst het geval: de concrete inhoudelijke grammatica van het ethische of religieuze valt voor hem buiten de filosofie, zij is een zaak van persoonlijk geloof of theologie, want: "wanneer het christendom de waarheid is, dan is elke filosofie daarover vals".[104]

Literatuur

Werken van S. Kierkegaard

S. KIERKEGAARD, *Gesammelte Werke*, übers. von E. Hirsch, H. Gerdes und H.M. Junghans, Düsseldorf/Köln, Eugen Diederichs, 1951-63, 36 Abt. in 26 Bde.

–,*Papirer*, udg. af P.A. Heiberg, V. Kuhr og E. Torsting, København, Gyldendal, 1968 e.v. (2e), Bd.I-XVI (23 dln.)

–,*Daden van liefde*, vert. M. Veltman, Leuven, Garant, 1993

–,*Dagboeknotities. Een keuze*, vert. W.R. Scholtens, Baarn, Ten Have, 1981 (3e)

–,*Johannes Climacus ofwel Men moet aan alles twijfelen*, vert. W.R. Scholtens, Kampen, Kok, 1986

–,*Over de vertwijfeling. De ziekte tot de dood*, vert. H.A. van Munster & A.P. Van Klaver, Utrecht/Antwerpen, Het Spectrum, 1963

–,*Stadia op de levensweg*, vert. J.M. Scholtz, Amsterdam, Meulenhoff, 2 vols., 1987

–,*Wijsgerige kruimels & Het begrip angst*, vert. J. Sperna Weiland, Baarn, Ambo, 1995

Werken van L. Wittgenstein

L. WITTGENSTEIN, *Schriften. Werkausgabe*, Frankfurt am Main, Suhrkamp Verlag, 1989, 8 Bde

–,*Filosofische onderzoekingen*, vert. H.W. Bakx, Amsterdam/ Meppel, Boom, 1976

–,*Over zekerheid*, vert. S. Terwee, Amsterdam/Meppel, Boom, 1988 (2e)

–,*Tractatus logico-philosophicus*, vert. W.F. Hermans, Amsterdam, Athenaeum, 1989

Werken over S. Kierkegaard en/of L. Wittgenstein

R.H. BELL, "Kierkegaard and Wittgenstein: Two Strategies for Understanding Theology", in: *Indian Review*, 31 (1974) 3, p.21-34

R.H. BELL and R.E. HUSTWIT (ed.), *Essays on Kierkegaard and Wittgenstein*, Wooster/Ohio, College of Wooster, 1978

[104] *Vermischte Bemerkungen*, p.159.

O.K. BOUWSMA, "Notes on Kierkegaard's 'The Monstruous Illusion'", in J.L. Craft & R.E. Hustwit (eds.), *Without proof or Evidence. Essays of O.K. Bouwsma*, Lincoln/London, University of Nebraska Press, 1984, Essay 6

A. CLAIR, "Wittgenstein en débat avec Kierkegaard: la possibilité d'un discours éthique", in *Kierkegaard. Vingt-cinq Etudes*, in *Les Cahiers de Philosophie*, 8-9 (1989), p.211-226

J. CONANT, "Kierkegaard, Wittgenstein and Nonsense", in: T. Cohen, P. Guyer, H. Putnam (eds.), *Pursuits of Reason. Essays presented to Stanley Cavell*, Lubbock, Texas University Press, 1993

J. CONANT, "Putting two and two Together: Kierkegaard, Wittgenstein and The Point of View for Their Work as Authors", in T. Tessin, M. von der Ruhr (eds.), *Philosophy and the Grammar of Religious Belief*, New York, St.Martin's Press, 1995, p.248-331

J. CONANT, "Reply: Nietzsche, Kierkegaard and Anscombe on moral Unintelligibility", in D.Z. Phillips (ed.), *Religion and Morality*, New York, St. Martin's Press, 1996, p.250-298

J.W. COOK, "Kierkegaard and Wittgenstein", in *Religious Studies*, 23 (1987), p.199-219

Ch.L. CREEGAN, *Wittgenstein and Kierkegaard. Religion, Individuality and Philosophical Method*, London/NewYork, Routledge, 1989

H. DE DIJN, "Kritische studie. De jonge Wittgenstein (1889-1921). Denken als ethos", in *Tijdschrift voor Filosofie*, 52 (1990) 4, p.697-703

H. DE DIJN, "Wittgenstein: betekenis en chaos", in *Tijdschrift voor Filosofie*, 49 (1987) 1, p.21-41

E. DREWNIAK, "Two Postmodern Philosophies of God", in *Dialogue*, 36 (1993) 1, p.13-22

H. FAHRENBACH, "Kierkegaards untergründige Wirkungsgeschichte. Zur Kierkegaardrezeption bei Wittgenstein, Bloch und Marcuse", in: H. Anz, P. Lübcke, F. Schmöe (Hrsg.), *Die Rezeption Søren Kierkegaards in der Deutschen und Dänischen Philosophie und Theologie. Vorträge des Kolloquiums am 22. und 23. März 1982*, in *Text &Kontext*, Sonderreihe, B.15, München, Wilhelm Fink, 1983, p.30-69

H. FERGUSON, *Melancholy and the Critique of Modernity. S. Kierkegaards Religious Psychology*, London/New York, Routledge, 1995

M.J. FERREIRA, "The Point Outside the World: Kierkegaard and Wittgenstein on Nonsense, Paradox and Religion", in *Religious Studies*, 30 (1994), p.29-44

M.J. FERREIRA, "Religion and 'Really Believing': Belief and the Real", in T. Tessin, M. von der Ruhr (eds.), *Philosophy and the Grammar of Religious Belief*, New York, St.Martin's Press, 1995, p.94-133

M.P. GALLAGHER, "Wittgenstein's admiration for Kierkegaard", in *Month*, 39 (1968), p.43-49

J. GLEBE-MØLLER, "Wittgenstein and Kierkegaard", in *Kierkegaardiana*, 15 (1991), Copenhagen, Reitzel, p.55-68

R.L. HALL, *Word and Spirit: A Kierkegaardian Critique of the Modern Age*, Bloomington, Indiana University Press, 1993

A. HANNAY, "Solitary Souls and Infinite Help: Kierkegaard and Wittgenstein", in *History of European Ideas*, 12 (1990) 1, p.41-52

A. HANNAY and G. MARINO, *The Cambridge Companion to Kierkegaard*, Cambridge UP, 1998

L.M. HINMAN, "Philosophy and Style", in *Monist*, 63 (1980) 4, p.512-529

R.E. HUSTWIT, "Understanding a suggestion of Professor Cavell's: Kierkegaard's religious state as a Wittgesteinian 'form of life'", in *Philosophy Research Archives*, (1978) 4, p.329-347

E. KUYPERS, "De wereld volgens Kierkegaard en Wittgenstein", in *De levende Kierkegaard*, Leuven, Garant, 1994, p.51-60

C. LANSINK, *Vrijheid en ironie. Kierkegaards ethiek van de zelfwording*, (*Tertium Datur* 1), Leuven, Peeters, 1997

D.R. LAW, *Kierkegaard as Negative Theologian*, Oxford, Clarendon Press, 1993

J. LEILICH, "Philosophische untersuchungen. Conceptuele analyse met therapeutische bedoelingen", in K. Boey, A. Cools, J. Leilich, E. Oger (eds.), *Ex Libris van de filosofie in de 20ste eeuw*, Leuven/Amersfoort, Acco, 1999, dl.2, p.9-29

N. MALCOLM, *Ludwig Wittgenstein. Een biografisch essay*, Amsterdam, Van Ditmar 1968 (1966)

R. MARTINEZ, "Speech-Acts, Kierkegaard, and Postmodern Thought", in *International Philosophical Quarterly*, 37 (1997) 2, p.149-159

M.J. MATUSTIK and M. WESTPHAL (eds.), *Kierkegaard in Post/Modernity. Studies in Continental Thought*, Indiana University Press, 1995

E.F. MOONEY, *Selves in Discord and resolve: Kierkegaard's Moral-religious Psychology from Either/Or to Sickness unto Death*, London, Routledge, 1996

S. MULHALL, *Faith and Reason*, London, Duckworth, 1994

E. OGER, "1921-Tractatus logico-philosophicus van Ludwig Wittgenstein. Datgene wat gezegd en datgene wat slechts getoond kan worden", in K. Boey, A. Cools, J. Leilich, E. Oger (eds.), *Ex Libris van de filosofie in de 20ste eeuw*, dl.1, Leuven/Amersfoort, Acco, 1997, p.101-124

G. PATTISON, *Kierkegaard and the Crisis of Faith. An Introduction to His Thought*, Cambridge, University Press, 1997

D.Z. PHILLIPS, "Authorship and Authenticity: Kierkegaard and Wittgenstein", in Ibid., *Wittgenstein and Religion*, New York, St.Martin's Press, 1993, p.200-219

D.Z. PHILLIPS, "Suspended from Heaven. Ethics, Religion and Modernity", in M.M. Olivetti, *Philosophie de la religion entre éthique et ontologie*, (*Bibliotheca dell'Archivio di Filosofia, 14*), Milan, Cedam, 1996, p.47-64

J. REE and J. CHAMBERLAIN (eds.), *Kierkegaard: a Critical Reader*, Oxford, Blackwell, 1998

R. RHEES (ed.), *Ludwig Wittgenstein. Personal Recollections*, Oxford, Blackwell, 1981

F. RICKEN, "Sprache und Sprachlosigkeit. Ludwig Wittgenstein über Religion und Philosophie", in *Stimmen der Zeit*, 207 (1989), p.341-351

R.C. ROBERTS, "Wittgenstein and a Method of 'Virtue Ethics", in M.J. Matustik & M. Westphal (eds.), *Kierkegaard in Post/Modernity. Studies in Continental Thought*, Indiana University Press, 1995, p.142-166

A. RUDD, *Kierkegaard and the Limits of the Ethical*, Oxford, Clarendon Press, 1993

J. TAELS, *S. Kierkegaard als filosoof. De weg terug naar het subject*, (*Wijsgerige Verkenningen 10*), Leuven, Universitaire Pers, 1991

J. TAELS, "Sein oder nicht-sein? Der Weg-zurück zur Religion bei L. Kolakowski und S. Kierkegaard", in M.M. Olivetti (red.), *Philosophie de la religion entre éthique et ontologie*, (*Bibliotheca dell'Archivio di Filosofia;14*), Milan, Cedam, 1996, p.799-813

W. VAN HERCK, "De taak van de godsdienstfilosofie", in *Bijdragen*, 59 (1998) 4, p.428-452

K. VERSTRIJNGE, "Kierkegaards begrip van de vertwijfeling als intensivering van het bewustzijn. Over 'De ziekte tot de dood'", in *Tijdschrift voor Filosofie*, 59 (1997) 3, p. 437-460.

M. WESTON, *Kierkegaard and Modern Continental Philosophy. An Introduction*, London & New York, Routledge, 1994.

M. WESTON, "Philosophy and Religion in the Thought of Kierkegaard", in M. McGhee (ed.), *Philosophy, Religion and the Spiritual Life*, Cambridge University Press, p.9-29

Yong HUANG, "Foundation of religious Beliefs after foundationalism: Wittgenstein between Nielsen and Phillips", in *Religious Studies*, 31 (1995), p.251-267

HOOFDSTUK 6

Intern en extern gezichtspunt in humanities, religie en religieuze epistemologie.

Paul CORTOIS

1. Interne rationaliteit en symbolische praktijken

In "Is Understanding Religion Compatible With Believing?" (1964)[1] stelde A. MacIntyre de vraag in hoeverre de gelovige en de scepticus elkaar begrijpen, wanneer zij zeggen dat zij over religieuze uitspraken van mening verschillen. Indien zij aan centrale termen – 'onsterfelijkheid', 'God', 'verlossing' – systematisch andere betekenissen toekennen, kunnen zij ook niet van mening verschillen: zij hebben het – bij alle gebruik van gelijkluidende woorden- niet over hetzelfde.[2] MacIntyre ervaart dat als een impasse, want hijzelf wil uitspraak kunnen doen over religieus geloof – uitspraak waarmee hij trouwens een wending in zijn eigen werk wil markeren.[3] Als methode om uit de impasse te raken

[1] In J. Hick (ed.) *Faith and the Philosophers*, Macmillan, p. 115-133.

[2] In feite was de moeilijkheid en mogelijkheid om patstellingen te vermijden in de pogingen die deelnemers aan verschillende culturen ondernemen om elkaar te begrijpen het voorwerp van de hieronder te bespreken controverse tussen MacIntyre en Winch.

[3] Uiteindelijk zal zijn eigen antwoord op de vraag zijn dat de scepticus de gelovige kan begrijpen, maar dit begrijpen houdt meteen de onmogelijkheid in om te geloven wat de gelovige gelooft. (Voor die conclusie steunt MacIntyre op zijn overtuiging dat de ongelovige, net als de antropoloog, in staat is concepten te vatten die hij niet deelt, gecombineerd met zijn overtuiging dat de religieuze (christelijke) concepten irrelevant geworden concepten zijn: zij dolen rond in de moderniteit zoals Don Quichotes ridderideaal verdwaald was in de zestiende eeuw.) Voor een antwoord op MacIntyres visie op de relatie tussen geloven en begrijpen, zie o.m. D.Z. Phillips, "Faith, Scepticism, and Religious

stelt hij dan een heuristische parallel voor: het statuut van religieuze uitspraken (en van de religieuze epistemologie) in de discussie tussen gelovige en scepticus is te vergelijken met het statuut van autochtone uitspraken, als interpretanda voor de allochtone antropoloog. Hiermee neemt hij overigens een analogie over uit het werk waartegen hij zich hier – ook in de uitlegging van het analogon zelf – ten dele keert, met name Peter Winch's *Idea of a Social Science*.[4]

De antropoloog heeft geen alternatief: hij kan slechts proberen de uitingen van de vreemde cultuur te interpreteren door zijn eigen rationaliteitscriteria te hanteren. Zo komt hij stapsgewijs tot interpretaties, tot een reconstructie, hoe partieel ook, van de logica van het dagelijks leven – het 'manifeste beeld' zoals men vandaag zou zeggen – van de onderzochte cultuur. Lukt het daarbij niet, met inzet van de beste middelen, een intelligibele betekenis aan bepaalde symbolische praktijken (bijvoorbeeld 'magische' praktijken) toe te kennen, dan kan hij allicht concluderen dat er geen logica in te vinden is – óf dat hij er geen uitspraak over kan doen. Dat laatste is evenwel een gemakkelijkheidsoplossing, zo lijkt MacIntyre te denken, en hij gaat die weg dan ook niet verder na. Komt hij dan echter voor wat die praktijken betreft terug uit bij Lévy-Bruhl, voor wie de 'prelogische mentaliteit' enkel als natuurfenomeen bestudeerbaar was? Toch niet: hij is er zich van bewust dat hij de eigen criteria moet inroepen, en dat deze niet op evidente wijze universaliseerbaar zijn. Toch is dat evenmin een aanleiding om zich neer te leggen bij een onontkoombare incommensurabiliteit (welke houding MacIntyre ondermeer aan Peter Winch toeschrijft).[5] In de studie van een andere cultuur kan ik de vastgestelde criteria van mijn eigen thuiscultuur pas inroepen wanneer en naarmate ik deze vergelijk en confronteer met die van de bestudeerde cultuur en deze laatste criteria dus ook ga begrijpen, zij het vanop afstand. Er

Understanding", in *Faith and Philosophical Enquiry*, Schocken: Routledge, 1970, p. 13-34.

[4] *The Idea of a Social Science and Its Relation to Philosophy*, London: Routledge and Kegan Paul, 1958.

[5] Met name voor wat betreft *The Idea of a Social Science* (1958)

is een dialektiek die vereist én mogelijk maakt dat het begrip van de normen van de ander en het begrijpen van mijn eigen normen elkaars voorwaarde worden, – in elkaars groei tussenkomen. Charles Taylor zou hier later over het 'inclusieve' karakter van het comparatieve hermeneutische verstaan gewagen: de distorties in mijn beeld van de ander kunnen gradueel en minstens partieel worden opgeheven (en men zou eraan toevoegen: in de mate dat distorties in mijn cultureel zelfbeeld worden opgeheven).[6]

Peter Winch had echter voor een onmiddellijke repliek op MacIntyre gezorgd, in een bekend artikel "Understanding a Primitive Society".[7] MacIntyre lijkt te postuleren dat een gemeenschappelijke rationaliteit moet bestaan of tot stand komen in de confrontatie – hoe fragmentair ook voor ons of voor de andere kant zichtbaar; een standpunt moet bereikbaar zijn van waaruit de conflicterende claims beoordeeld kunnen worden. Maar in de praktijk zal het standpunt dat, bijvoorbeeld over causale verbanden of over magie, door 'ons' als enige intelligibel geformuleerd kan worden, samenvallen met dat van onze cultuur. Wanneer *wij* het nota bene over *rationaliteit* hebben, hebben we er in zekere zin al voor geopteerd onze conceptie in te roepen. Winch argumenteert hiertegen dat de thuiswereld van de autochtoon enkel toegankelijk is voor de antropoloog indien deze bereid is die wereld te nemen voor wat hij is, en elke aanspraak op de universaliseerbaarheid (of zelfs inclusiviteit) van zijn eigen rationaliteit te laten vallen. Is er al één of andere zin waarin de autochtoon zijn eigen symbolische praktijken en overtuigingen in termen van 'rationaliteit' wil zien (of in termen die wij als zodanig zouden reconstrueren), dan kan deze laatste hooguit in diens eigen termen begrijpelijk gemaakt worden: "something can appear rational to someone only in terms of *his* understanding of what is and is not rational."[8]

De weerslag van die hele discussie voor de religieuze epistemologie is makkelijk te raden. Zijn in de confrontatie tussen gelovige

[6] C. Taylor, "Comparison, History, Truth" (1990), in *Philosophical Arguments*, Cambridge Mass.: Harvard U.P., 1995, p.146-164.

[7] *American Philosophical Quarterly* 1(1964), p. 307-324.

[8] *A.c.*, p.316.

en scepticus, of tussen gelovige-in-*x* en gelovige-in-*y* criteria voor toepassing van begrippen bereikbaar die boven de respectieve 'taalspelen' of grammatica's uitgroeien, of zijn deze laatste onderling onmeetbaar?

Het is bekend: in een 'neowittgensteiniaanse' filosofie van de religie wordt het hopeloze getoond van pogingen om een religieuze levensvorm te rechtvaardigen van buitenaf, door middel van externe (en vooral dan: cognitieve) criteria. Het komt er eerder op aan het religieuze te laten zijn wat het is – een uitgeoefende manier van leven en betekenen –, en in een filosofische analyse het overeenkomstige veld van betekenissen te beschrijven in termen van wat er min of meer grijpbaar aan is: zo ondermeer de religieuze taal. In die lijn valt ook het werk van D.Z. Phillips te situeren. MacIntyre is anderzijds geen typische externalist. Is het zinvol een tussenweg uit te tekenen tussen de posities van Winch/Phillips en MacIntyre? Is het mogelijk, en wat zou het effectief betekenen, in de analyse alles te laten zoals het is?

Het zoeken naar een notie van 'internaliteit' die toelaat op distinctieve wijze over een religieuze levensvorm te spreken als iets dat in een bepaalde zin 'van binnenuit' gearticuleerd en gezien moet worden, is een delicate onderneming. Phillips en anderen doelen ondermeer ook hierop, dat de religieuze levensvorm in eerste instantie een totaalpraktijk is waarbinnen elk specifiek element -zij het een overtuiging, een act of een symbool – zijn betekenis pas krijgt en geïnterpreteerd of beoordeeld kan worden vanuit een deel hebben aan die praktijk. Dat wil zeggen: elk van die bedoelde elementen vraagt om vanuit zijn rol in de praktijk en vanuit de 'grammatica' van die praktijk begrepen te worden.

Een alternatieve formulering zou zijn: pas die interpretator die zelf deel uitmaakt van en participeert aan die praktijk kan die situering, die interpretatie, en appreciatie van de validiteit van het bedoelde element geven. Alleen, de hele vraag is nu: zijn die twee gegeven formuleringen wel equivalent? In de tweede zou bijvoorbeeld volgen dat wie buitenstaander is, niet alleen geen oordeel kan vormen, maar zelfs geen intelligibiliteit kan herkennen in of betekenis toekennen aan de bedoelde uitingen. Volgt dat ook uit de eerste formulering? Het 'deel hebben aan de praktijk' waarover daar gesproken werd, is dat het participeren van de te interpreteren elementen aan de totaalpraktijk (d.w.z. hun rol), of is dat het participeren van de interpretator aan die praktijk? Het probleem met Winch is dat hij daar niet duidelijk uitspraak over doet.

Anders gezegd, *ons* probleem is, welke noties van 'intern' en 'extern' precies optreden in het werk van o.m. Winch en Phillips, en hoe ondubbelzinnig ze zijn. Gaat het alleen om een afweren van externe justificaties? Is het hen te doen om een soort van ascese in de godsdienstfilosofie, een ascese die ons de verleiding doet weerstaan om een neutrale rechtvaardiging van religie te zoeken, en ons de beperking doet aanvaarden tot een descriptie? En is, in dat geval, die descriptie zelf een interne descriptie; zo ja, wat betekent zoiets, en in hoeverre verschilt ze van een interne justificatie? Of gaat de ascese nog verder en mogen, zoniet moeten we ons ook binnen de definitie van de godsdienstfilosofie als descriptie terughoudend opstellen, zoals een antropoloog die als enige toegang tot de diepere lagen van de onderzochte cultuur een loutere observatie (ondermeer van het taalgedrag) plus een structurele ('grammaticale') duiding ervan zou erkennen en hanteren? Maar is, paradoxaal genoeg, het 'internalisme' van de wittgensteinianen in dat geval op haar eigen niveau – dat van de descriptie – niet extern te noemen; is wat er 'intern' aan is met andere woorden niets meer dan een verzet tegen rechtvaardigingspogingen met betrekking tot religie? Is het misschien zo, precieser gesteld, dat het descriptivisme hierin verschilt van een 'externalistische' benadering – één – dat beschrijving en *rechtvaardiging* scherp van elkaar onderscheiden worden, en – twee – dat ook beschrijving als doel van de godsdienstfilosofie scherp afgelijnd wordt van pogingen tot (per definitie externe) *verklaring* van religie als fenomeen? Voor de religie-onderzoeker die religie wel wil verklaren, is het namelijk zeker niet zo dat de deelnemer aan een religieuze praktijk de bevoorrechte getuige is waaraan zijn hypothesen dienen te worden getoetst. Hoe is het op dit punt met de descriptivist zelf gesteld? Ook voor hem is het, heel concreet, de vraag of de deelnemer aan een religieuze traditie de bevoorrechte getuige is om de gegeven descripties en interpretaties aan te toetsen. Is het aan de autochtoon om de betekenis van de overeenkomstig zijn eigen grammatica gebruikte concepten te becommentariëren -of zelfs om de door de (religieuze) antropoloog gesuggereerde interpretatie ervan aan de eigen intuïties te toetsen? Het zou in die opvatting heel goed kunnen, dat de grammaticus-buitenstaander veel beter geplaatst is om de 'onbewuste' of dieptestructureel gegeven betekenissen van de gelovige te duiden![9]

Ik zal nu een aanzienlijke omweg nemen, in een poging om de zin van die vragen te verduidelijken, en wel te verduidelijken in termen van verschillende betekenissen die aan de noties van 'intern' en 'extern' gezichtspunt kunnen worden gegeven. Die omweg leidt langs een epistemologie van de *humanities* in het algemeen (§ 2), in een etappe van een 'comparatieve epistemologie'[10] die een verbreding voorstelt van de eerder getrokken parallellen tussen religieuze en antropologische epistemologie. Noteer wel dat mijn hoofddoel er niet in zal bestaan dankzij de verhoopte verheldering nadien een exegetische reconstructie of zelfs ook een evaluatie van de wittgensteiniaanse noties van 'intern' en 'extern' te geven -een reconstructie of beoordeling die dan alle hierboven gestelde vragen van een antwoord zou moeten voorzien. Eerder wil ik pogen één mogelijke en hopelijk verdedigbare rolverdeling tussen interne en externe momenten in een religieuze epistemologie te schetsen (§3), en deze in verband te brengen met andere, ondermeer ook wittgensteiniaanse, visies. Hierbij zullen twee distincties van elkaar

[9] Een bijzonder scherpe versie van deze 'paradox' kwam tot uiting toen neo-tylorianen zoals R. Horton (*Patterns of Thought in Africa and the West*) de 'symbolische' lezing van rituele praktijken konden verwijten dat zij het autochtone standpunt helemaal niet *au sérieux* namen: anders zouden zij wel degelijk rekening houden met het gegeven dat autochtone, ondermeer afrikaanse, culturen de religieuze overtuigingen die er deel van uitmaken zonder meer (en zonder sofisticerende kwalificaties) ernstig nemen.

[10] Een term die ik neem in de zin van G.-G. Granger. Zie o.m. *Pour la connaissance philosophique*, Paris: O. Jacob, 1988. Voor een iets meer gedetailleerde uiteenzetting van deze opvatting van een epistemologie van de *humanities* (en voor de uitbreiding die men aan de term 'comparatieve epistemologie' kan geven), zie P. Cortois, "The Humanities in the Two Cultures", *Agora. Papeles de Filosofia* 16(1997), p. 131-156, en *Contraminaties*, te verschijnen, 2000.

gedissocieerd dienen te worden: deze tussen intern en extern gezichtspunt en deze tussen eerste- en tweede-orde attitudes.

2. Een omweg langs de *humanities*

Alles wel beschouwd lijkt het probleem hierin gelegen te zijn: welke notie van 'intern gezichtspunt' hanteert men precies wanneer men het heeft over het van binnenuit begrijpen van een praktijk; een praktijk, die zodanig is dat een externe beoordeling of fundering ineffectief zouden zijn? Om erachter te komen op welke manier de noties van intern en extern gezichtspunt zinnig hanteerbaar zijn, vinden we in de epistemologie van de *humanities* een discussie terug waar substantiële pogingen tot uitklaring van een eigenaardige betrokkenheid op het te kennen object gedaan zijn.

Het ligt voor de hand het specifieke van de *humanities* -zo het bestaat- in verband te brengen met de zeer speciale positie die zij innemen temidden wetenschap en cultuur, 'tussen' wetenschap en cultuur. Is in de positie van de *humanities* tussen wetenschap en cultuur een congeniale ambiguïteit besloten, dan moet deze zich haast reflecteren in de identiteit van de *humanities* en in elke uitspraak omtrent die identiteit. Ik zal nu nagaan of zo'n ambigue positie bestaat in de epistemische attitude die de *humanities* als onderzoeksveld aannemen met betrekking tot hun objecten.

(i) <u>A project of pure enquiry</u>.[11] Wat kan men zeggen over de eigen aard van de *humanities* als kennisproject? Weinig, wanneer men de epistemische doelstelling afgezien van de eventuele eigenheid van objectdomeinen beschouwt: het primaire 'doel' van de *humanities* bestaat vanuit dit oogpunt net zoals bij alle disciplines in een onthechte bestudering van hun objecten *sine ira et studio*. Dit kan streng en objectivistisch klinken, maar het betekent alleen dat de *humanities* tot dezelfde 'intellectuele epoche' behoren als de

[11] Naar B. Williams, *Descartes: the Project of Pure Enquiry*, Hassocks: Harvester Press, 1978.

disciplines waarvan zij inderdaad tijdgenoten zijn, noch min noch meer: de moderne wetenschappen. Die gezamenlijke idee houdt slechts dit in, dat wetenschap als zodanig geen extern doel kan aanvaarden dat zij nodig zou hebben tot haar legitimering: zo hier al gesproken kan worden over een doel, dan enkel over een doel in zichzelf. Alle externe en toegevoegde finaliseringen zijn slechts in subsidiaire zin doelstellingen van wetenschap. Aan deze algemene karakterisering wordt nu door de kwalificatie '*moderne* wetenschap' één zaak toegevoegd: dat dit intrinsiek cognitief project resulteert uit een afsplitsing van een voorafgaand geïntegreerd kennis- en zingevingsproject. Dat de *humanities* deel uitmaken van die moderniteit, houdt dan in dat we niet langer leven in Jakob Van Maerlants wereld, waarin de encyclopedie van universum en christendom binnen een boek neergelegd kon zijn, – of binnen een kathedraal. De schittering van deze voorbije glorie is voor ons – precies – object van onthechte historische studie (inclusief het esthetische aspect als bijproduct van die afstand: verwondering en bewondering) geworden.

Aan deze moderniteit van de *humanities* als deel van een onderneming met een algemener ideaal van onthechte kennis, kan men verder aflezen dat zij zullen delen in een aantal methodologische kenmerken (waarop hier niet kan worden ingegaan) van de gehele onderneming: in de meest algemene zin de verplichting kennisaanspraken te beoordelen in het licht van andere uitspraken en criteria die onafhankelijk zijn van die aanspraken.

(ii) <u>Relatie tot symbolische objecten</u>. Betrekt men nu de aard van de objectdomeinen (of liever onze relatie als kenners tot die objectdomeinen) bij de epistemische doelstelling, dan verandert de beschrijving van de respectieve kenprojecten. De praktijk van de *humanities*, wordt, om zo te zeggen, afgebogen van het epistemisch ideaal dat zij voor het overige met andere types van disciplines delen.[12] Een beschrijving van die specifieke relatie zou aldus

[12] Een kantiaans geïnspireerde algemene overweging zou hier kunnen luiden: is de aard van de relatie van de objectdomeinen tot de kenact – of hun

kunnen starten. Men kan constateren dat de objecten van wetenschappen, hoezeer die wetenschappen zelf ook tot de culturele tradities behoren, zelden zelf deel uitmaken van culturele tradities. In het geval van fysica, scheikunde, biologie, en ook in de meeste delen van geneeskunde en ingenieurswetenschappen zijn de objecten die bestudeerd worden zelden symbolische systemen met historisch gegroeide betekenissen. Of zij worden er althans niet beschreven in hun hoedanigheid van betekende en betekenende objecten.

Men zal nu opwerpen: wat, bijvoorbeeld, met economische wetenschappen? Welnu, dit voorbeeld geeft ons juist een verdere *clue*. Voor zover de symbolische betekenissen van geld en warencircuits geabstraheerd kunnen worden tot pure elementen in modellen,[13] zijn die objecten precies deel gaan uitmaken van gedragswetenschappelijke disciplines (of gedragswetenschappelijke onderdelen van de discipline). Voor zover echter een rest van de symbolische systemen in kwestie beladen blijft met antropologische verwijzingen (naar uitwisselingen in de cultuur die de economische ruil buiten zijn eigen waardeconcept voeren, zoals in de studie van de gift), heeft men te maken met een geesteswetenschappelijk aspect van de economie. Interessant is het geval van de linguïstiek. Niet alleen is de historische linguïstiek (lange tijd) verguisd, de wending naar structurele en andere abstracte modellen wijst erop dat de meest intrinisiek symbolische objecten zich lenen tot formalisering en modellering. Tegelijkertijd wordt het gehistoriseerde en hermeneutisch beladen linguïstisch object langs het achterpoortje van pragmatiek, taalfilosofie en retoriek terug binnengelaten. Meer dan het object zelf is het beschrijvingsniveau van het object beslissend voor de vraag waar we ons bevinden: in de geesteswetenschappelijke of in de sociaalwetenschappelijke empirisch-formele benadering (of in een kruising tussen beide).

geconstitueerd zijn door de kenact – niet altijd een beslissende factor? Hoe het daarmee ook zij, de *specifieke* intentionele relatie tussen de *humanities* en hun eigen objecten mag men door dergelijke overwegingen niet laten trivialiseren.

13 Dit is een omschrijving die meer naar de kern van de zaak gaat dan de verwijzing naar het kenmerk van kwantificeerbaarheid.

(iii) Deelachtigheid aan culturele traditie als relatie tot symbolische objecten en als te symboliseren object bij uitstek. De wetenschappen maken alle deel uit van onze verzameling culturele tradities, ook al nemen zij daar sinds de moderniteit een speciale plaats bij in, maar slechts in enkele gevallen bestuderen zij (als 'formeel object') de notie zelf van *deel uitmaken van een culturele traditie*.

Het is dus niet alleen zo, dat de typische *humanities*-studie daar plaatsvindt, waar ook de objecten (en niet alleen de uitdrukkings- en kenmiddelen) symbolisch betekenisgeladen zijn (en in die hoedanigheid genomen worden). Maar in een sterkere zin zijn de *humanities* precies te vinden waar de notie zelf van deel-zijn van een cultuur thematisch deel uitmaakt van de studie. De relatie tussen deze beide momenten kan sterker uitgedrukt worden: het participeren in een cultuur lijkt precies het meest eminente symbolische object te zijn van geesteswetenschappelijk onderzoek. Elk object dat in de studie van de historicus, de filoloog, de literaire *scholar* een rol speelt, zet in zekere zin de gehele betrokkenheid van mensen tot de cultuur als teken- en betekenissenveld waartegenover zij zich verhouden op het spel. Dit impliceert niet een dusdanig sterk holisme dat elke uitspraak over een cultureel gegeven tot een waardeoordeel over de cultuur engageert of tot een globale interpretatie ervan; wel echter dat elke in het betoog gefocaliseerde notie in zekere zin genomen wordt als representant van de gehele bestudeerde cultuur of cultuurperiode, in een detail gekristalliseerd. Opgelet voor dergelijk 'moment solennel' in het betoog; hier wordt elk voorbeeld paradigmatisch. Een begrip zoals dat van de 'vorstelijke mignon'[14] of de 'goede persoon' (*yoki hito*)[15] wordt aangehaald om een wereld op te roepen, een wereld die globaal is maar

[14] Het betreft hier de met ceremoniële etikette omkaderde instelling van de vorstelijke boezemvriend in de vijftiende en zestiende eeuw; Huizinga, *Herfsttij der middeleeuwen*, p. 49f.

[15] De 'goede personen' waren de aanzienlijken en gecultiveerden in de tiende-elfde eeuwe Heian-hofcultuur, waar (samen met de afkomst) het beheersen van een enorm veeleisende esthetische etikette (met inbegrip van grote artistieke creativiteitseisen) iemands waarde bepaalde. Zie I. Morris, *The World of the Shining Prince*, Oxford: University Press, 1964.

niet algemeen, want aan namen en andere indexicale gegevens opgehangen. Elk symbolisch object voert ons dus binnen in een globale en toch singuliere wereld, en het participeren aan zo'n wereld – door de betrokkenen, door de erop terugbuigende historicus – is het symbolisch object bij uitstek waarover het gaat. Dit is de dubbele zin waarin de geesteswetenschappen het hermeneutisch verschil maken: elke symbolische betekenis wordt evocatie van een wereld, én het behoren tot een wereld wordt het te reconstrueren en begrijpen object *par excellence*.

Tracht men hiervan terwille van een gedroomde objectivering abstractie te maken, dan verdwijnt op het ogenblik zelf van de ingreep het object uit het beeld, net zoals de fresco's in Fellini's *Roma*, die men voor het oog van de camera, binnen de oogwenk waarin men ze door technisch geweld blootgelegd zag, ook voorgoed in rook zag opgaan.

Ik zie binnen dit bestek opzettelijk af van een nauwkeuriger analyse van wat dit deel uitmaken van een cultuur in de genoemde zin zoal inhoudt en impliceert (in termen van waardebetrokkenheid, van horizonbewustzijn, van conceptuele (on)vergelijkbaarheid en vertaalbaarheid...).[16]

Hier volstaat het een preciesere inhoud te geven aan de abstracte notie van 'deel uitmaken van het eigen object' die de geesteswetenschappen evenals de religieuze beschouwing zou karakteriseren. In hoeverre geldt het 'wittgensteiniaanse' criterium van het 'begrijpen van het object van binnenuit', d.w.z. vanuit zijn eigen grammatica,

[16] Meer bepaald zie ik ook af van het analyseren van de relatie tussen mogelijk gebleken gevallen van abstracte modellering die fenomenen reduceren tot structurele systeemelementen, en diezelfde ongereduceerde fenomenen in hun 'oorspronkelijke' context (die uiteraard evenmin onbevlekt ontvangen is). Dezelfde fenomenen, en binnen dezelfde discipline, kunnen aanleiding geven tot abstracte objecten in het kader van een empirisch-formele theorie, en daarnaast nog eens in een geheel andere gedaante in een 'geesteswetenschappelijk' kader optreden. Denk bv. aan een formele semiologische analyse van Baudelaires *Les chats* op de manier van Jakobson en Lévi-Strauss, en daarnaast een traditioneel tekstkritisch commentaar van dezelfde tekst.

waarnaar de onderzoeker zich heeft te richten? Indien de geïntendeerde implicatie was dat enkel bewoners van een wereld (*native speakers*, actuele voltrekkers van een praktijk) over die wereld kunnen spreken, dan betekent ons nieuwe criterium een verschuiving vergeleken met die eis. We herinneren ons dat Phillips een rechtzetting nodig achtte met betrekking tot een mogelijk misverstand: wordt religie geen esoterisch, in zichzelf besloten spel in de door hem voorgestane conceptie?[17] De notie van levensvorm of symbolische praktijk liet evenwel toe, duidelijker dan de notie van taalspel, de betrokkenheid van het religieuze op het niet *stricto sensu* religieuze in een omvattender levenspraxis te herstellen.

Maar daarmee zijn niet alle problemen van de baan. Zelfs na de rechtzetting met betrekking tot de zgn. 'geslotenheid' van de religieuze levensvorm blijft een speciale kwestie gesteld voor de relatie tussen een gehele levensvorm en de 'derivatieve'[18] religieuze levensvorm daarbinnen. Het probleem ligt niet zozeer hierin, dat ondanks het ingebed zijn van de religieuze levensvorm in zijn ruimere context, die elementen voor zijn interpretatie aandraagt, die ruimere context terwille van die interpretatie en argumentatie zelf al geïnterpreteerd is (*c.q.* moest worden) in het licht van de religieuze levensvorm. De devotionele act van de opdracht van een pasgeborene aan Maria[19] kan zich beroepen op duidingen in termen van 'vertrouwen', 'mundaan gebeuren', 'onbeheersbaarheid', 'levensoriëntatie', inzoverre die termen zelf appelleren aan voor niet-religieuze personen minstens in beginsel toegankelijke connotaties. Al is daarbij uiteraard wel ondersteld dat de ander tenminste al voor de 'opwekkingskracht' van *die* ruimere taal openstaat.

Ontkomen aan de objectie van de geïsoleerde grammatica en praktijk is echter niet voldoende om te ontsnappen aan een ander probleem. In het voorbeeld zelf is niet duidelijk of de

[17] Zie "Religieuze overtuigingen en taalspelen", supra, h. 3, passim.

[18] In verband hiermee zie o.m. W. Van Herck, "Geloof in God als zekerheid", p.; B. Tilghman, "*Isn't* belief in God an attitude?", *International Journal for Philosophy of Religion* 43(1998), p.25.

[19] Phillips, *a.c.*, supra.

overtuigingskracht voortkomt louter uit de betrokkenheid op de ruimere levenspraxis, geleid door een grammatica die zonder meer een uitbreiding is van de eerste, ofwel uit het feit dat impliciet ook reeds een gemeenschappelijke basis van een gelovig en een anders-gelovig leven werd ondersteld. Dat wil zeggen, blijft men binnen een door één grammatica geleide praktijk, of acht men een gesprek – eventueel een confrontatie – tussen door twee of meer, elk door verschillende grammatica's geleide praktijken realiseerbaar?

Let wel: de bedoeling is niet om nu al conclusies met betrekking tot de religieuze praktijk of epistemologie te trekken. Het voorbeeld werd dan ook alleen ingeroepen in functie van een algemener patroon: situeert het begrijpen zich in de niet langer geïsoleerde maar nog steeds omvattende gelding van één grammatica? Teruggekoppeld naar de geciteerde discussie tussen Winch en MacIntyre: al dan niet in termen van de 'rationaliteit' van een praktijk, stelt zich de bredere vraag naar haar 'betekenis(volheid)'. Ook het benoemen van een act als 'magisch' of 'symbolisch' betekenisvol, is niet mogelijk zonder een betekenis voor die termen te specifiëren, en die specificatie zal vereisen dat men onderzoekt of die termen wel op een *aanvaardbare* manier optraden binnen onze eerder gegeven grammatica. Deze normatieve vraag krijgt feitelijke antwoorden door confrontaties tussen grammatica's; met andere woorden, door ons begrip van ons participeren aan *onze* levensvorm af te meten aan ons begrip van participeren aan een levensvorm *überhaupt*, zoals dat voortdurend in het geding is in de geesteswetenschappen.

Het oorspronkelijke criterium van neowittgensteiniaanse signatuur zou de indruk kunnen wekken te stellen – althans in minstens één populaire lezing – dat een praktijk, een symbolische wereld van een bestudeerde cultuur, toegankelijk is voor wie zich onderdompelt in die cultuur: dus voor de autochtoon, of voor degene die zich op zijn minst in een langdurig proces incultureert tot autochtoon. Door zich in te leven in de vreemde cultuur moet men zodanig deel gaan uitmaken van die cultuur dat men de grammatica ervan heeft geïncorporeerd (de taal ervan *spreekt*). (En niet alleen *beschrijft*: of nog, de stelling kan hier bijvoorbeeld -in één interpretatie van *meaning is use*- luiden, dat zo'n beschrijving van taal L_i alleen gegeven kan worden door een spreker van L_i, en gebaseerd op het spreken, het gebruiken van L_i.)

De ruimere interpretatie van wat een intern gezichtspunt is (die misschien met een gesofisticeerde wittgensteiniaanse lezing overeenstemt, zoals hoger al werd gesuggereerd), eist minder: het volstaat zich de grammatica van de 'ander' eigen te maken in die mate dat een herkenning en confrontatie tussen mijn cultuur en de zijne/hare mogelijk wordt. Overeenkomstig de gegeven omschrijving van de speciale hermeneutische positie van de *humanities*, komt het hierop aan, dat het deel uitmaken van *een* cultuur (meestal verbijzonderd als 'deze singuliere culturele context') telkens weer mogelijkheidsvoorwaarde en onderzoeksthema is. Daartoe moet men zelf participant zijn van een steeds particuliere menselijke cultuur, en vandaaruit het participeren aan cultuur *tout court* kunnen begrijpen. Maar dit wil niet zeggen dat de onderzoeker zelf als autochtoon deel moet zijn van de *onderzochte* cultuur. Uiteraard maakt het een wereld van verschil of we ons verhouden tot een symbolisch betekenissengeheel dat ons vreemd is; de vraag naar de mogelijkheid en de moeilijkheid van zo'n onderzoek is tot hiertoe niet eens aangeraakt (evenmin trouwens als deze naar de moeilijkheden van een onderzoek naar de eigen cultuur, de moeilijkheden voortvloeiend, precies, uit een deel zijn van het onderzochte). Toch zou de notie van intern gezichtspunt in de zin van een confrontatie met *een* betekenisvolle praktijk, waartoe ikzelf al dan niet behoor, ook hier beter kunnen werken. In een voorstel tot liberalisering van de notie van intern gezichtspunt stelt ook Phillips voor de notie 'intern' niet langer te verstaan als 'van binnenuit (d.i. vanuit het standpunt van de participant) gedacht', maar 'in termen gesteld die ook de participant desgevraagd zou kunnen of willen hanteren'[20] (of in termen waarin hij een vertaling van zijn eigen verwoording zou kunnen herkennen?). Wellicht gaan de nieuwe accenten die Phillips in zijn recente editorische werk rond Rush

[20] Mondelinge discussie.

Rhees[21] aanbrengt, eveneens in die richting: niet de metafoor van het taalspel maar het beeld van de conversatie gericht op een (zij het altijd moeizame) *growth of understanding* is nu maatgevend. In ieder geval lijkt men hoger vermelde opvatting van een grammaticale descriptie (§1) die niet gebaseerd is op *native speaking* (laat staan op *going native*) te kunnen funderen op de hier uiteengezette verruimde duiding van internaliteit. (En in tegenstelling tot de eerdere interpretatie zou *meaning is use* hier inhouden dat ik het gebruik -en dus de betekenis- van termen in taal L_i kan beschrijven zonder bovendien zelf een L_i-talige te zijn.[22] Analoog aan de twee onderscheiden formuleringen of interpretaties van 'internaliteit' waar we van meetaf van uitgingen, stoten we nu ook op twee mogelijke en onderscheiden interpretaties (of toepassingen) van een wittgensteiniaanse manier van spreken over betekenis.)

Vóór we overgaan tot het eigene van het religieuze gezichtspunt, nog even terug naar de aanvankelijke vraag waarin de veronderstelde ambiguïteit in de positie van de *humanities* tussen wetenschap en cultuur bestond: het antwoord zal een beslissend vergelijkingspunt met de epistemelogie van de religie opleveren. Uit het gezegde blijkt, dat de *humanities* met één been in de wetenschap staan, met een ander in de cultuur van het 'manifeste beeld'.[23] Op grond van het zuiver epistemische ideaal (cf. (i) hierboven) behoren zij tot

[21] Zie "Editor's Introduction" bij R. Rhees, *Wittgenstein and the Possibility of Dicourse*, Cambridge U.P., 1998.

[22] Let wel: dit is een vrij gewaagde stelling in het licht van het gegeven dat een betekenistheorie hier, in de context van het verstaan van een cultuur, meteen ook als epistemologie wordt gehanteerd. Indien het louter ging om een (contextualistische) betekenistheorie zonder meer (bv. om bepaalde typen van taal, zoals een wetenschappelijke taal, te interpreteren), hoefde men zich misschien niet persé dezelfde scrupules te maken in verband met de mogelijkheid om te komen tot geobjectiveerde interpretaties van het gebruik (los van de gebruik*ers*). Maar de betekenistheorie, waarover het hier gaat, maakt betekenis uiteraard tot iets dat nooit op zich bestudeerbaar is, maar brengt ze principieel in verband met onze toegang (*hoe wij* leren verstaan wat in bepaalde contexten gezegd wordt).

[23] Cf. W. Sellars, "Philosophy and the Scientific Image", in zijn *Science, Perception and Reality*, London, Routledge & Keagan Paul, 1963.

de wetenschappelijke levensvorm, op grond van hun betrokkenheid op het met betekenis-als-relevantie overladen object 'participatie aan een levensvorm' behoren zij tot manifeste levensvormen. In het licht van deze ontdubbeling moet dan ook een element van 'externaliteit' in de geesteswetenschappen voorkomen. Anders is geen kennis van het object bereikt, maar absorptie in en door het object. Zonder deze distantiërende houding leveren de departementen in kwestie geen studie van het poëtische genre, maar parasitaire poëzie; geen geschiedschrijving, maar (meestal slechte) historische romans; geen antropologisch veldwerk maar inwijdingsoefeningen die eindigen in emigratie.

Typerend voor de *humanities*, naar mijn mening, is de dissociatie in de attitude tussen twee momenten in het onderzoek: een internalisering van het object die zelf heen en weer gaat tussen confrontatie met het vreemde (ons verruimde criterium van internaliteit) en het eigen-maken ervan (het engere criterium); èn een daaropvolgend moment van externe opstelling tegenover het object, tegenover die internaliserende attitude ook en haar resultaten. Een eerste-orde intern standpunt wordt op eigenaardige wijze gecombineerd met een tweede-orde standpunt dat extern is, en correspondeert aan het natuurlijk wantrouwen van de beoefenaar van een *project of pure enquiry*. Het devies *sine ira et studio* betekent niet dat de *scholar* zonder fascinatie ook maar iets zinnigs te vertellen heeft, maar dat men in een tweede beweging op die fascinatie terugblikt en ze als het ware losmaakt van wat dankzij haar is gevonden.[24]

[24] Is dat tweede-orde standpunt van de *humanities* extern in de zin die correspondeert aan de engere definitie van 'intern', of in een zin die overeenkomt met de ruimere definitie? Een superstandpunt dat neutraal boven alle betekeniscontexten zweeft kan alleszins niet aan de orde zijn; zo'n absoluut extern standpunt zal wel onintelligibel zijn. Wanneer Ivan Morris ons in zijn studie van de wereld van de 'Prins van het Licht' deelachtig heeft gemaakt aan de fascinerende esthetica van de Heian-cultuur, komt er een ogenblik waarop hij zich terugbuigt op zijn eigen betrokkenheid en deze opschort om te constateren welke waarden totaal afwezig blijken in die cultuur, en welk beklemmend maniërisme zij heeft opgelegd aan haar deelgenoten. Dit is natuurlijk geen afweging aan een objectieve waardenschaal, maar een impliciete vergelijking die geïnspireerd is aan de eigen culturele achtergrond (moment van confrontatie); een soort van thuiskomst *after all*.

Waarin bestaat nu nog het verschil met analoge processen van internalisering èn distantiëring die ongetwijfeld ook in andere contexten, en in het bijzonder in 'genaturaliseerde' onderzoekstradities, aanwezig zijn? Uiteraard is er steeds internalisering van de betrokkenheid op het object (psychologisch, maar ook om een hanteerbare conceptuele taal en metaforenbasis te ontwikkelen); maar waar situeert die internalisering zich precies? Kan men niet zeggen dat bijvoorbeeld in de genaturaliseerde onderzoeksstijlen een externe blik op het object getraind moet worden vóór men tot internalisering van die externe blik zelf overgaat? Precieser gezegd: een primaire 'interne' blik (in de zin van de onderdompeling in de zee van manifeste betekenissen) is natuurlijk wel verondersteld vóór men aan welke wetenschap dan ook kan gaan doen, maar die blik, dat 'nulde standpunt', moet de natuur- en gedragswetenschapper, in tegenstelling tot de geesteswetenschapper, grotendeels juist weer afleren. In de geesteswetenschappelijke activiteit moet niets afgeleerd worden, behalve de overwoekering door clichés; dit proces gebeurt echter door confrontatie met *andere manifeste* betekenissen – niet door eliminatie van manifeste betekenissen als zodanig. De vertrouwde omgang met betekenissen moet er *geïntensifieerd* worden wil men iets kunnen begrijpen.[25]

Toch is een moment van externe opstelling, van desinvestering van de betekenishechting in een sterkere zin mee aanwezig: na de confrontatie kan het inzicht doorbreken dat uiteindelijk elke betekenisconstructie zo precair is en zo essentieel vatbaar voor, ja gericht op, nakend betekenisverlies, dat de vergelijking of de confrontatie er één wordt tussen elk mogelijk geheel van betekenissen en de ultiem mogelijke desintegratie van alle betekenis. Dit perspectief is op de achtergrond van elk groot werk in de *humanities*traditie aanwezig. Hier situeert zich een moment van distantiëring dat uiteindelijk radicaler is dan de externe gezichtspunten die andere wetenschapstypes kenmerken, waar binnen de thematische horizon van de overwegingen evenmin het perspectief van een deconstructie van elke betekenisdragende context voorkomt als de constitutie van symbolische betekenis.

[25] Dit punt kan hier uiteraard niet verder uitgewerkt worden. Zie voor de gedachte van de intensifiëring in het bijzonder ook Taylor, *a.c.*, p.148f.

3. Religie: orden en attitudes

In welke zin zijn we nu dichter gekomen bij een epistemologie van het religieuze spreken, en van het spreken over religie? Voor zover de filosofie van de religie gewoon tot de *humanities* behoort, zou de complexe dualiteit tussen eerste en tweede orde, intern en extern (in de geliberaliseerde zin) ook van toepassing zijn op de epistemologie van de religie. Nu is echter de vraag: is daarmee voor die laatste velden alles gezegd; kan het de bedoeling zijn te zoeken naar een toepassing van een algemenere comparatieve les op de religie? Noch voor de religieuze epistemoloog noch voor de religieuze persoon lijkt daarmee al een bevredigende positiebepaling gegeven; hooguit is een perspectief geschetst waarmee rekening te houden valt. Laat me beginnen bij de situatie van de religieuze persoon, om nadien over te gaan tot de positionering van de religie-*scholar* en de godsdienstfilosoof. En dat de comparatieve epistemologie iets kan bijdragen, moet dan in de uitvoering blijken. Terzijde: aanvankelijk zal ik in die epistemologische vergelijking niet alleen de intentionaliteit van de religieuze interesse en de intentionaliteit van de cultuurwetenschapper maar summier ook de esthetische interesse betrekken.

Daar waar de *scholar* betracht een tweede-orde standpunt in te nemen tegenover een (verruimd) intern standpunt, lijkt mij het verschil tussen antropoloog en autochtoon, tussen literatuurscholar en literator, tussen historicus en getuige of actor, tussen religieonderzoeker en religieus persoon, nu net in termen van de aard van dit tweede-orde standpunt gevat te moeten worden. Het lijkt me evident dat een tweede-orde extern gezichtspunt in de participatie van de kunstenaar aan de artistieke cultuur, van de gelovige aan de religieuze praktijk, van de actor aan zijn tijdruimtelijke leefsituatie niet in dezelfde zin geïmpliceerd is als dit het geval is voor de *scholar* van al deze domeinen.

Zoiets betekent geenszins dat de gelovige, de historische actor, de schrijver, de componist geen tweede-orde standpunt zouden innemen ten opzichte van hun eigen activiteit en hun eigen primair in de act zelf betrokken standpunt. Ik zou juist willen suggereren dat de betrokkenheid van zowel de religieuze persoon als van de andere in de daad geëngageerden er één is die niet zonder een vorm van terugbuiging, hoe elementair soms ook, op de eigen *commitments* bestaat.[26] Ook de kunstenaar, de gelovige, de autochtoon, het historisch subject, zijn niet zonder meer ondergedompeld in het object. De laatste twee zijn evenwel vrij zich te laten absorberen door hun eerste-orde attitudes. De religieuze persoon wordt daarentegen, zoals de kunstenaar door het doek dat geschilderd wordt, heen en weer gedwongen tussen het object en een kijkafstand vóór het object. Maar die terugblik kan voor de kunstenaar, voor zover hij zich *als* kunstenaar opstelt, voor de gelovige *als* gelovige etc., slechts de vorm aannemen van een tweede-orde *intern* standpunt. Dat wil zeggen dat de gelovige of de kunstenaar die zich als gelovige of als kunstenaar bezighoudt met de aard van zijn bezigheid, op dat moment de grammatica van zijn traditie tot voorwerp neemt van een reflectie die gevoerd wordt in termen die nog sterk verbonden zijn met die (veranderlijke) traditie. De voortzetting van die traditie hangt wellicht zelfs voor een deel af van de voortzetting van die reflecterende dialoog tussen de act en de condities van de act, beschreven in termen die in het verlengde liggen van die act.

Het is natuurlijk niet uitgesloten dat een actor uit die praktijken tegelijkertijd een extern tweede-orde standpunt zou innemen, d.w.z. bij de gehele praktijk, waarin hij ingeschakeld is, nog eens betrokken is op de manier van de waarnemer die als criticus of theoreticus of biograaf of monograaf de traditie van de studie van die praktijken van eerste orde levend houdt. De godsdienstwetenschapper of de religieuze antropoloog kan in één religieuze praktijk ingeschakeld zijn; deze is bovendien niet noodzakelijk de door hem bestudeerde, die hem epistemisch het meest fascineert. Net zo kan de zanger in het kerkkoor gelovige (of niet-gelovige, of boeddhist), en musicoloog zijn. Wat niet betekent dat het samengaan van die 'rollen' geen cognitieve problemen kan opleveren. (Hier veronderstellen we de overgang van de situatie van de religieuze

[26] Vergelijk voor het volgende de paragrafen "Redelijkheid of interne rationaliteit" en "Afstandelijkheid en redelijkheid" in H. De Dijn, *o.c.*, p.71-86.

persoon naar de situatie van de religieuze *scholar* reeds gemaakt.) Ook de godsdienstfilosoof gaat heen en weer tussen een intern en een extern gezichtspunt: zo bijvoorbeeld de wittgensteiniaanse godsdienstfilosoof, die een cultuurantropologisch standpunt combineert met een interne betrokkenheid op een bepaalde religieuze traditie. Bovendien dient, in het licht van wat voorafging, dat cultuurantropologisch standpunt zelf al intern en extern gezichtspunt te combineren.[27] Deze situatie biedt overigens ook een voordeel: godsdienstfilosofieën neigen ertoe van meetaf aan zozeer in een particuliere religie verankerd zijn dat zij er niet toe komen toch ook het gemeenschappelijke van het fenomeen religie als zodanig te bespreken.

Maar anderzijds blijft de wittgensteiniaanse analyse vaak, en merkwaardig genoeg, *ex*tern; en voor bepaalde analyse-objecten misschien té extern. Niet alleen is er een verschil tussen de act van de analyse (die door de analyst een beschrijving wordt genoemd) en de karakterisering van die act als (loutere) beschrijving: zelfs wanneer een 'analyse' accuraat is, blijft de (meta-)vraag gesteld of zij accuraat beschreven is wanneer zij zonder meer een 'beschrijving' genoemd wordt. Moet men niet erkennen dat het vaak gaat om een *her*beschrijving, waarbij bepaalde trekken van het beschrevene onvermijdelijk worden geëvalueerd?[28] Maar vooral krijgt men

[27] In wittgensteiniaanse taal: ook indien zij niet revisionistisch is, kan een beschrijving hoogstens een *her*beschrijving zijn; zal men aanvaarden dat haar claim de interne grammatica van de gelovige beleving te expliciteren slechts aan de praktijken van de gelovigen (en: welke gelovigen?) getoetst kan worden?

[28] Zie hiervoor ook S. Mulhalls eigen artikel "Wittgenstein and the Philosophy of Religion", Ned vert. (W. Van Herck & P. Cortois) "Wittgenstein en de godsdienstfilosofie", *Bijdragen* 60(1999), nr.4; sec.2 (n.a.v. een analyse door Phillips).Een bepaalde analyse kan op objectniveau accuraat -of wellicht beter: 'pertinent'- zijn, zelfs indien zij een *her*beschrijving genoemd moet worden. Deze opmerking geldt ook bepaalde effectief gemaakte analyses van de hand van Mulhall zelf, zoals deze van 'religiositeit B' (en het christelijke schuldbegrip) volgens Kierkegaard in *Faith and Reason*, London: Duckworth, 1994, h. 4 en 5. Wat ook daar niet gegeven wordt, is een duidelijke uitklaring van het statuut van het eigen spreken op het ogenblik dat de *shift* wordt gemaakt naar een intern commentaar, dat nodig is om het christelijke schuldbegrip (of een bepaalde interpretatie ervan) overtuigend te expliciteren. En wat tenslotte de antropologische

de indruk dat wittgensteiniaanse analyses vaak stoppen, waar een nieuwe etappe zou kunnen beginnen, die behoort tot een filosofie van een particuliere religie: daartoe is zij juist niet intern genoeg, - of te geremd om te erkennen dat zij op een bepaald ogenblik de overgang heeft gemaakt naar aan een bepaalde religie (zelfs op circulaire wijze)[29] interne overwegingen, die niet door een gereserveerde descriptie te achterhalen zijn. Want vanaf het ogenblik dat men zich niet langer beweegt op het niveau van een antropologische godsdienstfilosofie, maar zich wil wijden aan de articulatie van de houdingen, gedachtengangen en overtuigingen van een welbepaalde, namelijk de eigen religieuze traditie, stelt zich de vraag van welke aard *deze* tweede-orde reflectie is. Of zal men in naam van de aanspraak op universele herkenbaarheid van het filosofisch betoog deze ontwikkeling weigeren? Men kan wellicht eisen dat een filosofisch discours *begrijpelijkheid* voor een in principe universeel forum nastreeft, maar daarom niet dat elk discours, om filosofisch te zijn, ook voor neutrale *beoordeling* door een universeel forum vatbaar moet zijn (een distinctie die in dit geval nauwelijks in dovemansoren kan vallen).

Maar als die ontwikkeling legitiem is, van welke aard is dan het tweede-orde standpunt dat we *intern* hebben genoemd in de dynamiek van de esthetische of religieuze praktijken? Gaat het om een

benadering in het algemeen betreft: men zou kunnen zeggen dat, om de grammatica van het beschrevene in zuivere staat te kunnen presenteren, het allochtone standpunt bizar genoeg vaak helemaal niet als een reëel standpunt van een reëele antropoloog met een welbepaalde culturele achtergrond wordt voorgesteld, maar als een onthecht en gedecontamineerd, van zijn standpuntelijke plaats en ballast bevrijd standpunt, kortom als een niet-standpunt.

[29] Waarmee bedoeld is, dat de connecties tussen verschillende, aan die particuliere religie eigen concepten, zodanig kunnen zijn dat de articulatie ervan niet zonder een vorm van circulariteit kan verlopen, die ook aan de Azande-uitleggingen van magische praktijken volgens Winch en Polanyi c.s. eigen is. (Een heen-en weer verwijzing die ons ook vertrouwd is wanneer wij pogen louter aan de hand van een woordenboek woordbetekenissen te achterhalen.) De beslissing waarvoor Winch net als de godsdienstfilosoof überhaupt hier staat is deze: onderkennen dat niet alleen de door hem aangehaalde praktijken maar ook de eigen religieus-filosofische analysepraktijk deze circulariteit moet vertonen, wil men op bepaalde punten verder kunnen.

intern standpunt in de enge of in onze ruimere zin? De omschrijving waarbij de tweede-orde reflectie van de gelovige analoog wordt geacht aan het *eerste*-orde standpunt van de *scholar* lijkt hier niet zonder meer van toepassing. In zoverre hij zich niet als godsdienstantropoloog opstelt maar als gelovige, is zijn articulatie *niet* in eerste instantie een confrontatie tussen de 'grammatica' van zijn eigen primaire praktijk en de grammatica's van een aantal andere symbolische praktijken. Dit geldt zelfs indien deze laatste evenzo religieuze praktijken zijn. Toegegeven, ook de verruimd-interne vergelijking die op zoiets als 'comparatieve religie' is gericht, kan een plaats van studie en reflectie innemen. Maar ons interesseert nu in eerste instantie dat hier ook een in de strictere zin interne articulatie van de eigen praktijk dient plaats te vinden: nogmaals een paradoxale omkering, aangezien hiermee via een omweg een onvoorzien argument vóór (een versie van) de winchiaanse claim is bereikt.

Vanaf hier scheiden zich inderdaad, vanwege de specificiteit van het religieuze, een aantal wegen (waaronder ook de wegen van religieuze en van artistieke epistemologie). Hier komt inderdaad een omstandigheid tussen die de religieuze epistemologie -of althans een belangrijk onderdeel ervan, als ik het bij het rechte eind hebapart maakt, ook tegenover de bespreking van attitudes in (en tegenover) artistieke tradities. In het volgende zal ik me gedeeltelijk baseren op het godsdienstfilosofisch werk van Jean Ladrière[30] (waarbij ik de strekking ervan enigszins ombuig naar onze 'intern

[30] Een belangrijk deel van dit godsdienstfilosofisch werk is samengebracht in *L'articulation du sens*. Vol. 1. *Discours scientifique et parole de la foi*. Paris: Aubier Montaigne, 1970; Vol. 2. *Les langages de la foi*, Paris: Ed. du Cerf, 1984. Hier worden deze 'geloofstalen' elk op hun eigen modus van performativiteit bekeken in termen van de door Austin en, voor de bijbelse scheppingstaal, door Donald Evans (*The Logic of Self-Involvement*, 1963) uitgewerkte taaldadenanalyse.

Wat de karakterisering 'godsdienstfilosofisch' betreft dient een reserve in aanmerking genomen te worden. Inderdaad, in de opvatting van Ladrière zelf beweegt de godsdienstfilosofie zich eerder aan de externe zijde van de reflectie omtrent religie; m.i. zou hij het eens zijn met een karakterisering van zijn werk in deze als een beweging op de grenslijn tussen religieuze epistemologie en filosofische theologie.

– extern' problematiek, en naar het wittgensteiniaanse punt[31] van waaruit dat werk zelf ook vertrekt).

Zoals de gewone religieuze persoon zich bezint over zijn geloof, eventueel twijfelt, of aan speciale onderdelen van de praktijk gehecht is, is er ook die speciale religieuze persoon die zich daarnaast op de meest uitdrukkelijke manier met de articulatie van de eigen religieuze traditie bezighoudt. Naast en bovenop de gewone eerste-orde geloofstalen zijn een aantal buitengewone talen van en *binnen* een religie ontplooid die die gearticuleerde uitdrukking moeten bevorderen. Zo zijn verscheidene geloofstalen geënt op het ('eerste-orde') religieus besef: in onze religieuze tradities zijn er de liturgische taal, de Schrifttaal, de taal der mystieken, de proclamatietaal, de taal van de verkondiging, de taal der mystici, de theologische taal.[32] (Daarnaast zijn er ook de niet-talige symbolismen die verstrengeld zijn met het verbale symbolisme.) Alle bevatten zij elementen van tweede-orde commentaar bij de eerste-orde praktijk of roepen zij deze op. Welk is het standpunt van die speciale religieuze tweede-orde attitudes? Deze tweede-orde commentaren veronderstellen de eerste-orde religieuze

[31] Ter aanvulling moet vooral ook op de austiniaanse inslag van Ladrières vertrekpunt gewezen worden: het aangrijpingspunt is telkens een specifieke religieuze subtaal (die zich weliswaar op de wijze van de familiegelijkenissen verhoudt tot de andere religieuze subtalen, maar zich ook samen met hen verhoudt tot de totale religieuze taal waarvan ze alle deel uitmaken), en deze subtaal wordt telkens op haar eigen operativiteit onderzocht in de zin van de eigen wijze waarop zij performatief genoemd kan worden. Hierbij wordt dus niet uitgegaan van een ongekwalificeerde geldigheid van één of andere betekenisdoctrine, ook niet één die zou varen onder een *meaning is use*-vlag. En voor zover '*meaning*' inderdaad '*use*' *is*, zal de keuze tussen interpretaties van dit analysemodel niet meteen voor de hand liggen. Zo zal bijvoorbeeld niet meteen een keuze gemaakt worden tussen onze 'eerste' en onze 'tweede' interpretatie in verband met de eis die al dan niet gesteld werd dat de interpretator van L_i ook de spreker van L_i zou zijn. In het geval van de religieuze taal, zal Ladrière eerder aansluiten bij de Evansiaanse interpretatie, volgens dewelke expressief en religieus spreken in hun performativiteit onherleidbaar 'subjectieve' momenten bevatten. (Er is een spreker-zelfreferentie in elk dusdanig spreken vervat, door Evans *self-involvement* genoemd.) Nochtans houdt dit volgens Ladrière niet in dat er geen 'objectieve' of 'constatieve' gerichtheid in dergelijk spreken aanwezig zou zijn, en het komt erop aan ook die inhoudelijke gerichtheid op het spoor te komen.

[32] Vol. 2. *Les langages de la foi*, Paris, 1984.

attitudes en overtuigingen (in een wederzijdse afhankelijkheid tussen beide); slechts vandaaruit is de pointe, niet alleen van een particuliere theologische uiteenzetting, maar van de theologische taal als zodanig te begrijpen. Zonder op de specificiteit van de verschillende 'hogere' geloofstalen in te gaan, slechts een paar bedenkingen over die theologische taal. Deze kan in de lijn van het gezegde niet als een externe verklaring of fundering van de eraan voorafgaande geloofstalen opgevat worden. Nochtans heeft zij zichzelf vaak op die manier opgesteld: als een ultieme geloofstaal die datgene wat zegbaar was zou zeggen en uitleggen, in een filosofische of in een zuiver theologische doctrine begronden (uiteraard binnen de grenzen van de erkende verhouding tussen rede en openbaring). Dit is een ombuiging van een oorspronkelijkere intentie tot interne verheldering die verderbouwt op en vooronderstelt wat in meer primaire geloofstalen is gegeven, er interpretatiepogingen, commentaren en marginalia op bouwt en aan toevoegt die surplus aan begrip kunnen opleveren voor wie zich al heeft geëngageerd tot het niet strict rationeel begrijpelijke. Een verklaring die de buitenstaander evengoed genoegdoening zou kunnen geven als de binnenstaander is hier niet denkbaar: deze gesofisticeerde geloofstaal is een hulp tot verfijning van de ervaring. Voor de buitenstaander is zij in het beste geval een prikkelende uitdaging (voor wie van een goede uitdaging houdt). Meestal blijkt ze voor hem evenwel slechts een aanleiding om zijn vernuft te oefenen en aan te scherpen in de ontplooiing van een concurrerende atheologie. Dit betekent niet dat formele argumentaties in de context van de filosofische of openbaringstheologie van betekenis verstoken zijn. Integendeel, de poging om een eigen logica in de religieuze expressie aan te brengen kan gezien worden als een poging om een soort van coherentie aan te brengen in de globale ervaring; daarbij wordt in de speculatieve theologie de geloofspresuppositie methodisch tussen haakjes gezet maar niet buiten werking gesteld.[33] Indien dit laatste vergeten wordt, is de theologie ten prooi aan een misplaatste duiding van die coherentie (convergentie en integratie van het totale wereldbeeld waarbij geloof afhankelijk gesteld wordt

[33] Vol.1. *Discours de la science et parole de la foi*. Paris, 1970, p. 136.

van de recentste theoretische ontdekking of controverse).[34] Vooral moet die poging er één zijn tot articulatie (en niet verklaring) van de mysteries die de religie in haar kern bewaakt: een poging om de grens af te tasten van de *ars subtilior* van de taal met dat vóór de taal gesymboliseerde. In dat geval kan die articulatie bijkomend een hulde worden met iets van de kracht van de iconenschildering of het mottet,[35] maar dan op het vlak van een intern-cognitieve orde (hoe paradoxaal ook die uitdrukking),[36] met als ideaal een integratie niet van geloof en kennis maar van aangrijpingskracht en uitdrukkingskracht in de wederzijdsheid van praxis en geproclameerd credo, respectievelijk rite en mythe van de religie.

Om rechtstreeks te antwoorden op de vraag van welke aard het interne standpunt is van de reflectieve religieuze attitude, inbegrepen de 'hogere' geloofstalen: in het licht van het vorige zijn zij alle intern. Aan een verdere differentiatie tussen die talen kan ik me hier niet wagen, op één kanttekening na. Komen de externe(re) benaderingen – en in het bijzonder de antropologische (die in vergelijking

[34] Waarbij, zeker ook in het perspectief van Ladrière, niet gezegd is dat de consistentie tussen geloof en wetenschap nooit een probleem is. Inderdaad is het zo dat 'geloof' en 'rede' met elkaar in aanvaring kunnen komen, en dat zekere vormen van inconsistentie tussen geloofsinhouden en ideeën uit de context, voornamelijk, van de wetenschappen kunnen optreden. Negatief fungeert dergelijke inconsistentie als een limiet voor de leefbaarheid en adequaatheid van de (inhoudelijk geïnterpreteerde) geloofstaal. Maar aangezien we met twee verschillende wijzen van functioneren van taal te doen hebben, zal de vergelijking nooit simpel en rechtstreeks kunnen gebeuren, en zal de (in)consistentie derhalve ook niet eenvoudig af te lezen zijn: er is niet één super-taal die religieuze en wetenschappelijke taal omvat. De beschouwing van de interne coherentie van inhouden geformuleerd in de geloofstaal van tijdstip t_i dient met andere woorden wel aangevuld met een beschouwing van de 'externe' consistentie ervan met onze meest stringente cognitieve inzichten. Maar daaruit volgt geen recept voor de verzoening van religie met kosmologie, en ook geen graadmeter voor hun onverzoenlijkheid.

[35] Vgl. W. Van Herck, "De taak van de godsdientsfilosofie", *Bijdragen* 59 (1998), sec. 1.

[36] Ze is hier dan ook bedoeld in de volgende zin: die articulatie is niet een bijdrage tot de groei van ons totale kennisarsenaal (laat staan als een 'hogere kennis'), maar toch een bijdrage tot groei aan inzicht binnen (en over) een bepaalde symbolische praktijk waarbinnen we ons bewegen, en die op haar beurt in relatie staat tot onze andere praktijken, inclusief de in stricte zin cognitieve.

met neutrale metafysische justificatiepogingen intern is, maar in vergelijking met de interne articulatie nog extern bleef) – er alle door in het gedrang, worden zij overbodig? Het is geen toeval dat bepaalde geloofstalen neigen tot het externe en tot de confrontatie met andere, in een strictere zin cognitieve tradities. In zekere zin zijn deze vormen van terugbuiging meer bedreigd dan de eerste, omdat het steeds moeilijker kan worden de grens tussen interne en externe beschouwing te trekken. Waar de situatie erg speciaal wordt, is daar waar verschillende soorten van tweede-orde reflectie binnen de religieuze levensvorm optreden en elkaar doorkruisen. Sommige hiervan bewegen zich, zoals hoger reeds aangegeven, op (en over) de rand van de activiteit van de *scholar*. De exegeet en de schrifthistoricus – ook de godsdienstfilosoof, waar hij zich met rechtvaardiging, of zelfs al waar hij zich met antropologische beschrijving inlaat – bevinden zich op de grenslijn tussen intern en extern tweede-orde standpunt. Eén vraag hierbij is, hoe hun reflecties zich in die hoedanigheid verhouden tot hun interne reflecties vanuit het standpunt van de gelovige *quaerens intellectum*.

Het merkwaardige is inderdaad dat al die meer geïntellectualiseerde geloofstalen (net als de 'ontregelende' taal van de mysticus en de visionaire taal van de bijbelse schrijvers) *ook de eerste-orde geloofstaal en -attitudes penetreren* (en dus, om alle misverstand te voorkomen, niet alleen de religieuze 'specialist' interesseren). In dit licht is de beantwoording van de vraag naar de aard van het tweede-orde standpunt te preciseren in de zin van een doordringing en confrontatie van de verschillende geloofstalen die aan verschillende dimensies van de religieuze ingesteldheid beantwoorden. Deze is in haar gehele articulatie immers meer dan een loutere oefening op de grammatica van een primaire geloofstaal, ook al is zij iets anders dan een confrontatie met gelijk welke sfeer van symbolische praktijken en relevantiekaders.[37]

[37] En buiten de *comparatief*-religieuze context is zij zelfs meer intern dan de confrontatie met andere religieuze tradities, behalve waar elementen uit een andere religieuze traditie effectief in interactie treden met de eigen evoluerende traditie. Zelfs de rechtstreekse vergelijking met een willekeurige religieuze traditie lijkt immers buiten het religieuze leven te leiden, en binnen de sfeer van de onderzoeker.

Dit brengt ons bij de nog crucialere vraag: welk type van intern standpunt is dat van de *eerste*-orde praxis van de gelovige? In andere termen: is er een mogelijkheid om een plaats te geven aan een 'tweede naïviteit', een herwonnen ongecompliceerdheid van de religieuze dimensie in het leven? Dat wil zeggen: is er (nog) plaats voor de gewone gelovige die niet méér verlangt dan zijn geloof uit te drukken en te beleven – voor zover die gelovige nog bestaat? De notie zelf van een eerste orde lijkt door het bovenstaande in het gedrang gebracht. Valt de tweede orde niet zozeer binnen in elke mogelijke eerste orde dat geloof geresorbeerd wordt in geloofsreflectie? Maar kunnen tweede-orde beleving en eerste-orde religieuze praxis elkaar dan niet ook op één of andere bevoorrechte plaats ontmoeten?

De herneming van een tegelijk verloren en behouden eerste orde lijkt precies die plaats te zijn van een teruggevonden naïviteit. Die tweede naïviteit van de gelovige houdt niet in dat een tweede-orde attitude afgesneden wordt. Zij bestaat hierin dat in de fundamentele stichtende momenten van de gemeenschap als 'mystiek lichaam' ook de tweede orde, dus de articulatie van de eigen act, kan functioneren in de modus van de eerste orde, d.w.z. binnen de grammatica blijvend van die act (van aanvaarding, van overgave, van vertrouwen...). De auto-implicatieve structuur (D. Evans) kenmerkt niet alleen de performativiteit van de religieuze taal, maar het feit dat articulerende geloofstaal niet alleen een taal is, ondersteund door een gebaar, maar vooral een taal ter ondersteuning van een primordiaal gebaar. Dit is het moment waarop de leden van een gemeenschap gelijkelijk articuleren wat hen beweegt, zonder daarbij de natuurlijke grammatica van die articulatie in vraag te stellen. Wat voor de natuurlijke taal (althans volgens de

En interacties zijn alleen daar reëel, waar zij gebeurlijk elementen uit een andere traditie op leefbare wijze tot onderdeel van de eigen traditie maken (wat onder welbepaalde historische condities wel voorkomt). Zoniet neemt men een vermenging in overweging welke komaf maakt met de solidariteit die heerst tussen de tekens binnen de eigen religieuze traditie. De bevruchting tussen verschillende religieuze tradities is van veel subtielere en indirectere aard dan in de dromen van religieuze comparatisten of syncretisten.

orthodoxe semantiek) bron is van paradoxen – die resulteren wanneer haar toegelaten wordt tegelijkertijd als objecttaal en als de eigen metataal op te treden- is voor het religieuze 'fragment' van de natuurlijke taal constitutief voor de betekenis van een bepaald moment in de religieuze ervaring -al dan niet met de paradoxen vandien. Gaat de eerste orde daarentegen functioneren in de modus van de tweede orde, dan komt men in de situatie waar de bron is opgedroogd, en de kerkganger wordt een geblaseerde toeschouwer of een (al dan niet 'deskundig') commentator.

Om kort te recapituleren: de belangrijkste hier ingevoerde distinctie in verband met de religieuze epistemologie is een distinctie tussen distincties. De onderscheiding tussen intern en extern standpunt – hoe complex ze op zich al was- moet er gedissocieerd worden van deze tussen eerste en tweede orde attitudes. Zo komt er ruimte vrij voor de notie van een intern tweede orde gezichtspunt. Maar ook blijft er ruimte voor de eerste orde religieuze attitudes, hoezeer ook een modern religieus besef gekenmerkt wordt door een terugbuiging op de eigen act. In tegenstelling tot de epistemologie van de *humanities* zijn ook de voornaamste tweede-orde attitudes in de religieuze context intern. Maar de eerste orde is er 'intern' in een zin die overeenkomt met wat we het engere criterium van Winch-Phillips hebben genoemd; de tweede orde evenzo, maar toch met een verschuiving: er komt een punt waar de eigen act niet alleen met de condities van die act in aanraking komt maar ook met de condities van andere ervaringstypes, zowel die van de *scholar* als die van andersoortige levensvormen. Daarbij is ook de grens met de externe beschouwing niet veraf, die evenwel buiten de epistemologie van de religieuze act als zodanig leidt.

De eerste-orde attitude van de religieuze persoon is eigenlijk door en door vermengd met tweede-orde attitudes. Reeds de primaire devotieact, gelezen in overeenstemming met deze analyse, is er, als ponering van 'inhoud', van doortrokken. Toch is dat eerste moment, die eerste act, vooral een punt van waaruit elke oriëntatie moet vertrekken -en waarin heroriëntaties zich tot herkenbaar beeld moeten spiegelen. In het tweede moment, een terugbuiging

-die geen distantiëring is- wordt de gelovige uitgedaagd zich een houding te bepalen over de verhouding tussen act en inhoud. Levende traditie is een reflecterende interne instantie: er is een verplichting die de gelovige op zich neemt, die erin bestaat het gemeenschappelijke, altijd al gekwetste *Corpus mysticum* niet verder van binnenuit te verwonden; anderzijds is de gelovige onvermijdelijk mee verantwoordelijk voor de transformatie van dat lichaam, door de eigen plaatsbepaling daarbinnen.

Maar de stroom moet volgens de waterkringloop altijd terugstromen naar de bron. Aan de gegeven antwoorden (welke het ook zijn) kan enkel zin gegeven worden inzoverre ze blijven gevoed worden door de voorgehouden bron, een stadium waar de distinctie tussen symbolische act en reële inhoud nog niet aan de orde was, -en dus inzoverre de spanning tussen beide vorige momenten aanvaard wordt in een act, die, *horresco referens* van de verkilde intellectueel, de overgave bewaart ook waar het begrijpen faalt.

Het eerste moment is er één waarbij beklemtoond wordt dat buiten de 'grammatica' geen articulatie van ervaring en betekenis mogelijk is; het tweede geeft antwoord op de vraag hoe het mogelijk is dat de oude grammatica zich modificeert; het laatste hoe die modificatie tegelijk "pas een mogelijkheid geeft tot spreken indien de nieuwe grammatica verbonden is met de oude"[38].[39]

[38] Om P. Winch's eigen formulering over te nemen, *a.c.*, p.316.

[39] Met dank aan Walter Van Herck en de leden van de UFSIA-werkgroep Godsdienstfilosofie en metafysica, alsmede aan Luco van den Brom en de deelnemers aan de Voorjaarsbijeenkomst 1999 van de Nederlandse Vereniging voor Godsdienstwijsbegeerte.

HOOFDSTUK 7

Geloof in God als zekerheid.

Walter VAN HERCK

"Wenn ich aber WIRKLICH erlöst werden soll, – so brauche ich *Gewißheit* – nicht Weisheit, Träume, Spekulation – und diese Gewißheit ist der Glaube." (L. Wittgenstein, *Vermischte Bemerkungen*, p. 33)

"Die Religion ist sozusagen der tiefste ruhige Meeresgrund, der ruhig bleibt, wie hoch auch die Wellen oben gehen." (*Ibid.*, p. 53)

1. Inleiding

Cruciaal in het debat over de rationaliteit van de religie is de vraag wat het begrip 'geloven' eigenlijk betekent wanneer het in religieuze contexten gehanteerd wordt. 'Geloof' is immers een dubbelzinnige term. In het gewone, dagelijkse gebruik van die term wordt er iets mee bedoeld als 'gissen' of 'vermoeden'. Het gebruik ervan in religieuze contexten verschilt grondig van deze dagelijkse betekenis. Zo is het wel mogelijk te zeggen 'O, je *gelooft alleen maar* dat Piet thuis is', maar getuigt het van onbegrip te zeggen 'O, je gelooft *alleen maar* dat God bestaat'. De dagelijkse betekenis van geloven laat meestal een vervollediging van dit soort zinnen toe in de trant van 'je gelooft het slechts, je weet het dus niet'. Geloven in God (en misschien ook in mensen, projecten, doelstellingen, waarden) schijnt iets veel sterkers in te houden dan een louter vermoeden. Iets sterkers of misschien beter: iets anders, want het vermoeden wordt niet aangevuld met iets dat het zou versterken. Toch kan het niet toevallig zijn dat we juist *dezelfde* term gebruiken in én dagelijkse én religieuze contexten. Wat beide betekenissen van 'geloof' gemeen hebben, is dat er geen redenen gegeven worden voor wat men gelooft. Een verplichting tot het geven van redenen is wel aanwezig in het gebruik van het woord 'weten', maar niet in het gebruik van 'geloven'. Dit ontbreken van een verplichting tot het geven van redenen heeft echter – dit is mijn hypothese – in dagelijkse en religieuze contexten een verschillende aard en een verschillende verklaring.

Dat er geen verantwoordingsplicht is in het dagelijkse 'geloven', houdt niet in dat dit geloven een cognitief karakter ontbeert. Men kan iets vermoeden zonder meer, maar men kan tevens iets vermoeden op grond van bepaalde aanwijzingen (OZ 550, 556[1]).

Naast de mogelijkheid het religieuze geloof te interpreteren als een vermoeden (al dan niet op grond van aanwijzingen) of als een weten, is er nog een derde optie. Deze derde optie vindt men verwoord in de klassieke omschrijving van het geloof in de *Catechismus van het Concilie van Trente*. In het eerste artikel van zijn tweede hoofdstuk zegt deze *Catechismus*: "Het woord 'geloven' betekent hier niet denken, menen, oordelen, maar heeft, volgens de lering der Heilige Schriftuur, de zin van een *allerzekerste* instemming, waardoor de geest met volle overtuiging en standvastigheid de geheimen aanvaardt die God hem voorhoudt. Bijgevolg heeft geloof in deze zin, de betekenis van *zekerheid* en overtuiging zonder enige twijfel."[2]

Deze derde mogelijkheid – het religieuze geloof als zekerheid – lijkt in eerste instantie niet echt een derde mogelijkheid te zijn, vermits het begrip 'zekerheid' traditioneel opgevat wordt in het verlengde van de begrippen 'kennis' en 'weten'. Wittgensteins *Over Zekerheid* biedt echter een correctief op deze traditionele epistemologische opvatting. Hij poogt te laten zien dat 'zekerheid' van een andere orde is dan 'weten' en 'kennen'.

Welk beeld krijgen we van het religieuze geloof als zekerheid, indien we het opvatten in het licht van de analyse die Wittgenstein in *Over Zekerheid* presenteert? En: Hoe kan het aldus verkregen beeld van geloof als zekerheid dienstig zijn in de verheldering van

[1] Met de afkorting OZ wordt verwezen naar L. Wittgenstein, *Over Zekerheid*, inl. G.H. von Wright, vert. S. Terwee, Meppel: Boom, 1988. De cijfers die op de afkorting OZ volgen duiden de paragraafnummers aan.

[2] *Catechismus van het Concilie van Trente*, uit het Latijn vertaald door F. Vermuyten, Mechelen: Dessain, 1935, p. 17(mijn cursivering)

het hedendaagse debat rond de rationaliteit van de religie? Dit zijn de twee richtinggevende vragen van deze bijdrage. Vooraleer Wittgensteins concept van zekerheid te bespreken, geef ik een korte uiteenzetting over wat Hume-scholars 'natural belief' noemen. De discussie rond dit begrip kan de lezer doen aanvoelen hoezeer het begrip 'zekerheid' de epistemologische debatten reeds lange tijd bezwaart en in welke zin het een epistemologie van het geloof kan bepalen.

2. Hume, 'natural belief' en God

Nadat Hume de onderneming van een natuurlijke religie ondergraven heeft, blijft voor hem de vraag aan de orde waarom – indien het geloof geen rationele conclusie kan zijn – het geloof in God zo wijdverbreid is. Een mogelijk antwoord is dat ofschoon de redelijke bewijzen falen, het geloof zijn credibiliteit ontleent aan de openbaring en de tekenen die daarmee samenhangen (mirakelen). Een tweede mogelijk antwoord is dat het geloof in God veroorzaakt wordt door constant werkzame krachten in de menselijke natuur (een lijn die Hume in de *Natural History of Religion* verder uitwerkt). Een derde mogelijkheid is echter dat geloof in God behoort tot de zgn. *natural beliefs*. Verderop in deze bijdrage zal zich overigens de vraag stellen in hoeverre de tweede en de derde mogelijkheid onderscheiden kunnen worden.

De term *natural belief* is niet van Hume, maar van zijn commentatoren. Zij gebruiken deze term voor een kleine klasse van overtuigingen die het filosofisch scepticisme overleven omdat ze onontbeerlijk of onvermijdelijk zijn. *Natural belief* is voor Hume een soort rem op de excessiviteit van het scepticisme. Het scepticisme kan twee vormen aannemen. Een milde vorm van scepticisme houdt de erkenning in van de beperkingen van de menselijke cognitieve vermogens ten aanzien van bepaalde werkelijkheidsdomeinen, zo bijvoorbeeld de theologie en de metafysica. In bepaalde metafysische en theologische disputen is een conclusie onmogelijk en onbereikbaar. Omdat deze domeinen echter ver afstaan van het gewone leven, is deze milde vorm van scepticisme totaal ongevaarlijk.

De tweede, excessieve vorm van scepticisme strekt zich echter uit tot het gewone leven.[3] Deze excessieve twijfel heeft de nefaste consequentie dat geen enkele overtuiging nog waarschijnlijker lijkt dan een andere. Het psychologische antidotum tegen deze duisternis is volgens Hume het gewone, praktische leven.[4] Het filosofische antidotum is *natural belief.* J.C.A. Gaskin (1988:112) schrijft: "A natural belief is one which in practical life cannot be abandoned and which we *all* hold and are absolutely justified in holding irrespective of philosophical objections." Een voorbeeld is: dat er een externe wereld is los van mijn percepties. Als blijkt dat noch de rede noch de ervaring bij machte zijn dit geloof te bevestigen, dan moeten we het daarom toch niet verlaten, want zonder dit geloof is het praktische leven onmogelijk. Twijfel aan elementen van *natural belief* is, ten lange laatste onhoudbaar zowel voor de gewone man als voor de filosoof. *Natural belief* is aldus een rem op het excessieve scepticisme (en niet op het milde).

Er zijn dus volgens Hume overtuigingen die niet het resultaat zijn van een bewuste, redelijke inschatting van gronden, redenen of bewijzen[5] en die ook niet verstoord kunnen worden door zulke gronden, redenen of bewijzen tenzij voor enkele kortstondige momenten van *'philosophical melancholy and delirium'*. Deze overtuigingen zijn niet redelijk noch onredelijk, maar a-rationeel of non-rationeel. Ze behoren tot de *'original instincts'*, tot de rem op het excessief scepticisme.

[3] "Even our senses are brought into dispute, by a certain species of philosophers; and the maxims of common life are subjected to the same doubts as the most profound principles or conclusions of metaphysics and theology." Hume 1975:150

[4] "The great subverter of *Pyrrhonism* or the excessive principles of scepticism is action, and employment, and the occupations of common life." Hume 1975:158-9

[5] "It seems evident, that men are carried, by a natural instinct or prepossession, to repose faith in their senses; and that, without any reasoning, or even almost before the use of reason, we always suppose an external universe, which depends not on our perception, but would exist, though we and every sensible creature were absent or annihilated." Hume 1975:151

Volgens Gaskin onderkent Hume drie natuurlijke overtuigingen of *natural beliefs*. Volgens sommigen kunnen aan deze lijst nog twee kandidaten voor de titel *natural belief* worden toegevoegd. Hier is de lijst:

1 het continue bestaan van een externe wereld los van onze waarnemingen
2 dat de tot nog toe ervaren regelmatigheden een betrouwbare gids vormen voor wat er in de toekomst te gebeuren staat
3 dat de zintuigen betrouwbaar zijn niettegenstaande de locale en geïsoleerde gevallen van verwarring en illusie

4 het continue bestaan van mezelf als persoon
5 geloof in een geordend universum ontworpen door God[6]

Deze *natural beliefs* bezitten volgende kenmerken. (i) Het zijn *gewone overtuigingen* die verbonden zijn met het praktische leven van mensen en ze zijn volstrekt onwijzigbaar. (ii) Men bereikt deze overtuigingen *los van elke redenering* en ze kunnen niet opgeheven of opgeschort worden door toedoen van redeneringen. Toch gaat het hier niet om een psychische onredelijkheid. De praktische ervaring laat ons geen andere epistemische optie open. Zulk geloof is dus niet onredelijk, maar veeleer a-redelijk. (iii) Niemand kan *handelen* in de wereld tenzij hij deze overtuigingen heeft. Daarom zijn ze onvermijdelijk en onwijzigbaar.[7] Werkelijk doorgevoerd scepticisme zou tot lethargie en verlamming leiden. (iv) Deze overtuigingen zijn *universeel* en worden altijd en overal gehouden.

[6] C.W. Hendel verdedigt in zijn *Studies in the Philosophy of David Hume* (Indianapolis, 1963, repr. New York, 1983) de stelling dat Hume van mening was dat er religieuze *natural beliefs* zijn. Eenzelfde mening is toegedaan: R.J. Butler, 'Natural belief and the enigma of Hume', in *Archiv für Geschichte der Philosophie*, 1960, p. 73-100

[7] "On the contrary, he (the Pyrrhonian, wvh) must acknowledge, if he will acknowledge anything, that all human life must perish, were his principles universally and steadily to prevail. All discourse, all action would immediately cease; and men remain in total lethargy, till the necessities of nature, unsatisfied, put an end to their miserable existence. It is true; so fatal an event is very little to be dreaded. Nature is always too strong for principle." Hume 1975:160

Aan de hand van deze kenmerken kan iets gezegd worden over het verschil tussen *natural beliefs* en onredelijke overtuigingen. Ogenschijnlijk delen zij immers het kenmerk dat zij niet bewezen kunnen worden. Voor onredelijke overtuigingen zijn echter vele alternatieven te geven, voor de natuurlijke overtuigingen bestaan geen alternatieven. De scepticus kan geen echt alternatief aanbieden voor de *natural beliefs*, terwijl er duizend alternatieven te geven zijn voor geloof in UFO's. Een tweede onderscheid is het volgende. Als we niet handelen volgens de *natural beliefs*, dan handelen we in het geheel niet. Dit is niet zo voor de irrationele overtuigingen.

Twijfel en kritiek zijn mogelijk ten aanzien van bepaalde overtuigingen, maar niet ten aanzien van die overtuigingen die het leven mogelijk maken. Wie poogt te handelen alsof de toekomst totaal anders zal zijn dan het verleden, die maakt het leven onmogelijk. "… to disregard a natural belief would be more like madness." (Gaskin 1988:119)

Volgens R.J. Butler en C.W. Hendel is geloof in God nu een *natural belief*. Het bestaan van God wordt door Hume niet in twijfel getrokken. De *Gesprekken over de natuurlijke godsdienst* (Hume 1992) gaan niet over de vraag of God bestaat, maar slechts over zijn aard en voor de deelnemers aan de *Gesprekken* is geloof in God onvermijdelijk en natuurlijk. Dit natuurlijk geloof is bijzonder mager: er is een God, maar veel is er over Hem niet te zeggen.

Tegenover de thesis van Butler stelt Gaskin dat geloof in God niet voldoet aan de criteria van *natural belief*; dat Hume geloof in God als een redelijk geloof aanziet en dat de reikwijdte van dit redelijk geloof in God zo beperkt is dat het van geen enkele betekenis is voor de godsdienst.

Dat het geloof in God niet beantwoordt aan de kenmerken van *natural belief*, kan volgens Gaskin als volgt aangetoond worden. Het *eerste* kenmerk (i) was 'gewone overtuiging'. Geloof in God schijnt niet zo gewoon te zijn: het is niet overal aanwezig en het wordt eerder meegegeven in de opvoeding. Eerder dan '*natural belief*' schijnt dit een '*common persuasion*' te zijn. Het *tweede* kenmerk (ii) betrof de a-redelijkheid van *natural beliefs*. Men kan, om niet een eindeloze discussie te starten, stellen dat het onduidelijk is of geloof in God dit kenmerk bezit. Het *derde* kenmerk (iii) stelt dat *natural beliefs* praktisch onvermijdelijk zijn. Het geloof in God is nu in het geheel niet praktisch onontbeerlijk. Men kan handelen in de wereld zonder dit geloof. Twijfel aan het bestaan van God schijnt dus eerder een vorm van mild scepticisme te zijn. Eén levenswijze wordt onmogelijk, maar niet elke levenswijze. Daar *natural beliefs* alleen een rem zijn op het excessief scepticisme, is geloof in God dus geen *natural belief.* Het *vierde* kenmerk (iv) van *natural beliefs* was hun universaliteit. Ook aan dit kenmerk beantwoordt geloof in God duidelijk niet.

Dat geloof in God redelijk is, volgt uit het feit dat het ontwerpargument volgens Hume wel standhoudt tegen al de kritiek die hij oppert. Omdat dit argument een waarschijnlijkheidsargument is, is het onmogelijk het te weerleggen – alleen de waarschijnlijkheid kan verminderd worden. Religie kan weliswaar niet op redenen gegrond worden (vergelijk Hume 1975:130), maar geloof dat God bestaat wel. Welnu, inderdaad: de oorzaak van de orde in het universum bezit waarschijnlijk een verre analogie met de menselijke intelligentie. 'God bestaat', maar het is een weinig betekenisvolle gedachte. Hier kan men zien dat wanneer men geloof in God wil opvatten als een rationele overtuiging, men daar een hoge prijs moet voor betalen: het geloof is rationeel, maar ontbeert religieuze betekenis.

Toch hebben mensen het gevoel dat orde voortkomt uit ontwerp. Dit gevoel is echter niet terzake. Het is verwant aan een soort kosmische verwondering. Gaskins conclusie is daarom dat geloof in God een weinig waarschijnlijk geloof is dat versterkt wordt door een gevoel dat er niets mee te maken heeft. Twijfelen aan het bestaan van God betekent niet dat men zich overlevert aan een excessief scepticisme. Geloof in God komt in aanmerking voor kwalificatie met "redelijk" of "onredelijk". Volgens Hume is het redelijk, maar betekent het bijzonder weinig. Dit rudimentair geloof kan makkelijk gecombineerd worden met een scepticisme ten aanzien van de theologie, de openbaring, de kerk,... In elk geval is Hume's bevestiging van God niet '*insincere*'.

Tot zover Gaskins tamelijk stellige visie op de onmogelijkheid van religieuze *natural beliefs*. Ik schrijf 'stellig' omdat Hume's positie gewoonlijk wat dubbelzinniger ligt en deze dubbelzinnigheid bovendien juist interessante perspectieven biedt. De *Natuurlijke geschiedenis van de religie* bijvoorbeeld opent met de stelling dat de religie geen onmiddellijke oorsprong in de menselijke natuur vindt, maar slechts middellijk uit de daar aanwezige passies (zoals angst, hoop,...) oprijst. Tegen het einde van dit geschrift schrijft Hume echter: "Deze in de menselijke natuur universeel aanwezige neigingen om te geloven in een onzichtbare, intelligente macht, of zelfs dit oorspronkelijke instinct, mag als een soort waarmerk of embleem beschouwd worden dat de goddelijke werkman op zijn werkstuk heeft aangebracht." (Hume 1999:145) Plots blijkt het wel te gaan om een oorspronkelijk instinct. En, zo kan men zich na kennisname van de discussie rond *natural belief* afvragen, wat is het verschil tussen een 'oorspronkelijk instinct' en een '*natural belief*'? De zaak wordt nog gecompliceerder wanneer we, Hume voorlopig volgend in zijn stelling weergegeven in het laatste citaat, de vraag stellen wat er juist onder 'geloof in een onzichtbare, intelligente macht' verstaan moet worden. Valt het geloof in het lot of het toeval; het vredige aanvaarden van de wereld en de mensen er ook onder? Deze vragen mogen onbeantwoord blijven. Maar misschien – ik poog het verder uit te werken – zijn er redenen genoeg om het religieuze geloof als een *semi-natural belief* aan te merken.

Hume geeft in elk geval de indruk dat hij datgene wat in de *natural beliefs* gegeven is, veel liever als de conclusie van een rationele overweging had bereikt. Spijtig genoeg is dat met de overtuiging dat er een externe wereld is of met causale overtuigingen en dergelijke niet het geval. Wat een zekerheid is van het leven, denkt hij impliciet nog steeds vanuit het model van het weten en het kennen. Dat zekerheid begrepen wordt vanuit het model van het kennen, is nu net wat Wittgensteins reactie op gang brengt.

3. De historische achtergrond van *Over Zekerheid*

In de periode 1925-1941 publiceerde G.E. Moore drie artikelen: *A Defense of Common Sense* (waarvan Wittgenstein zei dat het

Moores beste paper is), *Proof of an External World* en *Certainty*. Moore legt erin uit hoe wij vanuit het gezonde verstand bepaalde dingen met zekerheid weten en hoe deze zekere kennis een weerlegging kan vormen van het scepticisme.

In 1942 schrijft Norman Malcolm een artikel getiteld *Moore and Ordinairy Language*[8]. Malcolm begrijpt daarin Moores *Defense of Common Sense* als een verdediging van het gewone gebruik van de taal. Malcolm komt echter terug op deze interpretatie in een tweede artikel over Moore getiteld *Defending Common Sense*[9]. Moore maakt zelf verkeerd gebruik van uitdrukkingen als 'I know...', 'It is certain...'. Malcolm zal overigens nog een derde artikel[10] aan deze kwesties wijden.

In 1949, het jaar waarin Malcolm *Defending Common Sense* publiceert, bezoekt Wittgenstein Malcolm in Cornell (VSA). Samen bespreken ze dit artikel van Malcolm. Bij thuiskomst begint Wittgenstein met het maken van aantekeningen. Dit geheel van notities vormt *Over Zekerheid*. Het gaat om een notitieboek zonder titel of nummering. Naar het einde toe zijn de ingangen voorzien van een datum. De laatste zeven ingangen (OZ 670-676) werden twee dagen voor zijn dood (29 april 1951) gemaakt. G.E. Moore, wiens naam en denkbeelden zo veelvuldig opgevoerd worden in *Over Zekerheid*, zal in 1958 sterven zonder het boekje ooit onder ogen te hebben gekregen. Pas in 1969 wordt *Over Zekerheid* voor het eerst gepubliceerd.

Om *Over Zekerheid* te begrijpen moeten we ons richten op wat aanleiding gaf tot dit geschrift van Wittgenstein, i.c. bepaalde zgn. *common sense* stellingnamen van G.E. Moore. Om Moores positie te verduidelijken is het echter allereerst nodig kennis te nemen van

[8] Verschenen in P.A. Schilpp (ed.), *The Philosophy of G.E. Moore*, The Library of Living Philosophers:4, La Salle: Open Court, 1968

[9] Verschenen in *The Philosophical Review* (1949). Later ook opgenomen in E.D. Klemke (ed.), *Studies in the Philosophy of G.E. Moore*, Chicago: Quadrangle Books, 1969, p. 200-19.

[10] Dat derde artikel van Malcolm over deze kwesties is 'Moore and Wittgenstein on the Sense of *I Know*', in Idem, *Thought and Knowledge*, Ithaca: Cornell University Press, 1977, p. 170-198

de klassieke visie op kennis en zekerheid. Slechts na deze omwegen kan de godsdienstfilosofische betekenis van het denken over zekerheid beginnen dagen.

4. De klassieke benadering van kennis en zekerheid

Eén van de meest verspreide en historisch gezien belangwekkende definities van 'kennen' vindt men in *De Staat* van Plato.[11] De traditionele definities stellen in deze platoonse denklijn grosso modo het volgende:

> Een persoon A kent p, als en alleen als:
> (i) p waar is;
> (ii) het onmogelijk is dat A zich vergist;
> (iii) A de juiste redenen heeft voor p.

Voorwaarde (i) kan makkelijk tot misverstanden leiden. Het feit dat men p weet of kent, garandeert inderdaad de waarheid van p. Indien p onwaar is, dan is er geen sprake van weten of kennen. Maar: de bewering dat men p weet, garandeert natuurlijk niet dat p waar is. Of nog anders: de waarheid van p volgt uit het *feit* dat ik p weet; de waarheid van p volgt niet uit *mijn bewering* dat ik p weet (OZ 12, 13, 14, 487, 580). Aan dit misverstand valt Moore ten prooi (OZ 21). De voorwaarde (i) onderscheidt 'kennen' van 'geloven' (in de zin van 'vermoeden'). Indien persoon A stelt dat hij *weet* dat Jan morgen zal komen en persoon B stelt dat hij hetzelfde *gelooft*, dan kan – wanneer Jan de volgende dag afwezig blijft – tegen persoon A gezegd worden dat hij helemaal

[11] Zo bijvoorbeeld in het vijfde boek (476e-477a): "Maar antwoord eens op deze vraag: 'Wanneer iemand kent, kent hij dan iets of niets?' – Wel, antwoord gij eens in zijn plaats.

– Dan antwoord ik dat hij iets kent.
– Iets dat is, of iets dat niet is?
– Iets dat is. (a) Hoe kan men immers het niet-zijnde kennen?
– Houden we het nu voor voldoende zeker (...) dat het volstrekt zijnde kenbaar is, en het geenszins bestaande volstrekt onkenbaar is?
– Volkomen zeker is dat!" (vert. X. De Win, Antwerpen: DNB, 1980, p. 285)

niet wist dat Jan zou komen, terwijl tegen persoon B onmogelijk gezegd kan worden dat hij helemaal niet geloofde dat Jan zou komen.

Door voorwaarde (ii) wordt kennis eigenlijk equivalent gebruikt met zekerheid. Vanuit deze definitie is er geen verschil tussen 'A kent p' en 'A kent p met zekerheid'. Moore wenst kennis van zekerheid te onderscheiden, maar is van mening dat kennis een noodzakelijke voorwaarde is voor zekerheid (maar geen voldoende voorwaarde).

De klassieke voorwaarde (iii) stelt dat wie beweert iets te weten of te kennen in staat (en bereid) moet zijn om zijn bewering te ondersteunen met redenen. Moore zal deze voorwaarde (iii) overtreden.

Uit deze voorwaarden volgt dat de klassieke positie eigenlijk veel sceptischer is dan ze voorgeeft te zijn. Dit kan verhelderd worden vanuit de – eveneens klassieke – epistemologische overtuiging dat alle kennisaanspraken uitdrukbaar zijn in proposities die slechts tot één van twee typen kunnen behoren. Historisch gezien zijn er verschillende namen bedacht om deze twee typen proposities aan te duiden: noodzakelijke vs. contingente, analytische vs. synthetische of a priori vs. a posteriori proposities. In het volgende hoeven de subtiele betekenisverschillen die deze tegenstellingen bevatten ons niet te bekommeren. Punt is immers dat gemeenlijk besloten wordt dat de a posteriori (contingente, synthetische) proposities nooit zeker kunnen zijn (vergelijk het inductieprobleem e.d.). De a priori (analytische, noodzakelijke, etc.) proposities daarentegen zijn steeds zeker. Voor zover proposities de werkelijkheid beschrijven zijn ze nooit zeker en voor zover proposities zeker zijn, zijn ze verstoken van enige informatie omtrent de wereld. Daarmee monden de klassieke denkbeelden dus uit in een vorm van scepticisme: geen enkele beschrijving van de wereld kan zeker genoemd worden.[12]

[12] Het is in dit licht misschien niet toevallig dat E. Vermeersch zijn essay *Kort vertoog over de God van het christendom* (opgenomen in zijn boek *Van Antigone tot Dolly*, Antwerpen: Hadewijch, 1997, p. 105-128) opent met de 'stellige' ontkenning dat er zekerheden zijn.

Moore is ervan overtuigd dat de distinctie analytisch-synthetisch zinvol is, tegelijk wenst hij te ontkennen dat contingente proposities nooit met zekerheid als waar gekend kunnen worden. Proposities als 'Ik ben een menselijk wezen' en 'De aarde bestaat al heel lang' zijn contingent én zeker volgens hem.

5. Moores positie

Moore zocht filosofisch aansluiting bij wat hij de *common sense view of the world* noemde (o.a. in zijn weerlegging van het idealisme). Met die *common sense*-gedachte verbond hij een vast geloof in de autonomie van de filosofie. Filosofie is in geen geval een extensie van het wetenschappelijke denken (vergelijk tegenwoordige varianten van genaturaliseerde epistemologie). De *common sense view* waarop de filosofie reflecteert, is een pretechnische, pre-wetenschappelijke visie die wij allen delen en die conceptueel voorafgaat aan (en de basis vormt voor) de meer geraffineerde beschrijvingen van de realiteit door de wetenschappen. De wetenschap kan en mag m.a.w. alleen resultaten voortbrengen die compatibel zijn met die *common sense view*. Een eenvoudig voorbeeld is de *common sense* propositie: 'mensen sterven'. Dit is een *common sense* presuppositie van veel wetenschappelijke bedrijvigheid. Het is geen hypothese van wetenschappers, maar iets waar zij vanuit gaan en – volgens Moore – een propositie waarvan de waarheid vaststaat. Vanuit deze zekerheid kunnen wetenschappers vragen stellen als 'Hoe en waarom sterven mensen?'.

Van zulke contingente, *common sense* proposities als 'mensen sterven' stelt Moore gewoon dat hij met zekerheid weet dat ze waar zijn. Hij levert daarvoor echter geen rechtstreeks bewijs – sterker nog, hij gelooft niet dat zulk een bewijs mogelijk is. Hiermee overtreedt hij dus de genoemde voorwaarde (iii). Een subklasse van deze ware, contingente proposities vormt *the common sense view of the world*. Om dit onderscheid te verduidelijken vergelijke men volgende proposities:

De aarde is 4,5 miljard jaar oud.
De aarde is heel oud.

Beide proposities zijn contingent en waar. De eerste propositie is echter het resultaat van een wetenschappelijk-technisch onderzoeksproces, de tweede is niet het resultaat van enig gespecialiseerd onderzoek. Het is een noodzakelijke voorwaarde om te behoren tot de *common sense view* dat een propositie niet technisch of wetenschappelijk is. Alleen als een propositie bovendien 'contextonafhankelijk' is, kan besloten worden dat ze tot de *common sense view of the world* behoort. Vergelijk in dit licht:

Ik ben in een kamer.
Ik ben een mens.

Beide proposities zijn contingent, waar en niet-wetenschappelijk, alleen de laatste echter is contextonafhankelijk. Ik moet mij niet in bijzondere omstandigheden bevinden om die uitspraak te kunnen doen. Om die reden behoort alleen de laatste uitspraak tot de *common sense view*.

Common sense proposities hebben nog volgend interessant kenmerk. Ze zijn wat Stroll (1994) noemt '*negationally absurd*'. Om dit begrip te verhelderen is het onderscheid tussen een vergissing (fout) en een aberratie interessant. Een fout of vergissing is gewoonlijk terug te voeren op het hanteren van verkeerde gegevens, op een verkeerde methode, op een gebrekkige nauwkeurigheid of op een combinatie van deze factoren. Wie er echter van overtuigd is dat hij permanent gevolgd en met de dood bedreigd wordt (paranoïa), maakt geen vergissing of fout. Deze persoon heeft niet iets over het hoofd gezien of iets dergelijks. Verhoogde concentratie of nauwkeurigheid zullen zo iemand niet helpen – wel integendeel.

Wie nu *common sense* proposities op een of andere wijze ontkent of tegenspreekt, die maakt geen fouten noch vergist hij zich, maar hij komt terecht in gelijkaardige aberraties. Zo bijv. 'De aarde is slechts 100 jaar oud'. Terwijl dus de ontkenning van 'De aarde is 4,5 miljard jaar oud' niet absurd is, is de ontkenning van 'De aarde is heel oud' dat wel (*negationally absurd*). Het gaat om een absurditeit of een aberratie omdat het ingaat tegen *alles* wat we weten. Zulk een ontkenning maakt ons hele leven, onze instituties, boeken, onderwijs, wetenschap... onbegrijpelijk. Vele van onze praktijken zouden blijken op dwalingen en illusies gebaseerd te zijn. De opwerping dat er tussen 'De aarde is 4,5 miljard jaar oud' en 'De aarde is 100 jaar oud' toch slechts een gradueel verschil kan bestaan, houdt dus geen steek. De laatste propositie *schokt* ons wereldbeeld. Alles spreekt echter voor de *common sense* proposities en niets ertegen (OZ 190).

Moore houdt dus bijvoorbeeld staande dat hij weet dat hij een mens is. Wat Moore met de scepticus deelt, is een bepaalde opvatting van kennis/weten: als A p (in de sterke zin van 'kennis') kent, dan is het onmogelijk dat A zich omtrent p vergist. Op deze vooronderstelling stoelt de scepticus een bekende argumentatie. Indien hij immers ook maar de mogelijkheid van vergissing kan aantonen, dan volgt dat de gemaakte kennisaanspraak onterecht is, en – a fortiori – dat p niet met zekerheid gekend is. De scepticus is bijzonder vernuftig in het bedenken van allerlei tegenvoorbeelden en situaties die de mogelijkheid van vergissing aantonen: dromen, demonen, hallucinaties, *'a brain in a vat'*, ... Telkens wanneer Moore een feitelijke aanspraak maakt (zijn proposities zijn contingent: de aarde is heel oud, dit is een hand, ik ben een mens...), zal de scepticus de mogelijkheid van vergissen opperen.

Moore onderkent echter in deze sceptische strategie een dubbelzinnigheid. De scepticus hanteert twee verschillende betekenissen van de term 'mogelijk' en haspelt ze door elkaar. Ten eerste kan 'mogelijk' duiden op een logische mogelijkheid. 'Het is mogelijk dat ik geen mens ben' wijst er dan gewoon op dat 'Ik ben geen mens' geen contradictie in de termen oplevert. Deze betekenis van 'mogelijk' sluit echter niet in, noch impliceert ze, dat ik weet (of niet weet) dat ik een mens ben. Deze zin van 'mogelijk' heeft dus geen epistemische consequenties.

Ten tweede kan 'mogelijk' duiden op een feitelijke (of epistemische) mogelijkheid. 'Het is mogelijk dat het vandaag regent' betekent dat het vandaag kan regenen. Deze betekenis van 'mogelijk' sluit echter uit dat ik weet dat het regent (of dat het niet zal regenen). Als ik reeds weet dat het vandaag zal regenen, dan moet ik niet beweren dat het mogelijk is dat het zal regenen. Deze zin van 'mogelijk' heeft dus wel epistemische consequenties.

De scepticus nu begint zijn argumentatie met logische mogelijkheid en eindigt met epistemische mogelijkheid. Vergelijk volgende redenering:

> Elke mens *kan* een vrouw zijn.
> Ik ben een mens.
> Het is *mogelijk* dat ik een vrouw ben.

Hiermee is natuurlijk slechts aangetoond dat de scepticus niet in staat is om op deze wijze Moore aan het wankelen te brengen, en geenszins is er mee aangetoond dat Moore inderdaad p weet (kent). Moore stelt echter niet alleen dat hij een aantal contingente proposities met zekerheid kent, maar bovendien dat hij niet weet hoe hij die kent, noch in staat is om bewijzen te leveren. Dat Moore geen argumenten geeft, is vaak als een tekortkoming ervaren. Max Black, bijvoorbeeld, vindt Moores bevestigen en herbevestigen dat 'dit een hand is' van een kinderlijke naïveteit getuigen. Toch zit er meer achter.

Moore beseft zeer goed dat de sceptische attitude een reactie is die bovendien elke generalisatie vermijdt (om zelf geen kennisaanspraak te hoeven maken). De scepticus heeft dus zelf niet echt een positieve stelling of theorie – bijgevolg is het onmogelijk te bewijzen dat zijn theorie of stelling vals is, want er is geen theorie of stelling. Om die reden is een rechtstreekse weerlegging van de scepticus onmogelijk en zoekt Moore naar een niet-argumentatieve strategie die hem het voordeel oplevert niet meegesleurd te worden in de sceptische draaikolk.

De scepticus repliceert immers op elke kennisaanspraak met 'Hoe weet je dat?'. Elke antwoord op die vraag zal echter opnieuw kennisaanspraken maken die in vraag gesteld kunnen worden.

Moore zet de scepticus voor schut met zijn 'Ik weet p zeker, maar ik weet niet hoe ik p weet'. Hij stelt de scepticus daarmee voor een dilemma. *Ofwel* stelt de scepticus dat Moore p niet weet, maar dan moet hij zelf aantonen hoe hij weet dat Moore niet weet en moet hij zelf positief stelling nemen (einde van het scepticisme), *ofwel* zwijgt de scepticus, maar dan ruimt hij baan voor Moore.

Dit is vanzelfsprekend geen overwinning op de scepticus, maar het is zeker ook geen nederlaag.

6. Wittgensteins kritiek op Moore

Ook Wittgenstein is van mening dat er geen rechtstreeks bewijs van zekerheid (of weerlegging van de scepticus) geleverd kan worden. Wittgenstein beperkt zich tot suggesties en richtingwijzers. Tegelijk is Wittgenstein het oneens met de strategie die Moore hier volgt. Moore blijft insisteren dat hij *weet*... zonder dat hij in staat is een bewijs daarvan te leveren. Voor Wittgenstein gaat het hier echter niet meer om een 'weten' en moet ieder die zegt 'Ik weet...' bereid zijn daarvan een verantwoording te bieden (vgl. OZ 550, 521).

Moore zegt: "Ik weet dat dit twee handen zijn" (terwijl hij zijn handen opheft). We weten dat hij op de vraag hoe hij dat weet, antwoordt met 'ik weet niet hoe ik dat weet' en dat dit antwoord deel uitmaakt van een strategie om de scepticus voor schut te zetten. Malcolm begint zijn artikel *Defending common sense* met de opsomming van de karakteristieken die het juiste gebruik van het woord 'weten' beheersen. Deze karakteristieken zijn: (1) er moet een aanleiding zijn om te zeggen dat men iets weet; (2) men moet bereid zijn enige staving aan te voeren en (3) er moet een mogelijkheid zijn om het weten waarop men aanspraak maakt, te verifiëren of te testen. Laat ons deze kenmerken even van naderbij bekijken.

(1) Wie hier en nu stelt 'Ik weet dat België in 1830 ontstaan is', kan rekenen op replieken als 'Wist je dat dan niet?', 'Heb je dan nieuw bewijsmateriaal gevonden?' of 'Is er dan iemand die ontkent dat België in 1830 is ontstaan?'. Deze replieken wijzen ons erop dat een contextloos en zuiver meedelen of betwijfelen hoogst ongewoon is en niet begrepen wordt. Dit is nu juist wat Moore doet: zonder de minste aanleiding steekt hij een hand de hoogte in en zegt 'Ik weet dat dit een hand is'. Indien de duisternis bijzonder

sterk zou zijn ingetreden en niemand in de zaal waar Moore zijn voordracht gaf een hand voor zijn ogen kon zien, dan zou Moores bevestiging (dat hij weet dat dit een hand is) begrijpelijk zijn. Indien dat het geval was, dan zou Moore dit voorbeeld echter niet gekozen hebben. Moore wil immers geen empirische twijfel beantwoorden, maar een filosofische twijfel. Het merkwaardige is dat filosofische twijfels slechts kunnen ontstaan, indien de empirische twijfels uit de weg geruimd zijn.

(2) Aan het tweede criterium voldoet de uitspraak van Moore ook niet. Hij wil geen verdere argumentatie aanbieden. Nu zijn er ook in het gewone leven vele gevallen waarin wij iets pertinent weten en toch niet in staat zijn aanvullende redenen of bewijzen aan te brengen. In deze laatste gevallen kan men zich echter wel voorstellen, wat er zou moeten gebeuren om aanvullende redenen te kunnen geven. In het geval van Moore is het onmogelijk zich daar een voorstelling van te vormen.

(3) Een onderzoeksmethode om na te gaan of dit inderdaad een hand is, zou er kunnen in bestaan het licht aan te steken (het is te donker), de hand te betasten (men meent een amputatie ondergaan te hebben), enz. Dit soort onderzoeksmethoden zijn echter niet van toepassing op de bewering van Moore. Conclusie: Moore maakt op een ongerechtvaardigde wijze gebruik van het werkwoord 'weten'.

Wittgenstein bouwt verder op de kritische overwegingen van Malcolm. Ook in zijn betoog kan men drie kenmerken of criteria (i-iii) voor het gebruik van 'weten' terugvinden. Omdat Moores uitspraken niet beantwoorden aan de criteria voor 'weten', zal Wittgenstein besluiten dat ze geen instanties zijn van 'weten', maar van 'zeker-zijn'.

(i) Telkens wanneer men beweert iets te weten moet twijfel omtrent wat men weet mogelijk zijn. Er mag natuurlijk *de facto* geen twijfel aanwezig zijn (immers: wie twijfelt, weet niet), maar twijfel ten aanzien van het gekende moet denkbaar zijn. In OZ 121 vraagt hij zich af: "Kan je zeggen: 'Waar geen twijfel, daar ook geen weten'?" Uit het vervolg blijkt dat hij deze vraag bevestigend beantwoordt. Bij de beweringen van Moore is twijfel echter uitgesloten. Als je aan deze beweringen twijfelt, dan kun je aan alles twijfelen.

Aan alles twijfelen is volgens Wittgenstein onmogelijk. Twijfel is slechts mogelijk dankzij zekerheden (OZ 115), twijfel vereist redenen (OZ 122), wat zeker niet betwijfeld wordt, is de betekenis van de woorden waarin men zijn twijfel formuleert (OZ 114, 369), een leerling die alles in twijfel trekt, kan niets leren – zelfs niet hoe alles in twijfel te trekken (OZ 160, 283, 310).

(ii) Telkens wanneer men beweert iets te weten, moet het mogelijk zijn dat men zich vergist. De bewering moet gevolgd kunnen worden door 'Ik wist het niet' of 'Ik dacht het te weten'. Ik kan me vergissen omtrent wie de eerste president van de VSA was, maar ik kan me niet vergissen in mijn eigen naam. Natuurlijk zijn er wel omstandigheden denkbaar, waarin ik me kan vergissen in mijn eigen naam, zo na een coma of een hersenspoeling. In die omstandigheden kan ik mij vergissen en in die omstandigheden heeft het ook zin te zeggen 'Ik weet dat ik Walter heet'. Zonder deze bijzondere contexten en op zich genomen is de uitspraak 'Ik weet dat ik Walter heet' echter absurd en zinloos. Zonder bijzondere aanleidingen kan ik mij daar namelijk niet in vergissen (OZ 32). Wie zich daarin vergist, bewijst dat hij tijdelijk of langdurig aan een psychische stoornis lijdt (geheugenverlies, hallucinaties – OZ 71-75). Aangezien bij de beweringen van Moore iedere bijzondere aanleiding afwezig is, kunnen zij niet het voorwerp zijn van twijfel. Indien Moore zijn publiek het tegendeel had verteld, dan zouden de luisteraars niet zeggen dat hij zich eenvoudig vergist heeft; zij zouden het niet louter 'oneens' met hem zijn, maar stellen dat hij krankzinnig is (OZ 155).

(iii) Telkens wanneer men beweert iets te weten, moet de vraag 'Hoe weet je dat?' beantwoord kunnen worden of minstens zinvol zijn. Men moet redenen kunnen geven en kunnen aangeven dat men in de positie was om te weten. Vooral – en dit is een belangrijke aanvulling van Wittgenstein op Malcolm – moeten die redenen een hogere graad van zekerheid bezitten dan het beweerde zelf (OZ 243). Wat Moore beweert, kan niet gestaafd worden met informatie die nog zekerder is (OZ 125, 250). Als dit niet zeker is, wat dan wel? (OZ, passim)

In de voorbeelden die Moore geeft, gaat het volgens Wittgenstein niet om iets dat 'geweten' wordt, maar om zekerheden die weten en twijfelen mogelijk maken. Moore laat zich misleiden door de wet van uitgesloten derde: tegenover 'Je weet dat niet', stelt hij 'Ik weet het wel' (OZ 521). Voor Wittgenstein is er een derde mogelijkheid. Voorbij weten en niet-weten, ligt het domein van zekerheid.

Voor het gebruik van 'weten' geeft men gewoonlijk minimumvoorwaarden aan die vervuld moeten zijn. Volgens Wittgenstein zijn er ook maximumvoorwaarden (OZ 386).

(i') twijfel moet praktisch uitgesloten zijn (min.), maar mag niet conceptueel onmogelijk zijn (max.)
(ii') vergissingen moeten praktisch uitgesloten zijn (min.), maar mogen niet principieel uitgesloten zijn (max.)
(iii') er moet zekerheid zijn (min.), maar niet dermate dat de zekerheid van de bewering de zekerheid van de staving overtreft (max.).

Het bijzondere is dus dat het gaat om proposities die er op het eerste gezicht uitzien als empirische proposities en toch een heel ander statuut (namelijk een logisch of grammaticaal) hebben. Daarom 'weten' we niet dat we handen hebben en dat de aarde heel oud is, maar zijn we daar zeker van (OZ 116, 151).

Wittgenstein zal gaandeweg de propositionele aard van zekerheid ontkennen (zekerheid is niet iets van proposities, maar van een handelwijze) en de concepten 'zekerheid' en 'kennis' logisch onafhankelijk van elkaar begrijpen. Wittgenstein wil een wig drijven tussen 'kennis' en 'zekerheid'. 'Kennis' behoort tot een bepaald taalspel en is propositioneel, terwijl 'zekerheden' een taalspel begronden en veeleer in het handelen uitgedrukt worden (vgl. OZ 7, 110, 204 en 205). Dat zekerheden een logisch of grammaticaal statuut hebben en bovendien uitgedrukt worden in het handelen, kan verduidelijkt worden door zekerheden op te vatten als de constitutieve regels voor taalspelen en levensvormen.

7. Zekerheden als de constitutieve regels van taalspelen

Het is geen geheim dat constitutieve regels niet in vraag gesteld kunnen worden in de praktijk waarin zij thuishoren. Discussiëren over de regels van het voetbal behoort niet tot het voetbalspel zelf. Voetbalregels functioneren als de zekerheden van het voetbalspel. Het is mogelijk dat een ervaren speler deze regels niet eens expliciet kent. Natuurlijk zijn er wel contexten waarin een discussie over deze regels mogelijk is.

In de praktijk van het dagelijkse leven maken wij talloze kennisaanspraken. Wij menen te weten dat het regent, dat Frank straks langskomt, enzovoort. Deze beweringen kunnen door anderen in vraag gesteld worden. Iedereen die Nederlands kent en de gepaste epistemische competentie bezit, kan zulke aanspraken maken. Er zijn echter een aantal uitspraken die lijken op feitelijke beweringen, maar die dat niet zijn. Wanneer ik mijn hand opsteek en stel 'Dit is een hand', dan heb ik daarmee een dusdanige evidentie uitgesproken dat de meeste toehoorders niet zullen menen dat ik dit als een ernstige bewering bedoel. Zij vragen onmiddellijk naar contextuele factoren die mijn uitspraak begrijpelijk maken: 'Wil hij bewijzen dat hij Nederlands kent?', 'Heeft hij een slag van de molen gehad?', 'Denkt hij dat wij dat niet goed kunnen zien omdat een sterke lichtbron in zijn ogen schijnt?'. Dat sommige uitspraken lijken op feitelijke beweringen, maar het niet zijn, houdt verband met een inzicht dat Wittgenstein aldus verwoordt: "Maar dit is juist: dat dezelfde zin de ene keer als toetsbaar door de ervaring, de andere keer als regel voor het toetsen behandeld kan worden." (OZ 98)

"Dit is een hand", kan de ene keer behandeld worden als een antwoord op de vraag "Wat is dit?". Dan gaat het om een bewering die waar of vals kan zijn en een bijzondere context vereist. Is deze uitspraak echter een antwoord op de vraag "Wat is een hand?", dan wil "Dit is een hand" een exemplarische regel zijn voor het gebruik van het woord 'hand'. In dit laatste geval functioneert "Dit is een hand" als een constitutieve regel of, anders geformuleerd, als een epistemische norm die niet betwijfeld of gejustifieerd kan worden in het betreffende taalspel.

'Dit is een hand' is in gewone contexten een epistemische norm die ons dagelijkse spreken over handen mogelijk maakt. Alleen in ongewone contexten interpreteren we deze uitspraak als een bewering die getoetst moet worden. Bezoekers van een 'freakshow' of hulpverleners op zoek naar slachtoffers onder het puin van een ingestort gebouw kunnen in zo'n geval verkeren. Wie in gewone contexten – en in alle ernst – de vraag stelt of dit inderdaad wel een hand is, terwijl het lichaamsdeel zich onder zijn neus bevindt, die kan rekenen op een verstoring van de communicatie. Kent zo iemand wel Nederlands? Is hij wel goed bij zijn hoofd? Maakt hij een mislukte grap?

Zoals gezegd: 'Dit is een hand' is niet uitgesloten van twijfel. Die twijfel vereist echter een andere context, een ander taalspel, waarin deze uitspraak getoest kan worden dankzij het gebruik van andere epistemische regels (ik mag dan bijvoorbeeld geen vragen hebben bij de werking van mijn ogen, OZ 125). Een epistemische norm kan dus in vraag gesteld worden, maar daartoe behoeft men andere normen die niet in vraag gesteld worden. Wanneer een epistemische norm in vraag gesteld wordt, vindt er een omzetting plaats: een zekerheid wordt omgezet in een weten. Omdat elke kennisaanspraak zekerheden vooronderstelt, kan men nooit alle zekerheden tegelijk in vraag stellen. Epistemische normen ontlenen hun zekerheid dus niet aan een of andere intrinsieke eigenschap, maar aan de constitutieve rol die ze in een bepaalde praktijk spelen.

Een epistemisch norm als 'Dit is een hand' bepaalt wat wel of niet een hand genoemd kan worden. Alle uitspraken over handen moeten uiteindelijk op deze propositie terugvoerbaar zijn. Als zodanig bepaalt zo'n norm de waarheid binnen een taalspel. Omdat deze normen zelf niet door andere uitspraken – binnen het taalspel – getoest kunnen worden, zijn ze zelf waar noch onwaar, maar zeker. Wie deze regels niet kan of wil volgen (door onbekendheid met, of misverstaan van, de regels) kan niet in het taalspel participeren. Constitutieve regels bepalen dus ook de redelijkheid – wat wel of niet betekenisvol gezegd kan worden.

De spelmetafoor is echter in sommige opzichten bedrieglijk. Wij kunnen kiezen aan welke spelen wij deelnemen, maar niet aan welk taalspel wij wensen te participeren. Wij worden geboren in een linguïstische gemeenschap die ons haar zekerheden aldoende heeft bijgebracht. Een kind kiest niet aan welke regels het zal gehoorzamen. Het kind kan in het geheel niet spreken voordat het geleerd heeft dat 'dit een hand is'. Kritisch of filosofisch denken is pas mogelijk op het einde van een opvoedingsproces. Zekerheden hebben behalve een traditioneel, ook een sociaal karakter. Overeenstemming met anderen is een noodzakelijk criterium voor het correct opvolgen van normen of regels.

'Dit is een hand' is een zekerheid voor elke competente spreker van het Nederlands. Er zijn echter ook complexere zekerheden zoals 'De aarde is rond' die als zeker beschouwd worden ofschoon slechts weinigen ze ooit hebben nagetrokken of zelfs maar in staat zijn om er een rechtvaardiging voor te zoeken. Het is een zekerheid van het complexe taalspel 'geografie'. Hoe verder een onderwijsproces gaat, hoe complexer de praktijken en de ermee samenhangende zekerheden worden.

In de loop van de geschiedenis van een gemeenschap kunnen zekerheden veranderen. Dit kan geschieden door wetenschappelijke inzichten; door de altijd aanwezige ondergedetermineerdheid van regels (ze leggen nooit exact en exhaustief vast wat eronder valt, OZ 139) en door veranderingen in de (levens-) praktijken. Hoe complexer de praktijken, hoe meer veranderingen de ermee corresponderende zekerheden kunnen ondergaan.

Het geheel van alle zekerheden van een gemeenschap kan misschien haar 'wereldbeeld' genoemd worden. Wereldbeelden zijn gewoonlijk niet homogeen – er kunnen inconsistenties in zitten. Dit is enigszins te verwachten, want geen enkele deelnemer aan het betreffende taalspel hoeft de werkzame zekerheden bewust of expliciet te kennen.

8. Religieuze zekerheden

Vanuit het voorgaande kunnen wij ons de vraag stellen of gelovigen 'weten' dat God bestaat, dan wel of 'God bestaat' voor hen een zekerheid is. Natuurlijk bezit 'God bestaat' niet de vanzelfsprekendheid die verbonden is aan uitspraken als 'Er zijn fysische objecten' en 'Andere mensen hebben een ziel'. Alle mensen bevestigen de tweede en derde uitspraak, maar niet alle mensen doen hetzelfde met de eerste uitspraak. Toch zijn er ook gelijkenissen.

8.1. Het is onmogelijk te bewijzen dat er fysische objecten bestaan. Dat ze er zijn is juist de zekerheid die elk empirisch bewijzen, vaststellen en onderzoeken mogelijk maakt. Zo ook lijkt het onmogelijk het bestaan van God te bewijzen. Dat 'God bestaat' betekent niet dat er één object meer is in de kosmos dan ongelovigen aannemen. Het begrip 'God' staat niet voor een werkelijkheid, maar veeleer voor een *soort* werkelijkheid, nl. een goddelijke. Zoals het onmogelijk is de fysische werkelijkheid te ontmoeten (omdat elk ontmoeten plaatsvindt in de fysische werkelijkheid), zo ook is het onmogelijk God te ontmoeten (elk ontmoeten van God gebeurt reeds in en dankzij God). Zoals de zekerheid van een fysische werkelijkheid het mogelijk maakt te onderzoeken, te bewijzen en te testen, zo ook maakt (voor de gelovige) de zekerheid van een goddelijke werkelijkheid het mogelijk Gods stem te horen, zijn hand in geschiedenis en natuur te zien en zijn genade te ontvangen.

8.2. Dat er een fysische werkelijkheid is, is een zekerheid die blijkt uit onze handelwijzen. Wanneer iets niet in een lade blijkt te liggen, sluiten wij de lade niet om ze vervolgens terug te openen om te kijken of het gezochte object ondertussen niet reeds verschenen is. Dat er een fysische werkelijkheid is, is in onze handelingen aanwezig als een houding. Hetzelfde kan misschien gezegd worden van de ziel. Dat de mens een wezen is begiftigd met ziel en geest, lijkt zich aan bewijsvoering te onttrekken. En toch: hoe materialistisch of solipsistisch een filosoof ook moge zijn, in zijn gewone leven is het voor hem onmogelijk niet op andere mensen als op morele, bezielde wezens te reageren. Wittgenstein spreekt in dit verband over 'eine Einstellung zur Seele', en misschien zou men de analoge begrippen 'eine Einstellung zur Welt' en 'eine Einstellung zu Gott' kunnen construeren. In de bewuste passage (*PU* II,iv)[13] zegt Wittgenstein verder: 'Ik ben niet *van mening* dat hij een ziel heeft'. Zo ook zijn wij niet van *mening* dat er een fysische werkelijkheid is en heeft de gelovige niet de overtuiging dat er

[13] Vergelijk in dit verband *Tractatus logico-philosophicus* (5.631), waarin van het subject gezegd wordt dat het niet-feitelijk, maar tegelijk onontkoombaar is.

een God is. Uit ieders handelingen blijkt dat er voor hem of haar een wereld is, dat er 'zielen' zijn en de hoop van de gelovige bestaat erin dat uit al zijn daden moge blijken dat er voor hem een God is.

8.3. Nu kunnen we ook de criteria die Wittgenstein geeft voor het juiste gebruik van 'weten' toepassen op de uitspraak dat God bestaat en nagaan in hoeverre deze uitspraak het voorwerp van een weten kan uitmaken. Een criterium was: in elk 'weten' moet een mogelijkheid tot vergissen aanwezig zijn. Kan de gelovige zich – onder normale omstandigheden – vergissen in het bestaan van God? Ook hier zijn er bijzondere omstandigheden die het gebruik van de woorden 'ik weet dat God bestaat' legitimeren. Een kleuter heeft een eerste religieus gesprekje met zijn moeder achter de rug en zegt trots 'Ik weet dat er een God is en dat die voor ons zorgt'. De klemtoon ligt dan op 'ik' en wordt begeleid door een meewarige blik naar de nog jongere zus die helemaal nog niet weet dat er een God is. Deze kleuter 'weet', want hij kan zich ook vergissen. Later kan blijken dat hij de sociale helpster voor God aanziet. Wie echter in een kring van gelovigen zegt 'ik weet dat God bestaat', maakt net zo'n verwarde indruk als degene die zonder aanleiding zegt dat hij weet dat er fysische objecten bestaan of wat zijn naam is. Zelfs het Credo zegt niet dat God bestaat, maar slechts 'ik geloof in één God, de almachtige Vader…'. Het bestaan van God is iets waar gelovigen vanuit gaan, het is geen hypothese die zij naar voor schuiven. Zich vergissen in het bestaan van God lijkt net zo onmogelijk als zich vergissen in het bestaan van een externe wereld of zich vergissen in het bestaan van een zielenleven bij andere mensen. Wat zou er moeten gebeuren of het geval zijn opdat zou kunnen blijken dat wij ons daarin vergissen. Wie als gelovige plots het tegendeel zegt ('God bestaat niet'), wordt niet onthaald op de woorden 'Je vergist je'. Je kan je vergissen in de burgerlijke naam van de huidige paus, maar niet betreffende het bestaan van God. Ook hier wordt in eerste instantie een soort geestesstoornis ('Gaat alles wel goed met je?') niet uitgesloten. Depressie, geheugenverlies of een accute vorm van verwarring behoren tot de mogelijke diagnoses. Hiermee wil ik natuurlijk niet zeggen dat de uitspraak 'God bestaat niet' betekenisloos is, maar slechts dat de betekenis ervan niet gelijksoortig is met de betekenis van 'Mijn correspondent blijkt niet te bestaan'. De genoemde uitspraak betekent misschien wel dat een bepaalde levenspraktijk onmogelijk geworden is en dat de daarbij horende zekerheid in vraag gesteld wordt.

8.4. Wordt dit soort twijfel of ontkenning volgehouden – en hiermee zijn we bij een volgend criterium aanbeland – dan gaat het duidelijk niet om een eenvoudige twijfel, maar om vertwijfeling, een soort geestelijke crisis, een wereldbeeld-schokkende ervaring. Dus: zolang een gelovige gelovig is, is de idee van een twijfel aan het bestaan van God principieel uitgesloten, en van zodra er iets als twijfel opduikt, gaat het nooit om gewone twijfel, maar om vertwijfeling en crisis. Een element dat dit toelicht is het gegeven dat wij aan wat we weten een bepaalde waarschijnlijkheidsgraad kunnen verbinden. 'Hoe zeker weet je eigenlijk dat de vergadering om vier uur begint?' kan steeds beantwoord worden met een percentage of gradering: 'heel zeker', 'voor 99%', enz. Die waarschijnlijkheidsgraden zijn in het geval van het bestaan van God echter geheel ongepast. 'Ik geloof met een waarschijnlijkheidsgraad van 95% dat God bestaat', kan nooit de openingslijnen van het Credo vervangen.

8.5. Dit houdt verband met het derde criterium voor 'weten', nl. dat men een staving moet kunnen bieden voor wat men weet. Als de staving voor het bestaan van God empirisch van aard is (zoals de funderingsdenkers menen), dan is die staving nooit sluitend en zitten we opgezadeld met de genoemde waarschijnlijkheidsgraden. De vraag 'Hoe weet je dat God bestaat?' zonder aanleiding op gelovigen afgevuurd, wekt een aanmatigende indruk. De meeste gelovigen hebben, als ze al willen antwoorden, de neiging allerlei zaken aan te halen die het bestaan van God reeds vooronderstellen: 'ik spreek met Hem in gebed', 'zolang je zelf niet leert bidden, kun je zijn aanwezigheid niet voelen', enz. Bovendien schijnen de filosofische bewijzen voor het bestaan van God te lijden aan de disproportie tussen de graad van zekerheid van het beweerde enerzijds en de graad van zekerheid van de staving voor de bewering anderzijds. Fysische, wetenschappelijke bewijzen, vaststellingen en ontdekkingen zijn veel onzekerder dan wat ze moeten ondersteunen, namelijk het bestaan van God – althans in de ogen van de gelovige. Wie van mening is dat fysische theorieën die in de richting van een theïsme wijzen, zekerder zijn dan het bestaan van God, kan bezwaarlijk een gelovige genoemd worden. 'Een vaste burcht is onze God' (Ps. 46).

Uit zijn handelwijze blijkt dat voor de gelovige het bestaan van God vaststaat. Hij zingt en bidt tot een onzichtbare, hemelse luisteraar, hij brengt gaven aan ofschoon zichtbaar niets in ontvangst genomen wordt en knielt hoewel onduidelijk is voor wie. Men zou nu kunnen zeggen dat het bestaan van God een vooronderstelling is van deze en andere gelovige praktijken. De term vooronderstelling lijkt echter weinig gepast en wel om twee redenen. (1) Vooronderstellingen kan men expliciteren; men kan ervan hopen dat ze waar zijn; men kan er zich in vergissen en men kan ze betwijfelen. M.a.w. men weet en kan weten wat men vooronderstelt. Als men 'vooronderstelling' definiëert als 'verzwegen hypothese', dan wordt het bestaan van God opnieuw een hypothese en dan zouden gelovigen van *mening* zijn dat Hij bestaat. (2) Bovendien kan een vooronderstelling begrepen worden los van datgene waarvoor ze vooronderstelling is (OZ 153). 'God bestaat' heeft echter geen betekenis los van de praktijk van het gelovige leven. Zonder een besef van religieuze praktijken weten wij niet wat 'God bestaat' zou kunnen betekenen.

Omdat zekerheden samenhangen met praktijken of daarin verworteld zijn, is de dragende grond van de overtuiging dat God bestaat een bepaalde religieuze praktijk. Erodeert deze praktijk of wordt deze op een andere wijze bedreigd of vernietigd, dan wordt de religieuze zekerheid ook aangetast.

Nu zijn volgens Wittgenstein sommige zekerheden onschokbaar, omdat ze samenhangen met een universeel menselijke bestaanswijze. Andere zekerheden kunnen wel wankelen en vervangen worden door andere ('Er was nooit een mens op de maan'), omdat ze samenhangen met eerder regionale of tijdelijke, culturele handelwijzen. Het bekende beeld dat Wittgenstein gebruikt om dit onderscheid te illustreren is dat van een rivierbedding: "De oever van die rivier bestaat immers ten dele uit hard gesteente, dat geen of een onmerkbare verandering ondergaat, en ten dele uit zand dat dan hier, dan daar, wegspoelt of aanslibt" (OZ 99, vergelijk ook 97). Een rivierbedding maakt het mogelijk dat het water stroomt. Er zijn nu twee soorten beddingen (of zekerheden): enerzijds zijn er de onbeweegbare beddingen in rotssteen en anderzijds zijn er beddingen die bestaan uit slib en modder. Deze laatste soort bedding verlegt zich nogal eens. Het is overduidelijk dat, indien het religieuze geloof kan worden opgevat als een zekerheid, het eerder van dit laatste type is.[14] Omgezet in de terminologie van Hume geeft dat: een semi-*natural belief*.

Omdat 'God bestaat' een zachte zekerheid (geen harde zoals 'Er is een externe werkelijkheid') is, is het een zekerheid die men ook kan verliezen of wijzigen. In principe is geen enkele religieuze zekerheid vrij van revisie. Voorwaarde is wel dat in het toetsen of reviseren van bepaalde religieuze zekerheden, andere religieuze zekerheden behouden blijven. Men kan dus nooit de totaliteit van de religieuze zekerheden in één klap kritisch overdenken en reviseren.

9. Weten, geloven, zeker-zijn en het godsdienstfilosofisch debat

Het debat rond het funderingsdenken in de godsdienstfilosofie kan verhelderd of enigszins gestructureerd worden door het in verband te brengen met de analyses die Wittgenstein in *Over Zekerheid* maakt van termen als weten, geloven en zeker-zijn.

Het funderingsdenken stelt dat er – met betrekking tot de funderingsproblematiek – slechts twee soorten proposities zijn. Er zijn proposities die begronding behoeven, en proposities die begronden

[14] Tilghman (1998:25) geeft daarvoor een plausibele reden: "This suggests that the belief in God, the religious attitude that understands the world as God's world, is not as pervasive, not as fundamental, and in some sense not as deeply woven into the fabric of our lives as the attitude that there are other people. The reason for this, I suggest, is that our understanding of the language of religion is derivative from our understanding of the language in which we talk of other people. We must know what it is to talk to another person before we can understand what it is to talk to God and we must understand what it is for something to be the handiwork of a man before we can understand the world as the handiwork of God."

en dus zelf geen begronding behoeven. Deze laatste worden basisproposities genoemd – gewoonlijk gaat het om analytische proposities of om directe ervaringsoordelen. 'God bestaat' is volgens de funderingsdenker een propositie die begronding behoeft. Deze begronding kan geleverd worden door allerlei empirische ondersteuningen. 'God bestaat' is aldus volgens hem iets dat men kan weten. Zo men dit te sterk uitgedrukt vindt, dan gaat het om een 'geloven' dat God bestaat op grond van sterke aanwijzingen. Twijfel, vergissing en ondersteuning zijn volgens hem net zo goed en op dezelfde wijze mogelijk als ten aanzien van bijv. het bestaan van een historische persoon.

Een belangrijke, calvinistisch getinte reactie op dit funderingsdenken komt van Alvin Plantinga. Hij vraagt zich namelijk af of het beginsel van de funderingsdenkers dat basisproposities uiteenvallen in twee klassen (de zelfevidente en de niet-corrigeerbare) zelf een basispropositie is. Het antwoord is overduidelijk: neen. De grondprinicipes van het funderingsdenken moeten dus zelf gefundeerd worden, maar dit kan niet gebeuren zonder datgene te gebruiken wat bewezen moet worden. Men aanvaardt dit beginsel zonder dat het zelf het één of het ander is. Voor Plantinga is dit een bewijs voor de 'ongefundeerdheid' van de beginselen van de funderingsdenker. Toch schijnt hij een eindweegs mee te gaan in het funderingsdenken, want hij besluit dat geloof in God '*properly basic*' is. Ik geloof in God zonder daar bewijzen voor te hebben, en dit is op zich genomen niet onredelijk, want alle basisproposities worden op deze wijze aangenomen. De grond voor geloof in God is het evidente karakter dat God heeft in het leven van de gelovige. Uitspraken als 'God spreekt tot mij in de bijbel', 'God vergeeft mij',...geven dit weer. Dat God bestaat, volgt 'self-evidently' volgens Plantinga uit deze proposities. Plantinga blijft enigszins denken binnen het raamwerk van het funderingsdenken. De basisproposities zijn ook voor hem de eerste bouwstenen voor een gehele noëtische structuur. De basisproposities zouden dus op zichzelf genomen zinvol zijn – zij vormen aldus een vooronderstelling van de rest. Voor neo-wittgensteinianen zijn basisproposities echter geen vooronderstellingen die onafhankelijk gedacht kunnen worden van onze overige kennis en praktijken (OZ 153). Bovendien blijft voor Plantinga de mogelijkheid van een weerlegging of falsificatie open. Wij zouden ons radicaal kunnen vergissen in het bestaan en in de aard van God. De gereformeerde epistemologie stelt te weten dat God bestaat, maar wil en kan daar geen redenen voor geven. Iets voor waar houden zonder redenen is geloven. Deze positie vertoont in dit laatste opzicht gelijkenis met de positie van Moore.

Met Wittgenstein zou men kunnen zeggen dat het (voor de gelovige) vaststaat dat God bestaat. Het bestaan van God kan niet *zonder meer* betwijfeld worden, men kan er zich niet *zomaar* in vergissen, en het is niet waar of onwaar in dezelfde zin waarin ook 'er zijn fysische objecten' niet waar of onwaar is. Dit vaststaan van het bestaan van God is echter relatief. Het is een zekerheid van de religieuze levenswijze en innig verknoopt met het reilen en zeilen daarvan.[15]

Bibliografie

ANSCOMBE G.E.M., 1981, Faith, in *The Collected Philosophical Papers of G.E.M. Anscombe. Volume Three: Ethics, Religion and Politics*, Minneapolis: University of Minnesota Press, p. 113-120

CONWAY Gertrude, 1989, *Wittgenstein on Foundations*, Atlantic Highlands: Humanities Press

CURNUTT Jordan, 1998, Huang on Wittgenstein on religious epistemology, in *Religious Studies*, Vol. 34, p. 81-89

DE MARTELAERE Patricia, 1986, Wittgenstein, critique de Moore: de la certitude sans savoir, in *Revue Philosophique de Louvain*, Vol. 84, p. 208-228

GASKIN J.C.A., 1988, *Hume's Philosophy of Religion*, Hampshire: The MacMillan Press

HALLER Rudolf, 1988, Justification and Praxeological Foundationalism, in *Inquiry*, Vol. 31, p. 335-346

HERTZBERG Lars, 1988, On the Attitude of Trust, in *Inquiry*, Vol. 31, p. 307-322

HUME David, 1975, *Enquiries concerning human understanding and concerning the principles of morals*, ed. by L.A. Selby-Bigge, Oxford: Clarendon Press (third edition)

[15] Met dank aan Paul Cortois en de deelnemers aan de UFSIA-leesgroep rond *Over Zekerheid* voor suggesties en opmerkingen.

–, 1992, *Gesprekken over de natuurlijke godsdienst*, vertaald door A.G. Vink, Kampen: Kok Agora

–, 1999, *De natuurlijke geschiedenis van de religie*, vertaald door W. Lemmens en W. Van Herck, Baarn: Agora

JOHANNESSEN Kjell S., 1988, The Concept of Practice in Wittgenstein's Later Philosophy, in *Inquiry*, Vol. 31, p. 357-369

HUANG Yong, 1995, Foundation of Religious Beliefs After Foundationalism: Wittgenstein Between Nielsen and Phillips, in *Religious Studies*, Vol. 31, p. 251-267

KOBER Michael, 1993, *Gewißheit als Norm. Wittgensteins erkenntnistheoretische Untersuchungen in Über Gewißheit*, Berlin: W. de Gruyter

–, 1996, Certainties of a world-picture: The epistemological investigations of On Certainty, in Hans SLUGA & David G. STERN (eds.), *The Cambridge Companion to Wittgenstein*, Cambridge: Cambridge University Press, p. 411-441

–, 1997, On Epistemic and Moral Certainty: A Wittgensteinian Approach, in *International Journal of Philosophical Studies*, Vol. 5, p. 365-381

MALCOLM Norman, 1977, The Groundlessness of Belief, in Idem, *Thought and Knowledge*, Ithaca, NY: Cornell University Press, p. 199-216

MALGREN Helge, 1971, *Intentionality and Knowledge: Studies in the philosophy of G.E. Moore and Ludwig Wittgenstein*

McGINN Marie, 1989, *Sense and Certainty*, Oxford: Blackwell

MORAWETZ Thomas, 1980, *Wittgenstein and Knowledge*, North Brighton: Harvester Press

SHINER Roger A., 1978, Wittgenstein and the Foundations of Knowledge, in *Proceedings of the Aristotelian Society*, Vol. 78, p. 103-124

–, 1980, Foundationalism, Coherentism, and Activism, in *Philosophical Investigations*, Vol. 3, p. 33-38

STROLL Avrum, 1994, *Moore and Wittgenstein on Certainty*, Oxford: Oxford University Press

SVENSSON Gunnar, 1981, *On Doubting the Reality of Reality: Moore and Wittgenstein on Sceptical Doubts*

TILGHMAN B.R., 1998, Isn't belief in God an attitude?, in *International Journal for Philosophy of Religion*, Vol. 43, p. 17-28

WESTPHAL Jonathan (ed.), 1995, *Certainty*, Indianapolis: Hackett

WILDE Carolyn, 1977, *Certainty: A Discussion of Wittgenstein's Notes in On Certainty*, Milton Keynes: Open University Press

WINCH Peter, 1987, Im Anfang war die Tat, in Idem, *Trying to make sense*, Oxford: Blackwell

WOLGAST Elizabeth, 1977, *Paradoxes of Knowledge*, Ithaca: Cornell University Press

–, 1987, Whether Certainty is a Form of Life, in *The Philosophical Quarterly*, Vol. 37, p. 151-165.

HOOFDSTUK 8

Godsbeelden: godsdienstfilosofie tussen 'fides' en 'ratio'

Luc BRAECKMANS

De vraag naar de mogelijkheid of onmogelijkheid van het samengaan van 'rationaliteit' en 'religieus vertrouwen' heeft vele facetten. Elders in deze bundel worden enkele spanningen tussen deze polen belicht en geanalyseerd. Onder meer wordt bijzondere aandacht geschonken aan discussies die binnen neo-wittgensteiniaanse context worden gevoerd tussen de zogenaamde 'internalisten' en 'externalisten'.[1] 'Externalisten' trachten vanuit allerhande rationele argumenten en verklaringsmodellen religiositeit te ondersteunen. Hen wordt door de 'internalisten' verweten de specificiteit van het religieuze niet te respecteren.

Ik betwijfel of deze tegenstelling wel vruchtbaar kan zijn. In mijn bijdrage probeer ik dat spanningsveld in ieder geval te vermijden. Het effect van wat ik bespreek zal er eerder in bestaan op onrechtstreekse wijze vragen te stellen bij de tegenstelling. Ik kan me namelijk moeilijk van de indruk ontdoen dat vanuit neo-wittgensteiniaanse hoek weinig aandacht wordt geschonken aan de inhoud van religiositeit en dat niet afdoende recht wordt gedaan aan de rol van wijsgerige reflectie op die inhoud. De externalisten lijken me te veel te willen, de internalisten te weinig.

In zijn meest specifieke vorm komt de inhoud van het religieuze bijzonder sterk (misschien wel het sterkst) naar voren in godsbeelden, zoals die in een existentiële en spirituele context op een historische wijze zijn gegroeid. Daarom probeer ik in deze bijdrage na te gaan wat de godsdienstfilosoof doet, wanneer hij zich met

[1] Zie bijvoorbeeld de bijdragen van S. Mulhall, D.Z. Phillips, J. Taels, W. Van Herck en G. Vanheeswijck.

godsbeelden confronteert en welke daarvan de gevolgen kunnen zijn, zowel voor het filosofische als voor het religieuze spreken. Ik laat me daarbij voornamelijk inspireren door wat het klassieke theïsme wordt genoemd en door de procestraditie.[2] De voorbeelden die ik aanhaal, hebben daarbij uitsluitend een exemplarische waarde. Ik wil laten zien dat de godsdienstfilosoof bij het vervullen van zijn taak noch 'internalist', noch 'externalist' hoeft te worden.

1. Religie: een ingewikkeld humaan fenomeen

Op het einde van de *Phänomenologie des Geistes* wijst Hegel erop dat wat in religieuze contexten ter sprake wordt gebracht, slechts voorstellingen zijn.[3] Het religieuze wordt letterlijk 'voorgesteld' in beeldrijke taal, in metaforen en in gelijkenissen. Bij het aanwijzen, bij het benoemen, bij het vertellen erover en zelfs bij het vereren van allerlei minder of meer belangrijke religieuze figuren en entiteiten, en bij het aanbidden van de goden en van het opperwezen is dat niet anders.

Hoe dergelijke beelden zijn ontstaan, is nooit duidelijk. Wellicht is het principieel onmogelijk op een analyserende wijze de oorsprong van de religies aan te wijzen. Religie maakt hoe dan ook een wezenlijk bestanddeel uit van de cultuur van de mens; zij is bijgevolg zeer zeker onder meer een 'product' van menselijke activiteit.

Bij de studie van alle oude culturen is het opvallend hoe groot, hoe stichtend, hoe principieel en hoe concreet determinerend de invloed is die mythisch-religieuze verhalen uitoefenen.[4] Vele centrale, maar

[2] In die zin is deze bijdrage eerder beperkt. Er zijn vele andere voorbeelden aan te halen dan die welke ik aanhaal. De vraag naar sociologische inventarisering van godsbeelden binnen culturen of binnen een welbepaalde cultuur is bovendien helemaal niet aan de orde.

[3] G.W.F. Hegel, *System der Wissenschaft*, Erster Teil: Die Phänomenologie des Geistes, 839.

[4] Zie bijvoorbeeld: W. Thys, *In den beginne was de mythe. Een opstel over de oorsprong van mythos en logos*. Antwerpen/Amsterdam, De Nederlandsche Boekhandel, 1976.

soms ook eerder marginale delen van de inhoud ervan werden doorgegeven, echter niet zonder ingrijpende wijzigingen. Meer in het bijzonder laat de geschiedenis van godsdiensten en samenlevingen overal ter wereld zien hoe beide niets anders dan componenten zijn van hetzelfde. Door de contingenties of zelfs planmatig verlopende processen van de geschiedenis heen spelen veranderingen in het religieuze en veranderingen in de overige culturele sferen steeds weer op elkaar in. In die zin zijn religies wezenlijke bestanddelen van een cultuur.

Op zich genomen is religie moeilijk in een sluitende, exhaustieve definitie te vangen. Sinds ruwweg het begin van de 19de eeuw werden vele pogingen ondernomen om adequate omschrijvingen te formuleren over het religieuze, over het heilige of het sacrale, en over allerlei belangrijke uitwerkingen ervan.[5] De definities zijn niet altijd eenstemmig en soms eerder vaag.

Religie pretendeert kennelijk een weg van heil, van heling en heelwording aan te wijzen. Religie geeft uitdrukking aan een perspectief op redding, op vervulling, en draagt in zich de belofte en de ervaring van herstel uit gebrokenheid en diepgaande vervreemding, van troost voor de tijden van droefheid en van perspectief voor de ogenbliken dat het gewicht van de tragiek van het menselijke lot al te zwaar dreigt te worden. Door dit alles creëert religie een band tussen inwendigheid en uitwendigheid, tussen eindigheid en oneindigheid, ontstaat een complex geheel van overtuigingen, van riten en van oriënterende instellingen die welbepaalde gemeenschappen constitueren, en wordt een orde van gevoelens gepromoveerd waardoor mensen zich op symbolische wijze verbonden kunnen voelen met een bredere werkelijkheid.

De hedendaagse en postmoderne tijdsgeest bevordert de veelzinnigheid en de veelzijdigheid van het begrip 'religiositeit'. Een zekere vernieuwing die daarvan het gevolg is, veroorzaakt tevens een nog grotere ambiguïteit omtrent het begrip. De grenzen rondom

[5] Ik verwijs naar: F.E.D. Schleiermacher, *Reden über die Religion an die Gebildeten unter ihren Verächtern*, 1799; W. James, *The Varieties of Religious Experience. A Study in Human Nature*, 1902; R. Otto, *Das Heilige*, 1917.

worden vager. De betekenis van het begrip tendeert in de richting van het 'zelf' van de mens, van zijn subjectief gekleurde bekommernissen, noden, behoeften en verlangens. Het begrip gaat in toenemende mate een rol spelen in verband met de identiteitsvinding van de (post)moderne mens. Een bestaande interne spanning tussen religiositeit en godsdienstigheid wordt daardoor nog uitgediept.[6]

Godsdienstigheid kan, maar hoeft geen deel uit te maken van religiositeit. De pretenties van godsdiensten reiken hoe dan ook aanzienlijk verder. Godsdienst is meer dan een of andere mentale werkelijkheid of ingesteldheid. Godsdienst is ook meer dan het objectieve geheel van cultuspraktijken. Godsdiensten presenteren zich allereerst als de historisch gesitueerde en concrete ontmoeting met het heilige zelf, met god, en zij presenteren zich vervolgens als een respons op die ontmoeting in een godsdienstige praxis. Om een verkeerd begrijpen van religie en godsdienst te voorkomen, lijkt het nodig de eigenheid van beide begrippen ten overstaan van mekaar te erkennen. Iedere vorm van godsdienstigheid is religieus, maar niet alle vormen van religiositeit zijn godsdienstig. Om er uitdrukkelijk voor te zorgen dat het begrip religiositeit in welbepaalde contexten in zijn godsdienstige betekenis zou worden begrepen, introduceerde Schillebeeckx in het Nederlands het begrip 'godsreligie'.[7]

Het belang van de specificiteit van godsdienstigheid ten overstaan van religiositeit moge blijken uit de structuur van ontmoeting met en ervaring van het heilige: deze impliceert een uitgebreide en complexe praxis die men binnen de context van een niet-godsdienstige of vage religiositeit tevergeefs zal zoeken.

De fundamentele attitude van het godsgeloof laat de religieuze ervaring allereerst zien als een beleving. Het goddelijke overkomt

[6] Voor Parsons bijvoorbeeld is religie een opvatting over de plaats van de mens in de natuur en tussen zijn medemensen. Dergelijke opvatting geeft aanduidingen over wat voor die plaats wenselijk en niet wenselijk is. T. Parsons, *The Social System*. New York: The Free Press, 1951, p. 368.

[7] E. Schillebeeckx, Godsdienst van en voor mensen, in: *Tijdschrift voor theologie*, 17, 1977, p. 353 – 370.

de gelovige. De eerste grondhouding van het religieuze subject is er een van passiviteit, van toehorende bereidheid. In een sfeer van diepgaand vertrouwen kan dat zelfs een mystieke beleving uitlokken. De gelovige (mystieke) mens weet zich in dat geval opgenomen in het goddelijke en heeft het gevoelen daardoor letterlijk te worden gevormd.[8] Zelfs als de religieuze beleving niet zo verregaand is dat ze tot mystieke ervaringen aanleiding geeft, is ze doorgaans wel voldoende sterk om aan de kant van het subject verschillende vormen van religieuze praxis te doen ontstaan die alle facetten van de existentie van het gelovige subject op indringende, weze het niet-dwingende, wijze affecteren.

Zo zal een groei in de geloofsbeleving makkelijk aanleiding geven tot een zoektocht naar inzicht en communicatie omtrent het eigen geloofsleven.[9] In dit verband kan men verwijzen naar de notie 'confessio' zoals die traditioneel optreedt in de theologie. Dit begrip heeft een tweevoudige betekenis: de gelovige legt een geloofsbelijdenis af, en hij getuigt van zijn of haar geloof.[10] De gelovige houding van vertrouwen beïnvloedt tevens het waardegevoel van het subject, zowel ten overstaan van zichzelf, als ten overstaan van de omgang met mens en werkelijkheid. Men legt prioriteiten inzake waardebetrokkenheid, getekend door de geloofsbeleving. De waardering van de werkelijkheid wordt er op een markante wijze door gekleurd. Er kunnen zeer gerichte gevoeligheden ontstaan voor allerlei soorten van personen, handelingen, gebeurtenissen, waarbij een uitgesproken affectieve betrokkenheid duidelijk wordt. Het geloofsleven kleurt tevens de inzet en de bereidheid tot inzet en handelen van het subject. Hierdoor kan een manifeste, gekozen ethische dimensie de gelovige mens beroeren. In de regel treedt de gelovige tevens in 'dialoog' met het heilige. Dit gebeurt in meditatie en gebed op een individuele wijze, in eenvoudige of soms erg ingewikkelde liturgische vieringen of oefeningen wanneer het gebed of de meditatie zich met

[8] P. Mommaers, *Wat is mystiek?*, Nijmegen, Gottmer, 1975.

[9] Een mooi voorbeeld hiervan is Anselmus van Canterbury die zoekt te begrijpen wat hij reeds gelooft. Zie: Anselmus van Canterbury, *Proslogion*, IV.

[10] Aurelius Augustinus plaatste het begrip centraal in de theologie.

verschillende gelovigen tegelijk afspelen. Bij dit facet van het geloofsleven vervullen het gebruik van tekens en symbolen een buitengewoon cruciale rol. Tot slot is het belangrijk te onderkennen dat het geloofsleven zich afspeelt in de inbedding van een welbepaalde historische traditie die gemeenschapstichtend werkt, waardoor een geloofsdenominatie als instituut (gemeente, kerkgemeenschap, ...) sociale gestalte verkrijgt.[11]

Al deze facetten zijn evenwaardig. Zij verwijzen naar elkaar, zij zijn aan elkaar geclusterd en beïnvloeden elkaar onophoudelijk. Het is zeker niet mogelijk hen op een hiërarchische manier te ordenen. Het zijn gelijkwaardige facetten, eigen aan de godsdienstig getekende religieuze ervaring en het bijhorende fundamentele vertrouwen.

2. Vragen naar zin

De negentiende en de twintigste eeuw brachten interne, versnelde culturele mutaties, vermoedelijk zonder weerga. Het maatschappelijke landschap is nagenoeg constant aan hertekening toe met een grote diversiteit aan opvattingen, praktijken en graden van betrokkenheid in de religieuze sfeer tot gevolg. Religieuze vragen, bekommernissen omtrent zingeving, hantering van een veelheid aan godsbeelden en de herkenning in een welbepaalde kerkelijke denominatie: al die aspecten en fenomenen van het existentiële vallen niet langer samen en maken niet langer automatisch deel uit van eenzelfde ongeproblematiseerd geheel. De tijd van de dominante christelijke traditie lijkt daardoor (althans in het Westen) voorbij te zijn.[12] Nooit was de cultuur inhoudelijk

[11] Het belang van degelijke historische traditie is binnen de theologie voldoende onderstreept. Ik verwijs naar B. Lonergan, *Method in Theology*, New York, Herder and Herder, 1972, en naar S.M. Ogden, The Task of Theology, in: *Journal of Religion*, 52, 1972, p. 22 – 40.

[12] Toch is voorzichtigheid geboden. Vele vandaag de dag in het Westen gangbare en gedeelde waarden zijn niets anders dan partieel of zelfs volledig geseculariseerde, christelijke traditie.

zo sterk seculariseerd, nooit zo pluralistisch in haar samenstelling, nooit in haar aanbod zo gefragmenteerd.

Antropologisch beschouwd situeren de meest verstrekkende gevolgen zich wellicht op het vlak van zinvragen. De zinvraag is namelijk buitengewoon sterk bedreigd. Ten gevolge daarvan worden wellicht als nooit tevoren allelei vragen naar zin op soms bijna hartstochtelijke wijze gesteld. Als keerzijde van de afbrokkeling van traditionele zinvragen ziet men dat allerlei nieuwe varianten of verwanten van die vragen de kop opsteken, soms ongecontroleerd, soms door niets getemperd. Vanuit concrete situaties zoeken mensen, gedreven door een indringende honger, naar samenhang, naar betekenis, richting en levensperspectief. De fragmentering van mens- en wereldbeeld fungeert evenwel als een gebroken spiegel die niets anders te zien geeft dan een diffuus, verhakkeld beeld.

Zin is geen simpele zaak. Het is zelden het resultaat van een eenvoudige en snelle receptuur. Zin komt niet contextvrij tot stand. Zin werkt niet als een essentie die op zich zou kunnen bestaan. Zin kan je aangereikt worden, of je kan hem op grond van toeval of van gericht zoeken vinden. Deze receptieve opstelling ten overstaan van zin kan niet beletten dat zin tevens bewerkstelligd moet worden. Zin moet worden beleefd. Zin moet integreerbaar zijn in een ruimer kader, en interpreteerbaar zijn tegenover een brede achtergrond. Het individu dient altijd mee zin te stichten.

Zin vraagt nog om een andere soort gebondenheid. Zin is niet te ontvangen, niet te stichten en niet te integreren buiten de context van een omgeving van waarden. Het ethische is hiervan een bijzondere component.[13] Een andere bijzondere component hiervan is het religieuze als veruitwendiging van menselijke hunker naar heelwording en bevrijding. Deze hunker is geworteld in een ambiguïteit die waarschijnlijk onoverwinnelijk is, namelijk de spanning tussen twee mogelijke, geprofileerde antropologische bevindingen: enerzijds het nihilisme, anderzijds een fundamenteel, existentieel vertrouwen. De onvermijdelijkheid van deze spanning

[13] Ch. Taylor, *Sources of the Self. The Making of the Modern Identity*. Cambridge: Cambridge University Press, 1989, p. 8 e.v.

kan voeren tot de erkenning van de ambiguïteit en eventueel het verder uitklaren ervan; dezelfde onvermijdelijkheid kan eveneens leiden tot de keuze voor een houding van fundamenteel vertrouwen.[14]

Godsdienst, met inbegrip van de rol van de godsbeelden, is dan onder meer te verstaan als een traditie die het fundamenteel vertrouwen in wisselende omstandigheden meent te kunnen funderen, dat wil zeggen meent te kunnen tonen dat men ondanks alles terecht een fundamenteel vertrouwen handhaaft. Tegenover die achtergond krijgt zingeving een erg gecondenseerde gestalte.

3. Godsbeelden

Iedere godsdienstige traditie doet minstens in impliciete zin een beroep op godsbeelden. In vele gevallen worden die door de tradities zelf voorgesteld en doorgegeven als kostbaar gecanoniseerd en dogmatisch erfgoed, als eeuwige, meestal door god of de goden zelf geopenbaarde en dus onaantastbare waarheden die de mens met diep ontzag moet koesteren, omdat ze hem heil schenken.

De feitelijke geschiedenis van de godsdiensten geeft echter een enigszins andere stand van zaken te zien. Godsdiensten zijn op concrete, historische wijze gesitueerd; de godsbeelden die zij met zich meedragen en die hen maken tot wat ze zijn, evenzeer. Mens-, wereld- en godsbeelden zijn in zekere zin varianten van eenzelfde gegevenheid. Zij beïnvloeden elkaar onvermijdelijk, weze het dat deze invloed aan het controlerende bewustzijn ontsnapt. Zij verwijzen minstens impliciet onophoudelijk naar elkaar. Ze fungeren als onderling afhankelijke factoren van een cultuur.

A. Vergote heeft erop gewezen dat zelfs binnen eenzelfde gelovige denominatie de uiteenlopende culturen en subculturen belangrijke verschillen aanbrengen inzake de invulling van het concrete godsbeeld. Zo verkrijgt het hedendaagse christelijke godsbeeld in

[14] Nihilisme blijft bijgevolg niet weerhouden. Dergelijke optie zou immers geen enkele vorm van explicitering toelaten. De geringste explicitering zou autodestructief zijn. Overigens druist nihilisme tegen iedere elementaire intuïtie in.

Franstalig België een extra vrouwelijk kenmerk. Sommige christelijke culturen uit zwart Afrika hechten eerder belang aan het kenmerk 'bescherming'; Indonesiërs hebben aandacht voor de factor 'kennis'; Amerikanen zoeken in het godsbeeld eerder dynamische, vaderlijke kenmerken, ...[15]

Nog grotere verschillen zijn vast te stellen wanneer men verschillende godsdiensten op het punt van godsbeelden met elkaar vergelijkt.

Ik geef een voorbeeld. Taoïsme wordt beschouwd als een van de meest subtiele en rijke religieuze tradities uit het Oosten. Aan Lao Tse (vermoedelijk 4de eeuw voor Christus) worden door de traditie belangrijke religieuze Tao-inzichten toegeschreven. Hemel en aarde, zo stelt Lao Tse, vloeiden voort uit de ongenoemde; hun ontstaan veranderde aan de ongenoemde niets. Zo men de ongenoemde toch van een naam zou willen voorzien, dan opteerde Lao Tse voor de uitdrukking 'Moeder van alle dingen'. Wie zich heeft bevrijd van alle aardse passies en leeft zonder begeerten, zal toegang krijgen tot het diepe mysterie van het niet-geopenbaarde bestaan van de ongenoemde. Wie zich daarentegen niet van begeerten weet te bevrijden, zal uitsluitend toegang verkrijgen tot wat manifest is. Toch erkent Lao Tse dat het niet-manifeste en het manifeste in oorsprong hetzelfde zijn. Dat inzicht noemt hij de toegangspoort tot ieder mysterie. Tegenstellingen als bestaan en niet-bestaan, vooraf en later, vervullen immers elkaar. De wijze, dat is hij die zichzelf onder controle heeft, vertoeft in een actieloos bezigzijn, balancerend tussen extremen. Lao Tse vergelijkt de ongenoemde, of het hoogste wat is, met water. Water is weldadig voor alles wat leeft, zonder dat het met al het andere in concurrentie treedt, zonder dat het naar iets streeft, zonder dat het ertoe moet overgaan zichzelf te bewijzen tegen het andere in.[16]

Dit fundamenteel religieus geïnspireerd quietisme staat in schril contrast met enkele kernattitudes van bijvoorbeeld het

[15] A. Vergote, *Religie, geloof en ongeloof. Psychologische studie.* Kapellen, DNB – Uitgeverij Pelckmans / Kampen, Kok Agora, 1987, p. 202 e.v.

[16] Te lezen in Engelse vertaling bij: H. Ould, *The Way of Acceptance. A New Version of Lao Tse's Tao Tê.* London, Andrew Dakers, 1946, p. 15 e.v.

judeo-christianisme en van de islam. Reeds de eerste hoofdstukken van het boek *Genesis* voorzien de mens van veschillende uitdrukkelijke opdrachten. Het god-vader-beeld dat uit de verhalen spreekt, hanteert geboden en verboden. De opvorderende toon is nooit ver weg. Aan Kaïn wordt berispend gevraagd waar zijn broer Abel is.[17] Aan Abram geeft Jahweh opdracht weg te trekken uit Oer naar het land Kanaän dat Hij aan Abram en zijn nakomelingen zal geven.[18] Mozes wordt geroepen en hij voelt zich verplicht op de oproep affirmatief en daadwerkelijk in te gaan.[19] Dit soort godsbeeld huldigt een activisme, zowel op het vlak van de cultus als op het vlak van het omgaan met medemens en werkelijkheid. Het zet minstens aan tot het vervullen van een religieus geïnspireerde praxis, en tot het beleven van een ethos dat wellicht zal trachten zich ethisch verantwoord te profileren.

De godsdienstfilosooof ontkomt niet aan de taak dit soort determinerende verschillen inzake godsbeelden te onderkennen, de specificiteit van de godsbeelden te beschrijven, maar vooral ze kritisch te interpreteren en te verhelderen, om zo hun reikwijdte en betekenis te belichten.

Overigens is het niet om het even welk godsbeeld in een bepaalde cultuur heerst. Godsbeelden zijn niet krachtens zichzelf goed of aanvaardbaar. Zij kunnen geen voorwerp zijn van een absolute tolerantie. Godsbeelden kunnen immers op ernstige wijze mensonterend werken, zoals ze even goed op diverse manieren menswaardigheid kunnen bevorderen. Wellicht is het ook de taak van de godsdienstfilosoof daar desgevallend op te wijzen. In een multiculturele samenleving is dergelijke taak allicht moeilijker en meer delicaat dan in een cultuur waar slechts één denominatie dominant is. Filosofie kan ten overstaan van godsbeelden ook nog een andere rol vervullen. In vele gevallen staat zij het gelovige en theologische zoeken ten dienste door middel van een sterk gearticuleerde, oude en nieuwe conceptualiteit. Dergelijke conceptualiteit kan voor een

[17] Genesis, 4, 9.
[18] Ibid., 11 en 12.
[19] Exodus, 3 en 4.

welbepaalde geloofstraditie inspirerend, uitdagend en vernieuwend werken. Dat laat die traditie misschien toe zichzelf beter, en in ieder geval anders te verstaan. In vele gevallen is een geloofstraditie daardoor beter toegerust om zich ten overstaan van haar eigen extra-theologische context beter te positioneren. De christelijke geloofstraditie beschikt terzake over vele, indrukwekkende voorbeelden.

Het vroege christendom toonde zich erg afkerig tegenover de Griekse filosofie die als heidens werd beschouwd. Het paulinische standpunt hield zelfs een radikale afwijzing in.[20] Gaandeweg bleek echter, voornamelijk in de catechetische scholen van Alexandrië, dat er een grote nood bestond aan een eerder systematische geloofsverkondiging. Onder meer het wijsgerige denken van Plato leek hiervoor bruikbaar. Zo kon een traditie die qua origine Grieks was, langzaam partieel geïntegreerd worden in een messiaanse, monotheïstische religieuze traditie die qua origine semitisch-nomadisch en profetisch was. De god-vader wordt gaandeweg geherinterpreteerd en verstaan in platonische concepten. In de *Timaeus* bijvoorbeeld werkt Plato het begrip uit van een wereldziel die alles wat bestaat omvat. Dit begrip maakt duidelijk dat de ziel ten overstaan van het lichaam superieur is.[21] God wordt gezien als de hoogste exemplificatie zowel van de hogere ideeën als van de volstrekte zelfbeweging van de ziel. Het eerste platonische godsprincipe was binnen de christelijke traditie buikbaar, het tweede verdween veel makkelijker op de achtergrond.[22] De geleidelijke, gedeeltelijke integratie van platonische filosofie in het christelijke gedachtegoed werd bevorderd door de toenmalige opvatting dat zowel de Griekse filosofie als de joods-christelijke traditie dienden gezien te worden als delen en manifestaties van dezelfde openbaring, van dezelfde

[20] Tegenover de wijsheid die de heidenen zoeken, plaatst Paulus de wijsheid en de kracht van God die in de ogen van de heidenen een dwaasheid zijn. Wie in Christus gelooft, heeft volgens Paulus geen wijsheid van woorden nodig. (1 Kor. 1,17 – 2,5)

[21] Plato, *Timaeus*, bijvoorbeeld 29, 31, 32, 34, 36 en 38.

[22] Men ziet die tendens reeds bij Aristoteles; zie bijvoorbeeld *Metaphysica*, boek 3, 1005a e.v.

'Logos spermatikos'.[23] De messiaanse god-vader, de god van de eschatologie wordt meteen een eeuwige schepper, een onveranderlijke hoogste instantie, ver verwijderd van iedere vorm van 'gewone' existentie.

Augustinus is wellicht het eerste grote voorbeeld van een denker bij wie zich een volledige vermenging afspeelt tussen enerzijds het antieke filosofische denken en anderzijds de christelijke religieuze traditie. Augustinus ziet god als een volstrekt onveranderlijke, niet-tijdelijke actualiteit. De tijd zelf is van de orde van het geschapene. Vanuit de eeuwigheid schept god een tijdelijke orde. God is een instantie die beslist en die kan zien wat wij op diverse momenten zullen beslissen te doen. God neemt dus geen beslissingen a priori betreffende de toekomst van zijn schepselen, maar is wel als hoogste vorm van authenticiteit in zijn schepselen aanwezig.[24] Vanuit dit platonisch en neoplatonisch godsconcept is het nog maar een kleine stap naar het concept van god als het absolute maximum, degene waarboven niets groters kan gedacht worden, zoals Anselmus van Canterbury dat in *Proslogion* uitdrukte.[25]

Is de geschiedenis van de groeiende rol van de invloed van het platonisme en het neoplatonisme in het christendom al merkwaardig, de geschiedenis van de invloed van het aristotelisme binnen die religieuze traditie is in zekere zin nog merkwaardiger.

Het denken van Aristoteles dient zich veel systematischer aan dan dat van Plato. Aristoteles introduceert niet alleen het substantiebegrip als basiskategorie en een viervoudige oorzakelijkheidsleer, maar ook de notie van een eeuwig en noodzakelijk bestaand zijnde. Deze laatste, hoogste instantie is louter vorm, een supreme substantie zonder materie, volkomen actueel, verstoken van ieder facet van potentialiteit, onveranderlijk, onbewogen, eeuwig, tevens verstoken van ieder kenmerk van voorzienigheid, zorg of genade.

[23] Flavius Justinus (ca. 100 – ca. 165) leerde zelfs dat de Griekse denkers de leer van Mozes kenden. Zo zag hij het als mogelijk dat sommige onderdelen van de *Timaeus* van Plato beïnvloed waren door het boek Genesis. Zie bijvoorbeeld: E. Gilson, *L'esprit de la philosophie médiévale*, Paris, 1944, p. 19 e.v.

[24] Aurelius Augustinus, *De civitate Dei*, boek XI, 4.

[25] Anselmus van Canterbury, *Proslogion*, II, III en IV.

Dit merkwaardige 'godsbegrip'[26] slaagde er niettemin in, via de contingente omweg van het denken van Thomas van Aquino, een centrale rol te vervullen in sommige dogmatische opstellingen van de christelijke traditie.[27]

Waar figuren als Plato en Aristoteles vanuit de niet-christelijke Oudheid het denken over god in de Middeleeuwen, maar ook onverminderd daarna in de Moderne en Hedendaagse Tijd, op een pregnante wijze tekenen, stelt men omgekeerd ook vast dat vanuit de christelijke tradities zelf gerichte filosofische stappen worden gezet om godsbeelden bij te sturen of te versterken. Het wijsgerige denken over god en godsdienst evolueert zo tot aandacht voor velerlei vormen van wijsgerige godsleer die men op een coherente wijze wil inschakelen in grotere wijsgerige systemen.

Dit gebeurt duidelijk bij Descartes op het ogenblik dat hij zich afvraagt op grond van welke vooronderstelling of vooronderstellingen wij onze cognitieve vermogens kunnen vertrouwen. Wat betekent het te kunnen zeggen dat wij in staat zijn waarheid uit te spreken? Is het afgestemd zijn van de dingen op elkaar en hun kenbaarheid door ons louter toeval, of eerder uitdrukking van een gemeenschappelijk ondergeschikt zijn aan een hoogste instantie? Descartes wil deze aangelegenheden intelligibel maken via een godsbegrip en een godsbeeld dat god als de hoogste ordenende instantie denkt en voorstelt, tevens als de hoogste denkende instantie die alles kent. Descartes zag geen beter alternatief dan hierop te vertrouwen. Dat vertrouwen verhoogde voor hem de intelligibiliteit van mens en wereld.[28]

Vele andere filosofen, zowel tijdgenoten van Descartes (Spinoza en Leibniz), als latere filosofen interpreteren de intelligibiliteit van onze kennis in het licht van het godsbestaan. Leibniz situeert in god het volmaakte kennen. Daarbuiten was het kennen onvolmaakt,

26 Is dit overigens wel een godsbegrip? Aristoteles formuleerde een relatief stevige argumentatie ten gunste van een onbewogen causaliteitsfactor in iedere beweging; de beweger is echter niet zo maar de identificeren met een god uit een godsdienstige traditie.

27 Zie bijvoorbeeld: Thomas van Aquino, *Summa Theologiae*, Ia, q. 2 – 26.

28 R. Descartes, *Méditations métaphysiques*, méditation troisième, 114 – 129.

maar nooit principieel illusorisch of onmachtig. Perceptie en appetitus bleven, door god getekend als zij waren, tot op het niveau van de monade aanwezig.[29] Spinoza opteert voor een ander type van gods- en wereldbeeld. Voor hem is de wereld even noodzakelijk als god is. De verschijnselen in de wereld zijn slechts modificaties van god.[30]

Zo kan men een lange rij namen citeren van figuren uit de geschiedenis van de filosofie, van René Descartes tot Charles Taylor, die allen aandacht vragen voor het godsbegrip en telkens opnieuw trachten het vanuit hun concreet, historisch gesitueerd denken te verhelderen.

Regelmatig kan men dan vaststellen dat door filosofie ontwikkelde denkbeelden ongeacht de intenties van hun auteurs worden aangegrepen door theologen om de eerder gehanteerde godsbeelden verder uit te werken of te interpreteren. Zo worden deze interpretaties een soort van door de grondleggers niet-bedoelde neveneffecten van hun denkbeelden. Dit is bijvoorbeeld het geval met de invloed van het denken van Heidegger en van verschillende vertegenwoordigers van de fenomenologische traditie.

Even frequent kan men vandaag de dag tevens vaststellen hoe de concrete, historische situatie van onze cultuur met steeds groeiende en nieuwe inzichten en vindingen binnen de wetenschappen de geloofsinhouden en godsbeelden onder druk zet. Op straffe van perspectief- en heilloos fideïsme of geestelijk isolationisme worden de godsreligies ertoe aangezet hun canonteksten en godsbeelden te herinterpreteren in het licht van de resultaten van het wetenschappelijk onderzoek, zowel op het vlak van de natuurwetenschappen als op het vlak van de menswetenschappen. Overigens heeft dit soort confrontaties wellicht een uitzuiverend effect.

Whitehead wijst er in *Science and the Modern World* op dat filosofie in dat soort van historische gegevenheden een belangrijke rol heeft te spelen. De wereldbeelden van onze tijd, zegt Whitehead, zijn getekend door de belangrijkste humane interesses, en hij

[29] G.W. Leibniz, *La monadologie*, 48 – 55.

[30] B. de Spinoza, *Ethica*, I, st. 11 e.v.

noemt: de wetenschappen, de esthetiek, de ethiek en het religieuze. Maar, zo voegt hij daar aan toe, in groeiende mate lijkt de neiging te bestaan het wereldbeeld quasi volledig te laten invullen door slechts één van genoemde domeinen; vandaag de dag vervullen de wetenschappen veelal die rol. Die neiging bestempelt hij letterlijk als een vorm van geestelijk provincialisme. Voor dat soort verengingen kan filosofie de mens behoeden. Filosofie kan trachten op een kritische wijze de verschillende grote benaderingen van mens en werkelijkheid te beoordelen, te relativeren en in een ruimer coherent geheel te plaatsen. Geenszins mag zij daarbij de werkelijkheidsbenaderingen van één of meer van de genoemde domeinen verwerpen en nog minder mag zij zich in de plaats daarvan stellen. Wel kan zij zoekend interpreteren binnen het kader van een zo ruim mogelijke context.[31]

De genoemde en vele andere wijsgerige bijdragen hebben de godsbeelden geraakt, soms zelfs veranderd en daardoor vervolgens de geloofsinhouden en het geloofsleven in aanzienlijke mate getekend.

De taak die Whitehead aan filosofie toekende, belet natuurlijk niet dat tussen filosofie enerzijds en genoemde domeinen anderzijds ernstige en overigens aan historische wisselvalligheden onderhevige spanningen bestonden en bestaan. Aan één van die spanningen, die tussen weten en geloven, wil ik nu nog even aandacht besteden.

4. Rede en geloof

'Fides' en 'ratio', geloof en rede, of meer algemeen, geloof en weten: een flink stuk van de geschiedenis van het denken in het Westen speelt zich sedert de periode van de Patristiek af tussen deze beide polen. Dat formuleringen als "Intellectus est merces fidei", "Fides quaerens intellectum", of "Credo ut intelligam" vaste adagia

[31] A.N. Whitehead, *Science and the Modern World*, New York, The Macmillan Company, 1925, p. ix – x.

zijn geworden, is significant. Het gaat om een soms moeilijke verhouding tussen een redenen aangevende objectiviteit en de overgave op grond van het godsgeloof.

Enigermate simplificerend zou men kunnen stellen dat de cultuur van het Westen precies in deze bipolariteit bestaat. Die traditie wordt geconstitueerd door de spanning tussen de twee grote wortels van de westerse cultuur: het denken van het oude Griekenland en Rome, en het judeo-christianisme. Filosofen en theologen hebben aan deze spanning erg veel aandacht besteed. De standpunten liggen ver uit elkaar. De ene auteur rangschikt het geloof in waarde boven het weten, de andere auteur neemt een precies tegenovergestelde positie in.

De spanning tussen geloof en rede wordt bijzonder klaar behandeld door Thomas van Aquino. Hij pleit ervoor geloof en rede ten overstaan van mekaar duidelijk af te lijnen. Redelijk weten verschaft ons inzicht op grond van ons verstand. Geloof daarentegen berust niet op inzicht. Via het geloof is het verstand van de mens in staat een aantal waarheden aan te nemen die hij verder niet kan begrijpen. De rol van de genade en de openbaring mogen daarbij volgens Thomas niet onderschat worden. Er zijn waarheden die men kan geloven zonder dat men ze kan begrijpen. Thomas aanvaardt wel dat het geloofsleven geconfronteerd wordt met waarheden die van nature redelijk zijn. Bijvoorbeeld de existentie van god is in dat geval, of de onsterfelijkheid van de menselijke ziel. Deze waarheden kunnen bewezen worden. Zij zijn de natuurlijke basis van het geloof. Thomas noemt ze de 'praeambula fidei'. Verschillende dogmatische stellingen beschouwt Thomas verder als onbewijsbaar. De leer van de triniteit, van de sacramenten, van het laatste oordeel, ... zijn in dat geval. Het zijn alle waarheden die uitstijgen boven de vermogens van onze rede. Toch zijn zij niet in strijd met die rede. Dergelijke tegenstrijdigheid sluit Thomas om principiële redenen uit. Van beide, én van geloof én van het weten is god immers de gemeenschappelijke grond.[32]

[32] Thomas van Aquino, *Summa theologiae*, Ia, q.1, art. 1 – 5.

Dit (thomistische) standpunt is nauwelijks te handhaven in een niet-theocentrische tijd. Na de Middeleeuwen zullen uiteenlopende auteurs wijzen op de spanning en zelfs op de kloof tussen geloof en weten. Hobbes bijvoorbeeld laat niet toe dat enig onderdeel van de theologie deel zou uitmaken van de filosofie. Openbaring acht hij nodig, maar zij stijgt naar zijn oordeel boven onze mogelijkheden tot begrijpen uit.[33] Hume stelt het nog scherper. Via de rede kunnen we over de religie niets zeggen dat funderend werken kan. De onderwerpen ervan liggen immers volledig buiten het bereik van de menselijke ervaring.[34] Kant realiseert een merkwaardige variante van genoemde spanning door een onderscheid te maken tussen 'Vernunftglaube' en 'Offenbarungsglaube', een redelijk geloof enerzijds en een openbaringsgeloof anderzijds.[35] Voor Kant is het redelijk geloof de zuivere religie, die hij bijzonder dicht laat aanleunen bij de ethiek. Godsdienst beschouwt hij als de moraal die god als wetgever heeft. De religieuze mens erkent met andere woorden zijn of haar plichten als geboden van God.

Bij nog andere auteurs is de spanning enigermate verdwenen, omdat een van beide polen gereduceerd wordt. Feuerbach noemde het religieus geloof een grote illusie. Het bestaan van god als een wezen dat van de mens onafhankelijk is en dat volkomen geestelijk is, achtte hij onmogelijk. God verschijnt volgens Feuerbach als het ideale beeld van de mens. De mens creëerde zich dat fantasiebeeld op grond van zijn grote behoeften.[36] Kierkegaard interpreteert het christelijk geloof voornamelijk als een levenshouding. Wat de rede kan doen is volgens Kierkegaard het geloof omschrijven, en na de afbakening die elementen verwijderen die met de eigenheid van het geloof niets te maken hebben.[37]

Hoe dan ook, in de reflectie over het godgelovig zijn dient de filosoof te beseffen dat geloven in de strikte, strenge zin van het

[33] Th. Hobbes, *Leviathan or the matter, form and power of a commonwealth, ecclesiastical and civil*, London, 1651, ch. 32.

[34] D. Hume, *An enquiry concerning human understanding*, 1758, I, § XI, 110.

[35] I. Kant, *Die Religion innerhalb der Grenzen der blossen Vernunft*, 1793.

[36] L. Feuerbach, *Das Wesen des Christenthums*, Leipzig, 1841, p. 180 e.v.

[37] Zie bijvoorbeeld: S. Kierkegaard, *Dagboeken*, I A, 102 en X/3 A 454.

woord geen weten is, geen redelijkheid en zelfs geen inzicht. Dit heeft wellicht te maken met het bijzonder ingewikkelde en misschien zelfs unieke karakter van het geloven zelf als humane activiteit. Voor wie gelooft, vallen het geloven en datgene wat tot geloven bracht enerzijds en de eigenlijke geloofsinhoud anderzijds samen. De subjectieve en de objectieve zijde van het geloven zijn gelijkoorspronkelijk. Zonder object bewaart men een geloof zonder inhoud. Zonder subject bewaart men slechts de tot dood dogma verstarde geloofsinhouden. De 'fides' is tegelijk een geloof van waaruit en een geloof waarin wij geloven. Wellicht moet de rede daar blijvend aan herinnerd worden: dat geloven alleen maar op vruchtbare wijze te interpreteren valt, indien het gezien kan worden als iets dat in de opdeling van subject en object tegelijk verschijnt.

5. Wat dan met filosofie?

Filosofie kan moeilijk nalaten op kritische wijze te reflecteren over domeinen van menselijke ervaring. Dat geldt ook voor het gebied van het religieuze. Dergelijke reflectie is onvermijdelijk tegelijk een verrijking en een aantasting van het religieuze. Een aantasting omdat filosofie nu eenmaal vanzelfsprekendheden doorbreekt. Een verrijking omdat filosofie er wellicht kan toe bijdragen dat de religieuze en godsdienstige conceptualiteit zuiverder en adequater worden gehanteerd. Indien filosofie dit soort reflectiewerk ten aanzien van de godsbeelden en godsconcepten niet zou opnemen, zou ze allicht getuigen van desinteresse of van luiheid ten overstaan van sommige facetten van haar mogelijke taken, en tevens van misprijzen ten overstaan van het theologische en het religieuze, nochtans belangrijke gegevenheden in het bestaan van de mens. Bovendien zou filosofie dan vrij spel geven aan gevaarlijke, inhumane vormen van fundamentalisme en/of fideïsme.

De geschiedenis van de godsdiensten laat overigens zien dat niet automatisch goed is wat als religieuze inhoud naar voren wordt geschoven. Diezelfde geschiedenis laat evenzeer zien dat 'het gebruik' van de godsdiensten niet automatisch van religieuze authenticiteit kan getuigen. Alle facetten die op een cruciale wijze eigen zijn aan iedere vorm van godsdienstige religiositeit kunnen op een soms verregaande wijze ontaarden. De confessio kan omslaan in dogmatisme. Het gevoelen van betrokkenheid bij de inhoud van de heilsboodschap kan allerlei vormen van fanatisch gedrag veroorzaken of aanleiding zijn tot louter formele, inhoudelijk lege devotiepraktijken. Het ethische zoeken kan omslaan in een moraliserende prekerigheid. De symbolische ritus kan ontaarden tot een dodend ritualisme. En het beroep op de traditie van een of andere denominatie kan ertoe aansporen de doorgaans starre regels van een religieus instituut te verheffen tot hoogste norm. De wijsgerige reflectie kan dus best worden georiënteerd door zich af te stemmen op authentieke godsbeelden in de verschillende denominaties.

Ook de verschillen tussen religiositeit en godsdienstigheid dienen voorwerp te zijn van wijsgerige reflectie. Een ongodsdienstige religiositeit riskeert immers praktijken toe te laten of te bevorderen die de waardigheid van de mens kunnen aantasten. De plaats van het heilige kan waarschijnlijk nooit lang leeg blijven. Pseudo-godsdiensten of quasi-godsdiensten kunnen dan de kop opsteken. In theologische taal heeft dit te maken met de strijd tussen het goddelijke en de afgoden. Ware religie en ware godsdienstigheid moeten zich aflijnen tegenover ritualisme en magie, tegenover angst en aliënatie. Religieuze en godsdienstige attitudes horen niet dominant verbaal of militant of proselitisch te zijn. Zij moeten daarentegen ruimte geven aan een complex geheel bestaande uit de rijkste humane ervaringen en gevoeligheden: ontroering, warmte, bezieling, bevestiging, erkenning, initiatie in het mysterie en ultiem perspectief.[38]

Godsdienstfilosofie en wijsgerige godsleer kunnen bij dit alles moeilijk anders dan reflecterend in te spelen op de inhoud van godsbeelden. Indien zij zich aan deze taak zouden onttrekken,

[38] H. Küng, *Existiert Gott. Antwort auf die Gottesfrage der Neuzeit*, München/Zürich, Piper & Co., 1978, p. 730 e.v.

zouden ze louter descriptief zijn. Over die descriptie gaat het met betekking tot een reflectie over de godsbeelden eigenlijk nooit. Het reflecteren over god is niet zo maar een feitenkwestie. Zelfs de argumentaties voor zijn bestaan hebben nooit het statuut gehad van een bewijs in een of andere mathematische context, of van een fundering van inzichten op grond van observatie of experiment, zoals gebruikelijk in de context van de natuurwetenschappen. En omgekeerd, wat zou de betekenis kunnen zijn van een argumentatie die zou vertrekken van de hypothese dat god niet bestaat? Godsdienstfilosofen trachten onder meer op een wijsgerige wijze om te gaan met godsconcepten die uitdrukking willen geven aan het hoogste wat is, of aan wat in de werkelijkheid noodzakelijk is. Godsdienstfilosofen hebben weliswaar meer te doen dan dat. Maar indien zij dat vergeten, missen zij naar mijn oordeel een wezenlijk deel van de taak.

Is dit funderingsdenken? Is deze aanpak externalistisch en miskent hij aldus de specificiteit van de godsreligie? Worden godsbeelden op deze wijze afhankelijk van onze ratio? Ik denk het niet. Precies het omgekeerde lijkt mij het geval. Ik citeer Max Wildiers: "De godsgedachte is niet uitgevonden door de wijsgeren, maar is aanwezig in alle godsdiensten en wordt aangetroffen in de geschiedenis van de mensheid. Het is de taak van de wijsgeer over dit feit na te denken, niet om het weg te redenenenen maar om het rationeel te onderzoeken en te verklaren voor zover het rationeel interpreteerbaar is. De godsgedachte is dus niet afhankelijk van rationele constructies, maar juist omgekeerd zijn deze rationele constructies slechts zinvol voor zover zij de levende godsgedachte belichten en interpreteren, ook al slagen zij daarin nooit ten volle."[39] Maar je kan slechts iets belichten en interpreteren, indien je bereid bent aan de inhoud ervan aandacht te schenken, ook al is die inhoud uitzonderlijk complex. De complexiteit van de inhoud mag de filosoof niet beletten het kritische, reflexieve en hermeneutische werk te vervullen. Anders wordt hij een internalist.

[39] M. Wildiers, *De vijf vreugden van de geest*, Kapellen, Pelckmans, 1995, sp. 39.

Personalia van de auteurs

Luc Braeckmans (1953) is doctor in de wijsbegeerte. Hoofddocent aan de Universiteit Antwerpen (UFSIA) en voorzitter van het Instituut voor Didactiek en Andragogiek van dezelfde instelling.

Paul Cortois (1954) promoveerde te Leuven op een proefschrift over de wetenschapsfilosofie van Jean Cavaillès. Momenteel is hij verbonden aan het Hoger Instituut voor Wijsbegeerte (KU Leuven) en aan de UFSIA. Hij publiceerde o.m. in *Philosophia Mathematica, Dialectica, Philosophia Scientiae* en *Tijdschrift voor Filosofie*. Sedert 1991 is hij rondreizend postdoc, onderweg bezig met het exploreren van relaties tussen cultuur, wetenschap, en cultuurwetenschap, in variaties op thema's gaande van formele structuur tot rituele betekenis.

D.Z. Phillips (1934) is verbonden aan de University of Wales, Swansea en als Danforth Professor of the Philosophy of Religion aan de Claremont Graduate University (Calif.). Auteur van o.a. *The Concept of Prayer* (1965), *Faith after Foundationalism* (1988) en *Wittgenstein and Religion* (1993). Recent houdt hij zich bezig met de uitgave van de geestelijke nalatenschap van Rush Rhees (o.a. *Rush Rhees on religion and philosophy*, 1997)

Alvin Plantinga (1932) is verbonden aan de University of Notre Dame (VSA). Hij publiceerde o.m. *God and Other Minds* (1967), *The Nature of Necessity* (1974) en *Warrant and Proper Function* (1993). Een verzameling van zijn opstellen is in voorbereiding: *The analytic theist: A Collection of Alvin Plantinga's Work in Philosophy of Religion*, ed. by James Sennett.

Johan Taels (1952) studeerde rechten en wijsbegeerte aan de Universiteit Antwerpen en aan de KU Leuven en promoveerde op een proefschrift over Kierkegaard. Hij is momenteel hoogleraar aan de UFSIA en aan de KU Brussel, waar hij o.m. moraalfilosofie en fundamentele filosofie doceert. Hij publiceerde o.m. *Søren Kierkegaard als filosoof* (1991). Hij redigeert de onderhavige reeks Tertium Datur.

Jan Van der Veken (1932) is emeritus gewoon hoogleraar van het HIW te Leuven. Hij publiceerde o.m. *Een kosmos om in te leven* (1991) en *Denken aan al wat is* (herwerkte uitgave 1994). Ter gelegenheid van zijn emeritaat werd hem een verzameling filosofische essays over de godsvraag aangeboden (*Kijken naar de zon*, red. A. Cloots & L. Braeckmans, 1998).

Guido Vanheeswijck (1955) studeerde Germaanse filologie en filosofie aan de KU Leuven. Hij promoveerde aan het HIW te Leuven op een proefschrift over Collingwood. Momenteel doceert hij wijsgerige vakken aan de Universiteit Antwerpen (UFSIA) en aan de KU Leuven. Hij publiceerde o.m. *Metafysica als een historische discipline* (1993) en *Lachen om de wereld* (1993) en was co-editor (samen met Paul Pelckmans) van *René Girard. Het labyrint van het verlangen* (1996).

Walter Van Herck (1962) is doctor in de wijsbegeerte. Hij is als onderzoeksmedewerker verbonden aan de Vakgroep Filosofie van de Universiteit Antwerpen (UFSIA) en als deeltijds lector aan de Karel de Grote-Hogeschool Antwerpen. Hij publiceerde onlangs *Religie en metafoor. Over het relativisme van het figuurlijke* (Leuven: Peeters, 1999) en, samen met W. Lemmens, een vertaling (met inleidende essays en verklarende noten) van Humes *Natural History of Religion* (*De natuurlijke geschiedenis van de religie*, Baarn: Agora, 1999)

PRINTED ON PERMANENT PAPER • IMPRIME SUR PAPIER PERMANENT • GEDRUKT OP DUURZAAM PAPIER - ISO 9706
ORIENTALISTE, KLEIN DALENSTRAAT 42, B-3020 HERENT